"语"我同行

——一线教师传统文化教育探索录

高华 著

线装书局

图书在版编目（CIP）数据

"语"我同行：一线教师传统文化教育探索录 / 高华著. -- 北京：线装书局，2024.4
ISBN 978-7-5120-5669-5

Ⅰ.①语… Ⅱ.①高… Ⅲ.①小学语文课－教学研究 Ⅳ.①G623.202

中国国家版本馆CIP数据核字(2023)第176098号

"语"我同行：一线教师传统文化教育探索录
"YU" WO TONGXING：YIXIAN JIAOSHI CHUANTONG WENHUA JIAOYU TANSUO LU

作　　者：	高　华
责任编辑：	姚　欣
出版发行：	线装书局
地　　址：	北京市丰台区方庄日月天地大厦B座17层（100078）
电　　话：	010-58077126（发行部）010-58076938（总编室）
网　　址：	www.zgxzsj.com
经　　销：	新华书店
印　　制：	三河市华东印刷有限公司
开　　本：	710mm×1000mm　16开
印　　张：	15.5
字　　数：	234千字
版　　次：	2024年4月第1版第1次印刷
印　　数：	0001-1000册

定　　价：78.00元

推荐序

"语"我同行，灼灼其华

亲爱的读者朋友们：

大家好！

提笔展卷，耳畔仿佛还回响着高华老师的声音，"校长，我要出本书，请您写篇序言"，还记得当时自己的兴奋。高华有魄力，做成了自己（或者也是多数为师者）一直想做却没有做成的事儿！高华有能力，沉笔千言，记录一路走来的所思、所想、所悟、所感！高华更有一份执着的向往和高远的追求，在语文教学尤其是传统文化教育的路上，除了积极的践行，还有冷静的思考，专业的表达，当然，更有满满的热爱……

习近平总书记说："中华优秀传统文化是中华民族的精神命脉，是涵养社会主义核心价值观的重要源泉，也是我们在世界文化激荡中站稳脚跟的坚实根基。"（据《人民日报》，10月15日，中共中央总书记、国家主席、中央军委主席习近平在京主持召开文艺工作座谈会并发表重要讲话。）特别要提及的是在这本书中，高华老师除收录自己的古诗文教学设计、反思、论文，还聚焦她的"和雅班"，并以二维码的形式展示她和孩子们的吟诵片段及成果。

几年来，这个班的孩子跟随高老师一起，在深厚的传统文化的土壤里生根、拔节、努力生长，慢慢成为一个个"有"文化、"爱"文化，并且不断以自己的方式积极表达和传播传统文化的人，这是多么让人欣慰、值得骄傲的事。

"语"我同行，灼灼其华，祝贺高华老师。匆匆作序，难免不周，亦请大家体谅为盼！

也让我们一起，在教师专业写作道路上，走得更长远！让我们所有人——守正笃实，久久为功。

龚健辉
2023年7月29日

自序

为了让石中的天使自由

笔者从小喜欢语文，向往当一名作家，如琼瑶抬头望窗外满目鲜妍，被美好的情愫包裹着，清新淡雅的文字流溢于笔尖……后来，我成为一名语文教师，在一线教学30多年。从适应、倦怠到坚持、挚爱，最后到依恋的每一个阶段，我会经常反观自己的教育教学行为，以期探寻教育的本真。

第斯多惠说："教育艺术的本质不在于传授，而在于激励、唤醒和鼓舞。"善于发现学生身上的闪光点，尊重学生的独特体验，及时表扬，让学生看到自己的进步，树立自信，成长才有乐趣。我理解这句话用了很多年。

一直以来，我耗费大量时间精细训练，使学生达到家长期望的目标，以为是教学成就。现在的我觉悟，生命具有多样性，因材施教才是教育的真谛。我们应该向学生传递的，是对生活的体验和感悟，是追求进步和自我超越的向上向善之心。只要学生努力去做，有体验和坚持，或者尝试过，这就是成功。

认可每一位学生的生命体验，尊重他们的选择，不要求他们能力范围之外的事，这是尊重和保护学生，帮助他们建立积极健康的心态。米开朗琪罗说："我在大理石中看到天使，于是我不停地雕刻，使他自由。"教师就应该像雕塑家一样，以激励和鼓舞为凿，唤醒石中的天使，使他自由。

作为教师，我在突破自身认知局限的同时，努力寻找一种途径，帮助学生自强笃行，让学生的才智得到进一步发展。偶然的机会，我接触传统吟诵，感受到国学经典的魅力。开始了传统文化与小学语文综合性学习融合的探索。《"语"我同行》记录了笔者五年来在传统文化教育中的实践思考。

本书是笔者在教育生涯中的一段愉悦的跋涉与探索。书分四辑：教育教学随笔反思、传统文化与课堂教学融合、和雅国学吟诵社、传统文化课题研究。本书特色是第四辑的《中华传统文化码书》，56个二维码，原生态呈现师生在传统文化学习实践中的探索，希望给大家以借鉴。

因本人水平有限，书中难免存在疏漏，敬请各位读者批评指正。

高 华
2023年6月26日

目录

第一辑　传统文化教育教学随笔

有爱的天空永远灿烂 …………………………………………… 002
《我们一起走过》文集序言 …………………………………… 008
开学初写给自己 ………………………………………………… 009
一路走来　一路风景 …………………………………………… 011
在线学习活动促进学习力的培养 ……………………………… 015
活动中体验、思考、表达、成长 ……………………………… 018
披文入情　纯净心神 …………………………………………… 021
开辟诗意栖居的生存境界 ……………………………………… 023
传统文化回归背景下我们如何教古诗 ………………………… 026
关注学生　从心开启 …………………………………………… 029
文以化人　正心修身 …………………………………………… 031
雨过青天云破处 ………………………………………………… 036
踏着节气的鼓点去耕读 ………………………………………… 043
与《道德经》的相遇 …………………………………………… 046
俞陛云《诗境浅说》书评 ……………………………………… 048

01

第二辑　传统文化与课堂教学融合

古诗教学新视角（教学设计）

《李白山水诗的色彩》群文阅读微课设计 …………………………………… 051
《望天门山》1.0 版教学设计 ………………………………………………… 057
《望天门山》2.0 版教学设计 ………………………………………………… 062
《望天门山》3.0 版教学设计 ………………………………………………… 068
国家基础教育教学信息化精品课《望天门山》拍摄脚本 ……………………… 072
《送元二使安西》教学设计 …………………………………………………… 076
《送别诗中的离情别意》教学设计 …………………………………………… 081
"愁"离人心上秋 ……………………………………………………………… 086
读懂一颗寂寞坚守的心 ………………………………………………………… 094
《从军行》教学设计 …………………………………………………………… 098
含泪的狂欢 ……………………………………………………………………… 103
以智慧安顿心灵 ………………………………………………………………… 106

PBL 项目式学习（活动案例）

"走进四大名著"大单元综合性学习作业设计 ……………………………… 111
"忙趁东风放纸鸢"跨学科主题学习课程规划表 …………………………… 121
粽香迎端午　汉服聚童彩 ……………………………………………………… 141

教学观点切磋（教学论文）

小学古诗教学难点与对策研究 ………………………………………………… 145
节气文化传承与小学语文实践活动初探 ……………………………………… 149
审美教育视域下构筑生命化的古诗教学课堂 ………………………………… 152
传统文化回归背景下的小学语文综合实践活动探究 ………………………… 156

三维架构定向解读 古典名著"悦读"推进策略 …………………… 163
同课异构视角下的小学古诗教学 ………………………………… 171

第三辑 和雅国学吟诵社辑录

我与和雅吟诵社的故事 …………………………………………… 176
《诗经·蒹葭》吟诵串词+《诗经》微讲堂 …………………… 180
《大学》经一章吟诵情景剧 ……………………………………… 181
《橘颂》吟诵情景剧 ……………………………………………… 183
《屈原投江》排练剧本 …………………………………………… 188

第四辑 传统文化教学融合研究

课题研究 教师专业发展必经之路 ……………………………… 191
陕西省教育科学规划课题开题报告 ……………………………… 192
陕西省教育科学规划课题中期报告 ……………………………… 199
陕西省教育科学规划课题结题报告 ……………………………… 211
成果汇编（扫码观视频）………………………………………… 230

后记

致敬生命 致敬课堂 ……………………………………………… 237

第一辑
传统文化教育教学随笔

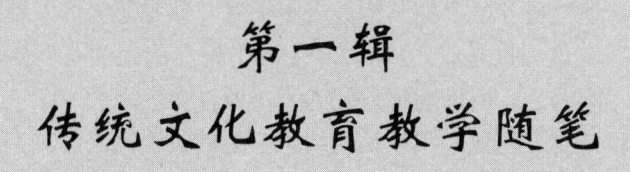

有爱的天空永远灿烂

——班主任工作点滴体会

带班有 20 年了，在不惑之年，对事情的看法显然中庸了很多。对学生的错误不再毫不留情地坚决斗争以期其悔改得更彻底，却是悲天悯人地一再为学生的错误开脱。我想，这应该是我 20 年教学生涯中积淀起来的对学生的挚爱，对教育本质的参悟，因为爱，所以理解；因为爱，所以宽容。

工作中，我常对自己说，我就是为纠正学生的错误而来的。当学生行为有偏差时，我不是大惊失色地怒斥，我想知道的是，Why？学生为什么会出现问题，How？我该怎样帮助他们。以下是我工作的两点体会。

一、尊重学生，以温和的方式提醒，创造补过机会并提供帮助

1. 温和提醒

宽容不是温情脉脉的放纵，而是给学生补过的机会，不断地予以引导，让学生在教师的微笑里感受宽容，心悦诚服地改正自己的不足。接手五年级一个新班，学生很浮躁。一方面是几个调皮好斗的学生个性使然，干扰得整个班静不下心来。另一方面是学生身体发育的原因，学生心浮气躁，表现为做事随意，没有自我约束意识；学习上怕吃苦，自主探究意识不强，总幻想轻轻松松获得好成绩。更令人恼火的是这些孩子上课说话犹如自来水般恣意且成为普遍现象，严重干扰了课堂学习进程。针对这一现象，我着手训练他们。

有两个男孩子在说话，我下意识地提高了嗓门，望着他们继续授课。那声音显然也随之高涨，甚至快意地以正常分贝撞击着我的耳膜，其他孩子也似听非听。我突然中止了讲课，静静地等待，直到学生奇怪地将视线集中于我的身上，才敛声静气地说："一次，钢琴之王李斯特应邀到克里姆林宫演奏。演奏开始后，沙皇却还在和大臣闲聊，李斯特中止了演奏。沙皇问为什么，他谦卑而骄傲地欠身说：'陛下说话，小人理应缄默。'"停顿了一下，我抬眼看着若有所思的学生继续说："我也很尊重你们，如果有人愿意表达，我一定会安安静静地等你说完再讲课。"方法很有效，多次训练之后，课堂上只要我突然停止讲课或盯着某个学生讲课，大家都会回头看去，用目光提醒说话的学生，那个学生也会立刻纠正自己的言行。随即，我也会报以灿烂的微笑。久之，我的语文课堂气氛收

放自如。放时，孩子们面红耳赤地争论探究，提出疑问；收时，学生们在聆听思考中咀嚼感动，荡涤心灵。

以温和的形式提醒、警示，不是指名道姓地斥责或泄愤于全体，而是以唤醒学生自尊为前提的爱的教育，这种管理尊重、宽容孩子的个性，学生也必将回报课堂以灵动的思维。

2. 细化管理

后来我和郭老师商量，采用更细致的量化管理，强化学生的自主意识。我们把学生平时作业完成态度与课堂表现、测验成绩和月考、期中、期末成绩挂钩，上课积极发言或作业得优，或主动学习积累，都会得到加分。相反，不主动改错，漏交作业，退步，上课违纪被点名都将扣除每月相应的量化管理分，甚至在月考成绩中扣分。平时的表现与考试成绩一联系起来，学生主动学习的意识马上增强，能以积极的心态接受老师的教导。他们都自觉检点约束自己的行为，自觉检查作业，主动找老师改错，做事也谨慎了许多。即使偶尔犯错误，只要敢于面对、承认错误，我都会一笑置之，原谅他们。

细化班级管理、强化学生的自律意识与宽容学生过失并不矛盾，宽严之间是为师者的真爱。

3. 有效帮助

自主学习的良好风气正在形成时，新的问题又出现了。随着知识的加深，几个原本学得不错的学生，为了作业得"优"，开始"借鉴"优等生的作业。一部分学习较为吃力的学生看到有如此轻松的学习形式，更是乐此不疲。更可怕的是，班干部竟然怕得罪人而对此听之任之，甚至把自己的作业借给同学。班干部"被抄袭"暴露出一部分班干部中存在"老好人"的思想，这种思想的蔓延会让干部工作丧失原则，让班风失去正气。

问题暴露后我没有点名道姓地去怒斥，只是循循善诱，让学生懂得得"优"不是最重要的，超越自己、战胜自己才是最大的进步。私下教育班干部，使其自我反省，反思自己的行为，同时对个别学生开"小灶"。为了有效约束学生，我宣布了作业考核的新规定：增加上交作业的量化考核项目。要求早晨一到校主动交作业，四位组长根据表现打分，主动交加1分，被索要者扣1分，发现到校补、改作业的加倍扣除量化分并及时上报。

为了不让一部分学生把"抄"作业搬回家，每天下午的专题课我尽可能给学生挤些时间出来，让学生在校内完成棘手的作业，教师巡视，发现问题及时解决，对学习吃力的学生从知识上给予补救。大部分学生的难点作业在学校写完了，学生课外学习的自主性更强了。

我理解学生的错误，是因为我从心里认同人性本善。我尊重每个学生，因为我认定他们都是好孩子，每个孩子都有强烈的进步意愿，他们绝不是故意犯错误的。很多时候，他们只是遇到了困难却无法正确解决，他们很需要老师的帮助。因此只要我们用心发现问题，因势利导，提供有效的帮助，给予他们改正的机会，他们是很乐意接受的。

我以自己的理解与宽容不仅有效地帮助学生纠正了错误，也教育培养了学生勇于面对错误、修正错误的良好行为品质，更获得了孩子们的尊敬与爱戴，孩子们和我更亲近了，这种感觉洋溢在他们清澈纯净的眼神中，透露于他们活力四射的气息中，是随时可以捕捉到的。现在，班上学习井然有序，学生的行为方式也由他律到自律。

二、包容学生，让学生在理解宽容中学会自爱

1. 包容教育

高年级学生也是孩子，年龄特点决定他们更易冲动的行为特点。高年级学生犯了错误，抓住不放、一批到底只会起到反作用；相反，给予更多的包容和理解，效果却出奇好。

张家铭是一个沉默羞怯的男孩子，遇事偏激执拗。对这样的孩子，做老师的真的要很包容。这种经验的获得源自我和他的一次冲突。那节语文课，我一进教室就提醒学生对齐桌椅，透过大家忙乱的身影，我注意到张家铭懒散地靠在椅背上，歪着头低垂着眼帘，根本没有动的意思。师生行过见面礼后，他保持了同样的姿势，我有些不快："张家铭，你的桌子为什么还是歪斜的？"本以为这样婉转的提醒会换来他的行动。"桌子本来就没有歪吗！"他居然涨红了脸反驳。一时间，教室里静极了，学生们静静地看着我不知如何是好。我压住陡然间升腾的怒火说："周围的同学帮张家铭看看。"一旁的学生看了看他的桌子纷纷叫："快把桌子摆正了！"张家铭僵着不动。这时，女同桌秦瑜苑站起来摆正了桌子。我顺势表扬说："很好，这下正了。"原以为事情圆满结束，不曾想张家铭又直着脖子给了我一句："刚才那个也没歪，现在这个也没歪。"简直是无理取闹，我很奇怪接受了四年的学校教育的高年级学生居然如此任性乖张，但我知道越是在这种情况下越要保持冷静和尊严，突然就想起了最近教学的内容："我们这几天一直在学习有关角度的课文，站的角度不同，看待事物的结果自然也不同。一定是我和张家铭所处的角度不同引发的不同认识。来，张家铭，到第一排看看桌子。"最终，张家铭微微点了点头算是承认自己错了。

通常，我是找学生私下谈心，而不是让他的错误昭昭然，让他在同学面前没面子。在整个事件中，张家铭对自己暴露于众目睽睽之下很紧张，为保护自己过度敏感的自尊心，这类学生会采用极端的方式对抗，如果处理不好则会引起严重的对立情绪。此时，教师的冷静和包容可以缓解学生的焦躁情绪，让学生慢慢认识问题，充分认识自己。

每个学生都是平等的，都允许犯错误。对有个性的学生我们尤其要关注其心理健康，用我们的理解、包容缓解其焦虑、猜疑、冲动、执拗，让其敢于面对错误、自主修正行为。

2. 心理疏导

高年级学生即将告别儿童时代步入少年，随着年龄的增长，快乐与烦恼也在增加。学生们自以为长大，其实好多认识却处于混沌状态，又不愿表达，解不开的心结就出现了。这时候周记、习作成了我和学生沟通的主要形式。在书面交流中，有我对他们的理解与尊重，有鼓励与安慰，也有暗示、引导。我们一起快乐着、烦恼着。我教学生在不伤害自己也不伤害他人的情况下，排解心里的不满：与父母交流、找朋友谈心、大哭一场……

高邈的一则周记中这样写道："不明不白我就被她们疏远了，我无法承受那些冷漠的目光，但这样的日子还得一天天地继续，我真想有个地缝钻进去，再也不用面对尴尬。我，很孤独。我想用灾难来诠释这一切的痛楚。"看到这段文字，我的心很痛。我能想象乖巧的高邈当时的境遇，无助、隐忍让她孤零零地待在座位上佯装看书。我突然自责起来，乖巧可人的高邈赢得了很多代课老师的喜爱，我没有意识到我的爱会与其他老师的有什么不同。因为我无意间流露出的偏爱打破了学生间固有的平衡关系，让语文课代表不安而引发的嫉妒严重伤害了她。我在高邈的周记后面写道："孩子，我的心都要碎了。你无辜受到伤害却选择默默承受，你的善良让我感动。抬起头来勇敢面对，试着自己解决。"之后，我有意叫两个女孩子一起帮我做事并表扬她俩的配合。从尴尬的沉默到平静的交流，两人逐渐冰释前嫌。我以为这是自己不动声色、巧妙安排的结局并兀自高兴，其实坚冰的融化源自一方的善良。高邈后来的一次习作再一次让我动容："……突然她摔倒了，没有人扶她，大家只是痴痴地看着她笑。我看见了她眼中的泪，不知为什么我就伸出了手。她抬眼看着我，我们一起用力，她起来了，说了声谢谢。那以后，她不再排斥我了，还主动邀我玩。"我在她的习作后画了一个流泪的笑脸，告诉她，老师爱她。

在学生遭受心理伤害后要及时予以心理援助，安慰并帮助学生寻求解决途径，设法制造谅解和宽容的氛围，减轻其受挫折的痛苦。

3. 积极暗示

我班的郝昱杰也许不是我成功教育的典范案例，直到现在我还能隐隐感受到一种无法名状的烦恼。大概是基于我对他一篇习作的赞扬或是我与他的两次午休时的长谈，语文课上他很给我面子，懒散地趴在桌上不太吭声，偶尔和邻座嘟囔两句、窃笑一下，还要偷窥我一眼。然而，科任课上他已然疯狂得五官挪位了。郝昱杰没有良好习惯且漠视一切规章制度，别的孩子很在意的量化管理分根本约束不了他的恣意妄为。批评教育只能收敛他几分张狂和懒散，推心置腹的谈心也不过好上两天。他常常迟到，有意规避戴红领巾，喧嚣科任课堂，欺侮同学，每每与他在办公室见面，理论上讲我不可能不产生怒气，可不知为什么我真的没有火气，我只是心平气和地帮他分析失当的言行将带给他怎样的负面影响。看得出来，他喜欢这种平等的交流方式，也愿意接受我给他的方法建议，但一遇到具体事情他就没有能力控制自己的情绪、约束自己的言行了。他身上无法消除的霸气和吊儿郎当的懒劲让我反感，我一直努力地教导，然而他的表现时好时坏，犹如阴晴不定的多变天气。这种胶着状态降低了我为人师的幸福感，也促使我不断思索如何另辟蹊径。

春游大唐芙蓉园，他似乎心情很好，主动提出当小组长组织野炊活动。他有事干就不会生事，我乐得轻松，欣然同意。那天的他呈现出的大气、热情、肯担待让我很感动。玩闹时浮现在他脸上的灿烂顽皮的笑容至今还温暖着我的双眸。这至少能证明他还是个可爱的孩子。我想试一试，看看我到底能不能把他封藏的热情、向善更多地挖掘出来。首先，当面我不表扬他，但是见了家长我就夸他的闪光点，流露我的偏爱；其次，有意无意在全班同学面前表扬他，任命他担任电影课的管理班长，让他深切感受到老师对他的关注和欣赏，让他产生积极的心态面对自己、面对老师的教导。是的，他变了，整个人精神状态积极起来，言行上很配合我。看来用暗示法对症下药，起效了。

"暗示法"是无批评形式的指点，对学生不产生心理压力，不强求学生接受却能产生积极主动的影响。但要注意老师的夸赞和欣赏一定是不含水分的，否则会有虚假之嫌，易让此类学生更反感。

搏击操比赛活动宣布后，我加强了在"快乐一刻钟"对郝昱杰做操动作的监管力度。我们彼此都很痛苦，无论我如何使出浑身解数规范纠正教导，以至于冷落、打击他的不羁，他还是他。一日体育课，我推门走进教室，缑老师正利用视频规范学生的动作，我一眼看到郝昱杰以自己特有的招牌动作趴在桌上嬉笑着。我波澜不惊地收回视线与缑老师交流，说自己有拍摄练操影像回放给学生看的想法，比对中形体的美丑不言自明。缑老师立刻翻转投影仪镜头对着正在做操的马熙琛（一个非常好动且尽可能敷衍每个动作的顽皮男生），大屏幕上现场直播马同学的一举一动，连他的一个偷眼细节都没放过。大家笑翻了天，马同学也停下来尴尬地偷笑着绝不做了。缑老师天才般的创意举措让每个同学感知了美丑，让他们知道只有认真规范的动作才是最潇洒漂亮的。此后的课间，我总能看见郝昱杰在几个热情小女生的包围圈中一节一节从头学起，还不时问上一问确认动作。

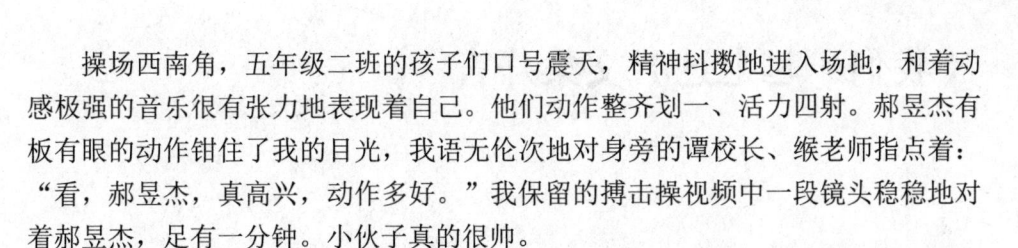

操场西南角，五年级二班的孩子们口号震天，精神抖擞地进入场地，和着动感极强的音乐很有张力地表现着自己。他们动作整齐划一、活力四射。郝昱杰有板有眼的动作钳住了我的目光，我语无伦次地对身旁的谭校长、缑老师指点着："看，郝昱杰，真高兴，动作多好。"我保留的搏击操视频中一段镜头稳稳地对着郝昱杰，足有一分钟。小伙子真的很帅。

老师首先要学会巧妙暴露问题给学生看，然后才能帮助学生意识自己的错误，心悦诚服地改正。

我清醒地知道郝昱杰以后也许还会出现很多状况，我也认识到自己没有能力彻底改造一个人，充其量我们只能影响他，改变他固有的认知。令人欣慰的是，在此过程中我更认识到常犯错误的学生都是个性鲜明的，频出的错误能帮助他修正言行，全方位打造世界观，让他尽快成长起来。真的要和学生一起感恩错误，因为错误让我和学生牵手，让彼此的心灵碰撞，教育学生的过程中也教育了自己。还有一年他就要毕业，未来的日子里，他还能遇到和我一样理解、心疼他的老师吗？

蔡元培认为"知教育者，与其守成法，毋宁尚自然；与其求划一，毋宁展个性"。教育的真谛是对人的独特个性的宽容与尊重。学会宽容、尊重，是我做班主任工作的责任。宽容理解学生，绝不吝啬自己的微笑。我把微笑带进课堂，照耀孩子们的眼眸；我把微笑带进学生的日记，柔软孩子们的心灵。我，成了他们的良师益友。

2010 年 8 月 18 日

《我们一起走过》文集序言

  两年了，每每夜深人静的时候，我在流泻的灯光下，批阅着你们的习作。我知道自己是在阅读一个个鲜活的生命，我很荣幸参与其中。我很珍惜与你们的每一次对话，我用我的心感知你们的心，我用我心中流淌的文字与你们娓娓交谈。在你们熟睡的午休，听着你或者他的鼾声，我静静地批阅你们稚拙的习作，我不觉得辛苦，反而很享受。一次又一次的精批细改中，我目睹了你们思维的深入，表达的精致，或悲或喜的真情，这些都让我唏嘘落泪。这本集子，是你们和老师还有家长两年来的心血凝结，是你们对自己生命的记录，是我们对生命的共同思考，是一颗颗炽热的心在燃烧。每一篇习作都温暖地提示，我们曾经存在于彼此的生命中，这份记忆会照亮我们前行的路。

  孩子们，未来的路有许多不确定性，当你成功惊喜之时，一定请你读读它，提醒自己在暂时的荣誉面前冷静淡定，你的路才会走得更远。当你挫败无助之时，一定请你读读它，记着曾经有很多朋友伴你共同成长，以后仍会默默地关注你。

  感谢命运，让我们彼此相遇，生命中添了许多精彩。

2011 年 5 月 30 日

开学初写给自己

(2019—2020 学年度第一学期)

暑假，我来到西周故都沣河畔的沣西第一小学，成为这里的一名语文教师。我希望在这里开展国学吟诵与课堂教学融合实践探索，龚健辉校长给予我支持。

开学初，我所在的三年级接受了开展项目学习的任务。很快，全校教师的培训会上，我有幸聆听陕西师范大学教授介绍"项目学习"，当时有种强烈的冲击感。

项目学习是 1969 年美国的神经病学教授巴罗斯（Barrows）在加拿大的麦克马斯特大学首创的。因其注重实践性和参与性，强调以问题解决为中心、多种学习途径相整合，实现了向"学习者为中心"和"能力中心型"教育的转变。因此，它在包括中小学教育，甚至企业、政府、军事等各个领域中，如火如荼地开展起来。

我理解的项目学习，需要综合能力较强的成员，才可以配合完成预设目标，在过程中能力得以进一步提升。项目学习需要有强烈的问题解决意识和超强的执行力。在完成项目的时间段中，需要不断地沟通、协作、调整，需要自我管理、自我调控能力，更需要积极的参与意识和批判性思维，当然勇于探究、勇于实践创新，才可能呈现出阶段性作品。对于刚刚升入三年级的小学生来讲，这些能力普遍欠缺，都是教师要重点培养发展的核心素养。我有些疑惑，有些小担心。我们的孩子，行吗？

紧接着我班接受探究任务：结合中华人民共和国成立七十周年大庆，探究中华人民共和国成立初期的优秀少先队员——草原英雄小姐妹。这个项目至少涉及语文、音乐、美术学科。

如何在语文课上开展此项任务，如何体现语文学科特点？如何融合其他学科给学生提供支架，支持项目顺利完成？我在查找资料的同时不断地寻找更多的途径。

语文学科的核心素养体现在：语言的建构与应用、思维发展与提升、审美鉴赏与创造、文化传承与理解。网络能够查找到的资料并不多，除中华人民共和国成立初期的小学课文《草原英雄小姐妹》，就是歌曲《草原赞歌》，还有歌舞剧的影音作品。因为草原英雄小姐妹的英雄事迹发生在一场突如其来的暴风雪中。

在极端天气下，两个十岁左右的孩子为了保护公共财产，奋不顾身，和暴风雪战斗。那么，如何充分利用有限的资源，如何结合三年级学段的特点，进行有语文味儿的项目学习？

前置性学习：我引导学生上网收集草原英雄小姐妹的各种资料。项目启动课：我提出需要共同解决的问题，师生共同分析所需知识与工具，列出任务清单，形成项目计划，并组织学生合理分组分工。项目学习设计：第一课时为阅读探究课，以文本阅读、自主感悟交流为主；第二课时为物化展示，包括亲子配音剪辑和合作设计海报。推动学生不断走近人物、感知人物、感悟人物、表现人物，将英雄人物的品质根植于心，践行笃行。

第一课时的阅读探究课，结合《卖火柴的小女孩》中的雪夜场景，学以致用，从色彩、声音、体感等方面想象，说说草原暴风雪画面，反衬出人物的奋不顾身。接下来的人物对话练习，注意结合课本中第三单元课文的对话形式，形象提示人物的动作、神态、语气，表现人物的内心世界。这些有层次的语言文字的表达训练体现了语用，也促进学生深入体会草原小姐妹奋不顾身、保护公共财物的精神世界。

物化展示前，学生自主选择任务：①《草原英雄小姐妹》亲子配音剪辑，附人物对话创编，收集修改的小插曲；②小组合作设计《草原英雄小姐妹》海报，附上设计意图。这些作品的展示涉及美术表现、审美判断、创意与表现，涉及背景音乐的审美、艺术表现、文化理解。学生既可以寻求场外援助，亲子合作；也可以寻找合作伙伴，小组协作。在项目完成过程中，不断沟通、协作，甚至辩论争执，然后是调整、完善，坚持始终，最终呈现出的作品无疑是对学生能力提升的最好证明。

第二课时的物化展示：播放亲子录音剪辑，录制人介绍录制中推敲、修改的小插曲。展示各小组设计的海报，各小组推荐人介绍海报设计思路。之后进行有问必答的互动环节，了解台词创作思路和海报创意思路。最后现场投票评优，以互动评价的方式完美做结。

项目学习的魅力在于，以解决问题为中心，多种学习途径整合，注重实践参与和体验探索，实现学习者的能力提升。三年级的学生，可否独立自主完成整个过程，老师可以指导学生达到既定目标吗？我在疑惑中行动着，也在行动的同时努力学习补充，探索前行着……

2019年9月22日

一路走来　一路风景

——PBL 项目式学习的回顾与思考

10月12日，我校"红领巾心向党，争做新时代好队员"庆祝建队日70周年大型主题示范活动圆满成功，我校三年级为期一月的PBL项目学习也告一段落。今天，我只能挂一漏万地小结项目式学习带给我们的冲击、思考和收获。

这里借用王国维先生做学问的三境界表述我们对PBL项目学习认知的阶段。

昨夜西风凋碧树，独上高楼，望尽天涯路

随着政府对教育均衡发展的推进，越来越多的优质教育资源落地西咸。一小要独树一帜，就要在教育理念上弯道领跑沣西教育。

开学初，龚校长将项目学习引进我校。专程请来陕西师范大学张文兰教授给做了一场PBL项目学习培训。这种前瞻式的举措，让近距离聆听教授"项目学习"讲座的我们，有种强烈的冲击感，同时有一种隐约的距离感。我理解项目式学习的成员首先要具备问题解决意识和超强的执行力，才可以在过程中不断沟通、调整、协作，配合完成预设目标。此外，积极的参与意识和批判性思维，才会让成员不断实践创新，最终呈现出阶段性作品。对于刚刚升入三年级的小学生来讲，这些能力普遍欠缺，都是教师要重点培养发展的核心素养。我们有些疑惑，有些担心，我们的孩子，可以吗？

疑虑中我们接受了此次项目学习任务：结合中华人民共和国成立70周年大庆，自主探究学习中华人民共和国成立前后不同时代的英雄人物。如何在语文课上有层次地开展此次项目式学习活动？如何在活动中不迷失语文学科方向？如何融合其他学科，给学生提供支架、支持，帮助顺利完成预设目标？三年级的教师在查找资料学习的同时，不断地寻找更多的途径。

衣带渐宽终不悔，为伊消得人憔悴

整个项目学习过程，我们三语组分四个阶段进行。

（1）项目启动课：课堂上语文组老师抛出需要共同解决的问题——你要向英雄人物学什么？师生共同分析列出任务清单：①通过上网浏览、筛选、收集相关文字、图片、视频资料，初步了解英雄事迹；②以梗概的形式简要记述英雄主

要事迹；③根据网络相关图片，设计凸显英雄形象的插图；④绘制"我心中的英雄"主题小报。学生在讨论、清晰学习任务的同时不知不觉中完成了项目计划。之后进行合理分工：学生可以寻求场外援助，亲子合作或寻找合作小伙伴。

（2）前置性学习：前置性学习的过程中，学生间、亲子间、师生间，不断沟通、协作，甚至辩论争执，然后是调整、完善，最终呈现出的手绘小报作品，无疑是对学生能力提升的最好证明。全员参与，甚至家庭成员的不断加入，让项目学习轰轰烈烈。

（3）活动课设计：这是最虐人的阶段，也是让我们渐入佳境的阶段。以《草原英雄小姐妹》为例。

我班探究学习的内容是中华人民共和国成立初期的优秀少先队员——草原小姐妹。这个项目至少涉及语文、音乐、美术学科。但是网络上能够查找到的资料并不多，除了中华人民共和国成立初期的小学课文《草原英雄小姐妹》，就是歌曲《草原赞歌》，还有歌舞剧的影音作品。如何充分利用这些有限的资源，如何结合三年级学段的特点，进行有语文味儿的项目学习？如何感受两个十岁左右的孩子，在突如其来的暴风雪中真实的心理，更深刻地感悟小姐妹奋不顾身、保护公共财产的根源？

三课时的活动课，最终达成预设目标，课堂生成有亮点。

第一课时：以小报为载体、以小组交流评价为形式，加深学生对小英雄的认知。在小组交流的基础上，各组推荐代表上台介绍小报亮点、特色。事实上，每张小报都以自己的方式呈现学习思考过程。有问必答互动环节，小报创意及设计思路的表述释放每位学生的创造潜能和愉悦感。

李怡冉的小报以立体连环画形式，展现小姐妹的事迹；马亦凝小报插画用大面积的翠色展现草原的美丽，表达小姐妹英雄行为的内在动力；高晨轩小报以数字真实表现小姐妹的勇敢。小组互动评价，班级现场评展为前置性学习完美做结。

第二课时：阅读探究课。以《草原英雄小姐妹》文本阅读、自主感悟交流为主。欣赏《草原赞歌》的歌曲，将歌词和记叙文进行比较阅读，学生感受不同文体的风格，体会到小姐妹对草原的热爱和对幸福生活的向往。结合刚学习的课文《卖火柴的小女孩》中的雪夜场景，从色彩、声音、体感等方面引导学生想象草原暴风雪景象，感受小姐妹寒冷、饥饿、恐惧的真实心理。学而时习之，不亦说乎！

第三课时：语用实操课——人物对话练笔。结合第三单元童话丰富的对话形式，引导学生形象提示小姐妹动作、神态、语气，表现小姐妹虽然恐惧疲惫却奋不顾身的精神世界。有层次的语言训练既体现了语用，也促进了学生深入体会草原小姐妹用自己的力量服务人民，人民的利益高于一切。

管中窥豹，可见一斑。最后的语文项目学习课堂呈现的是我们三年级的语文教师经过了自主设计—组内研讨—修改扩容—课堂调整一系列动作之后的成果。"语文课要有语文味儿。"于校长的一句话点醒了大家，让三年级组的语文教师从项目学习的学科融合迷雾中走出，重新审视并清晰关注了自己的学科特色。是啊，语文学科的核心素养体现在：语言的建构与应用、思维发展与提升、审美鉴赏与创造、精神传承与理解。语文教师就是将文字唤醒、激活，并强烈地投射到学生的内心。引导学生走进英雄人物内心，产生情感共鸣。

PBL，你虐我千遍，我待你如初恋。在做中学，在学中悟，在悟中前行。三年级组的教师在校领导的引领帮助下，锐意前行，无问西东，却收获了一路的风景。

（4）物化展示阶段：配合学校"庆祝建队70周年"示范活动，各班陆续精选出"我心中的英雄"主题小报筹划布展。紧接着积极开展"大英雄故事会"真人剧场秀活动的排练。各班根据项目学习的主题人物，遴选学生装扮不同时期的英雄人物，以真场景、全方位的形式给全校师生讲故事，并进行现场互动问答。学生席地围坐，仰头聆听，你问我答，学校操场、绿色广场、海绵广场，各班教室，甚至走廊，都成为鲜活生动的育人场所。

与此同时，语文、美术学科融合的物化——英雄人物年表也日渐成型：狼牙山五壮士、江姐、李四光、邓小平、女排、消防员、航天员。美术教师和语文教师出现在同一课堂，指导学生合理分工，最终协作完成一张张以年份为纵轴，插画和文字配合展现人物光辉历程的年表。草原小姐妹的彩色立体盒子，也颇为独特。参与项目学习的所有学生都触摸到了自己内心涌动交织的情感，震撼、敬佩、珍惜、骄傲……

10月12日，"庆祝建队70周年"示范活动中，不同时期英雄人物精彩亮相，将整个会场气氛推向高潮。一分钟内如何让英雄更好地发声？三年级组语文教师在完成了大英雄故事文本的筛选改编之后，又开始对演讲稿字斟句酌，反复推敲，力求浓缩英雄的主要事迹，凸显其精神内涵。排练录音中，教师们进行了耐心细致的辅导；展演前，精心准备服装道具，对演员进行调整、再训练，只为达到情景体验的最佳效果。孩子们装扮的英雄人物神形兼备，让所有人深切感受到一代又一代国人艰苦卓绝的奋斗和坚持不懈的努力，换来了中国今天的腾飞。

一小的莘莘学子奋发上进的激情被点燃：身为中国人，我们自信骄傲！身为一小学子，我们努力学习，践行"服务人民！报效祖国！"的誓言。

爱国，永远是一个人的生命底色。为生命着色，是我们一小人的骄傲！

蓦然回首，那人却在灯火阑珊处

三年级的学生在 PBL 项目学习中，不断走近英雄人物、感知英雄人物、感悟英雄人物、表现英雄人物。随着物化的呈现、展示，所有参与的教师在进程中，越发真切地感受到教育效果，明白了 PBL 项目学习不只关注结果，更关注过程学习，最终实现学生综合素质的提升。

回望"我心中的英雄"项目学习过程，感受其魅力在于：从生活出发，以解决问题为中心，根据学科特点，借助多种资源整合多种学习途径，注重实践和参与，物化形式呈现探究结果，实现"学习者为中心"和"能力中心型"教育的转变。

项目学习中，我们也认识到教师的作用在于，提供一个自主探究的学习支架或指导路线，针对内容设计一个科学的学习任务单，这样学生探究就会"有计划、有任务、有方向、有路径"，在一定时间内解决一系列相关的问题。

从结果倒逼过程，我们有了顿悟。我们的核心任务是进行爱国主义主题教育，"庆祝建队 70 周年"市级示范活动，是项目学习的阶段物化集中呈现。其真正的意义和价值在于，全校开展各项活动引导师生感知新中国 70 年的光辉历程，点燃师生爱国热情，使师生在工作学习中奋发向上。我们的目的，不是举办活动，而是在用心做教育。如果，我们再做这个项目，首先会清晰预设目标，讨论小项目时会更偏重于新时代的科技发展，英雄人物可以更多地倾向现当代的人物，袁隆平、屠呦呦等，甚至陕西本土的名人，张艺谋、贾平凹……当然，做过了，才会有深思，才会有收获。

今天，我们能够站在这里有底气地说：项目学习，你走近了我，我结识了你。项目学习，我们一路走来，一路的风景。

2019 年 10 月 20 日

在线学习活动促进学习力的培养

目前，在线学习的情形是，"怎样学习"的主动权攥在了学生手里。学生不被"监督"，神游课堂之外，甚至不登录、不上线，种种令人忧心的原生学习状态给了每位教师前所未有的体验和挑战。

我们开始思考教育教学的本质和教师的未来，我们不断自问：教师不能替代的硬核是什么？

学习的秘密归根结底是自学，教学的目的是帮助学习。教师的硬核作用就是激发学习兴趣、调动思维，让学生变得更想学、更会学，学得更有意义。教育就是"让孩子发现自己，成为自己"。

在线教学尤其需要教师为学生提供学习策略，让学生的学习获得增值。帮助学生积极参与、体验学习活动，及时分享反馈体验，可以激发学生在线学习的思维动机，培养和提升学习力。

一、学习活动的有效参与

从"教会"到"学会"，必须经历信息输入和输出的过程。教师引领学生把已经接受或暂时处理的信息进行精加工，进而表达出来。实现了信息输出，学生才可能"学会"。

学习活动设计的核心问题是以"学生学和学会"为起点和终点。主题学习活动任务单设计原则：围绕主题单元，从期望学生学会什么出发，设计展示学生学会的过程，引导学生自主建构知识。

一份完整的任务单包括：活动主题、活动目标、活动任务、活动过程（资源与建议、预热活动、课上展示）、反馈评价、反思改进等要素。它是一个微型课程计划，也是一份过程性的学习档案。

（一）确定清晰的目标

主题项目式学习活动设计以"学生展示"为目标自主学习。和雅班从新冠肺炎疫情居家隔离期间，开始尝试二十四节气文化的实践活动探索。二十四节气文化的主题课程目标：随着时间的推移了解感受二十四节气传统文化信息及其对现代农事和民俗的影响。据此我确定本学期课程的目标，完成"春种夏收"节气文化主题课。再具体到每个节气学习活动目标，了解各节气的时间、物候、民俗、相关诗词，以小视频形式呈现学习结果，保证教学目标与课程标准一致。

（二）设计匹配的课堂活动

目标确定之后，就要设计"什么任务可以检测学生学习结果"，如通过收集筛选网络资料，以家庭为单位完成节气宣讲小视频的亲子学习活动。然后线上课堂播放学习小视频的成果展示。

课上展示：要求其他同学收看时提取关键信息交流强化：节气时间、物候、习俗，重点学习节气古诗，加强对节气内涵的认识。课下背诵积累民谚、古诗。

反馈评价：引导学生自评、互评，对比节气小视频作品，感悟视频制作常识，包括语调、表情、肢体语言，甚至服装、背景、光线、屏幕设置等，帮助学生在项目学习活动中广泛吸收，实现学习的增值。

学生个体经验的积累有利于调节即将进行的学习活动，推出更优质的成果展示。

（三）规划课程学习进程

对课程进程的规划，老师需要依据学生的学习能力、个性特点、家庭支持，以能者带动中坚力量再到全体。过程规划有三个关键点：

（1）提供学习资源、学习工具、学习要求。

（2）任务单要准确。示范阶段的任务单一定要清楚什么难度适合什么学生。示范阶段可指定学生并提供指导帮助，推广阶段采用自主接龙报名方式。

（3）展示、评价贯穿学习过程。及时展示、反馈评级，让学生在活动中有体验，引导学生反思，分享经验。同时借助学校的"码行天下"平台，共享学习资源，帮助后续学生观摩学习，以求有更好的呈现；也帮助教师不断审视，积累语文综合实践活动经验。

二、主题学习活动的设计，要有四个要素

1. 明确目标

课堂学习是一种目的性很强的活动。师生共同明确目标，才能凝神聚力，进行深度学习。目标反复出现，师生照应目标，努力达成，结课时回望目标，评估测量，形成学习闭环。

2. 任务前置

提前告知学生学习的内容、任务和目标。至少提前一天布置学习任务，配以具体的任务单，这样学生会更积极地深入新的学习。

比如，设计"我的植物朋友"习作活动。

活动一：观察春色，用手机记录自己眼中的最美植物，上传至班级QQ群"我眼中的春天"相册；

活动二：手绘植物记录卡，内容包括名称、样子、气味、诗句，全方位了解

植物；

活动三：学习《荷花》第二段、第四段，仿写你喜爱的植物静态和动态。因为有了前置任务的铺垫，学生感同身受，习作描写细致，联想丰富，情感真挚。

3. 学而时习

经验告诉我们，在实践中不断应用，学习才更有效果。

比如，传统节日文化主题实践活动分为三个阶段：

（1）小组分工合作完成十大传统节日思维导图及汇总表格；

（2）各组接龙报名完成传统节日小视频，课前播放传统节日民俗和文化内涵；

（3）周末完成传统节日习作自主修改。

思维导图是热身，是对信息的整理；宣讲视频是对已有资料的运用，习作是活动的总结和深化。活动逐渐推进，不断加强自主学习的应用和创新，在习作讲评中进一步反馈，强化认知。

4. 个别跟进

在线教学无法和学生面对面，教师失去了课堂掌控力。开展的项目学习活动学生能否有效参与体验？一部分学生在线潜水，让老师忧心。这场疫情让学生之间的差距逐步拉大。开学后，我们该怎么开展教学？唯有现在敏锐地发现需要跟进的学生，点对点进行辅导，想尽办法拉他跟进。

"为了不教"的教，致力学生学习力培养的教学，才能迎来教育的春天。

2020 年 3 月 22 日

活动中体验、思考、表达、成长

语文实践活动重学科内外联系，重学习过程，整合知识与能力。教师应在实践中培养学生的综合能力和团队精神，为学生的终身学习和发展打下基础。本学期结合三年级下册教材开展的一系列线上语文活动拓展了学生的成长空间。

一、传统文化宣讲，表达生命思考

传统节日是三下第二单元的主题，配合主题我开展了"传统节日探究"活动：了解中国传统节日，以思维导图的形式展现其中两个你最喜欢的节日内涵；以表格形式汇总"中国十大传统节日"信息。配合你的认知，制作传统节日介绍小视频。学生在完成探究任务中提高了查找、处理信息的能力，形成了一定的自学能力。

同时开展"庚子春色"之寻春、访春、描春的系列综合实践活动。惊蛰后学生用眼睛观察早春，手绘制作植物名片（名称、花期、诗词）；用相机记录最美植物，说说你最喜欢的理由；最后仿照《荷花》写法，描绘春花的各异姿态。在居家隔离两个月后学生感受到大自然生生不息的伟大，感悟尊重敬畏自然。

二十四节气是中国古人智慧的结晶，充分体现了中国人尊重自然、顺应自然的理念。为了帮助学生了解节气知识，感受节气文化的魅力，自今年开始，我带领学生进行二十四节气学习活动。

二十四节气课程不局限于物候知识，还融入了地域民俗、饮食文化、诗词赏析。居家期间，学生自主查阅二十四节气相关内容，报名制作节气宣讲小视频并在每次的线上课堂展示交流学习成果。学生在宣讲中感受民俗，众人在诵读中感受节气文化。

节气宣讲中，我们梳理定格为三大结构板块：物候、民俗、诗词。同时开展节气实践活动：春分竖鸡蛋，清明放纸鸢，惊蛰晒花馍，谷雨斗春茶，立夏日斗蛋……

活动中，孩子们跟着节气的脚步，亲历立春到谷雨的六个节气，体验感受自然的变化。宣讲节气知识、民俗文化，让学生在学习思考中了解生命的意义，对自然有敬畏之心，成为传统文化的小小宣传员。

二、线上名著共读，丰富精神世界

学生学习的差异主要在于阅读，会阅读、阅读面广的学生理解、思维能力强。今年，语文组充分利用居家的特殊时期开展了线上共读活动。我们在4月3日下午开启名著导读课，带领学生走进《昆虫记》《成语故事》《中国神话故事》《诗词背后的故事》。

（一）导读课：引导学生学会认识感知一本书

1. 引导学生认识一本书

上课时老师提问：书的作者是谁？你的书是哪家出版社出版的？主要内容是什么？对阅读整本书的基本信息，学生很茫然，不知道从哪里获取信息。我耐心带领学生从封面、封二、封三、封底、目录一点点去了解。一般情况下，一本书的封面和封底的折页都会介绍作者、作品或者作者的其他作品，有时还介绍同一系列的书籍；然后我们读序文或作者、编者的前言，知道全书的概况；接着看内容提要，这是我们了解一本书的大概内容和写作特色最快的方法。选择书籍时，一定要去读内容提要；最后看目录。目录是本书的内容的高度浓缩。通过目录，我们可以很快知道一本书的主要内容。

这样的阅读引导能帮助学生掌握如何快速了解整本书的框架。

2. 给学生提供有用的读书方法

第一，先了解全书概况，拟订一个读书计划，按期看完。

第二，有不了解的查工具书或请教师长，还可以随手记笔记。

第三，读书至少要读三遍：第一遍要通读，了解全书的主要内容；第二遍要慢慢地品读，注意各章各段结构；第三遍要精读，一段一段地细读，再理解感悟写法，尝试运用。

第四，对感兴趣的章节、段落默读勾画重点词句，多读几遍，做到慢读、精读，思考你读懂了什么，同时作批注。不重要的地方快读，浏览。最后把章节的名称和好词佳句摘录下来。主动把书中精彩奇妙的片段分享给家人。

通过这次导读课的学习，希望给学生以后自读整本书带来帮助。

（二）推进课：组织自读共读，走进多彩世界

（1）每周五共读小组开展线上共读活动，学生自主阅读《昆虫记》，以视频或语音交流阅读感受，周末展示阅读成果：上传朗读语音、昆虫名片、摘抄笔记。学生期待，互动积极，收获颇丰。

（2）推进课交流展示阶段阅读收获，学以致用。

翻开目录，我们发现包含"蜂"字的标题有很多，我们统计了11种，这些蜜蜂大同小异，让我们区分肯定很困难，法布尔是怎样区分描写它们的？你有哪些感悟？引导学生结合自读内容感悟作者的写作风格。

感悟一：作者观察细致，描写细腻，如同描画。

感悟二：法布尔的笔下，昆虫世界和人类世界一样，有美有丑，有善有恶，有勤劳有懒惰，有热情有冷酷。我们发现法布尔把昆虫当人来写，让它们拥有了人的喜怒哀乐，所以文章才更加引人入胜。

感悟三：法布尔的书中讲的是昆虫生活，他用观察与试验的方法，实地记录昆虫的生活现象、本能和习性。

阅读中请模仿他的这种写作风格，观察描写自己喜爱的小昆虫、小动物。

（3）推进课引导学生总结读书方法。回顾这一阶段的阅读经历，说说你经常运用哪些阅读方法。前后联系对比读，边读边勾画批注，制作昆虫名片，摘录笔记，仿写片段……

（4）读书交流会，走进多彩世界。

本学期的共读书《中国神话故事》《夏洛的网》《窗边的小豆豆》要求学生在假期自读，在小组阅读群进行线上交流，制作手抄小报。学生自由选读的《古怪的牛儿小学》由学生自主进行导读课，推进学生进一步自读整本书。每本书的交流，对学生深入自读整本书都起到不同程度的促进作用。

阅读总结课引导学生回顾课外阅读经历，交流经常运用的阅读方法：勾画批注、制作手抄报、摘录笔记、仿写片段……学生介绍自己的读书收获，效果好。

（三）利用时事资源，结合共读书目，进行生命教育

2020年的春天，让我们学会沉寂反思、学会尊重敬畏、学会感恩回馈。阅读课上，老师与学生分享昆虫的生活的细节和智慧，让学生认识到尊重昆虫、尊重自然。人类并不是一个孤立的存在，地球上的所有生命都在同一个紧密联系的系统之中，昆虫也是地球生物链上不可缺少的一环，昆虫的生命也应当得到尊重。

作为语文教师，应开展名著导读，引导学生读书，走进陌生的世界；充分利用疫情资源，引导学生开阔视野，感悟生存之道！

本学期语文组进行的这些线上线下的实践活动拓展了学生的学习空间，让学生有了思考、表达、交流、展示的机会。有能力、有才艺的学生，更是充分发挥自己的特长，提高综合素质。但是如果能够多设计、开展些亲子共读、同讲活动，让家长们也积极参与，推动整个家庭的学习进步，我们的教育就有了更广阔的可为空间。

2020年4月21日

披文入情 纯净心神

——以《夜雨寄北》教学为例

古诗教学一直是小学语文教学的难点。如何让学生从凝练简洁的诗句中展开想象，领会诗情？《夜雨寄北》是一首表现羁旅愁的经典诗。教学时我从题目入手，交流写作背景，铺垫教学情绪，抓关键词，引导学生品味离别伤感，从奇巧的构思引导学生品味诗的意蕴，收到较好的教学效果。

一、解读题目背景，铺垫教学情绪

此诗题目又作《夜雨寄内》，"内"就是"内人"，即妻子。《夜雨寄北》，"北"就是北方的人，既可以指妻子，也可以指朋友。从诗的内容看，按"寄内"理解，似乎更确切一些。李商隐对妻子王氏的爱很真挚，他们结婚不到12年，妻子便去世了。就是在那12年中，由于诗人到处漂泊，也不能和妻子经常团聚。对于写作背景的煽情解读，让学生很快入境。初读时，字里行间透露的热烈的相思令学生懵懂有所感。

二、品读关键字词，引导体味离情

首句"君问归期未有期"，一问一答，极富表现力。可以推测，此前诗人已收到妻子的来信，信中盼望丈夫早日回归故里，诗人也很希望早日回家团聚。但因种种原因，愿望不能实现。"未"字一经着笔，其羁旅愁与不得归之苦便跃然纸上。这句诗深深流露出离别之苦、思念之切，令学生心有所动。

"巴山夜雨涨秋池"是诗人告诉妻子自己身居的环境和心情。秋山夜雨，总是唤起离人的愁思，"涨"字传达出的动荡感不仅暗示夜雨倾盆，还与诗人动荡不宁的内心产生了一种呼应。淅沥的夜雨，就像诗人无尽的愁思，暴涨的池水正是诗人不断加深的忧愁。"涨"字具象性表达了李商隐对妻子的无限思念。

尾联"何当共剪西窗烛，却话巴山夜雨时"，是诗人对未来团聚时的幸福遐想。秋雨绵绵之夜，诗人触景生情，展开想象。西屋的窗下两人窃窃私语，彻夜不眠，他们共剪烛花，仍有叙不完的离情。"何"字满怀对欢聚的期待、期盼，正衬托出眼下的孤寂和思念。后两句字字含情，却又不着一个"情"字，表达含蓄深沉，令人叫绝，让学生唏嘘。

三、从奇巧构思，品味诗文意蕴

结课前我问学生：此诗最打动你的是什么？作者李商隐传情达意妙在哪里？学生讨论交流回答《夜雨寄北》构思精巧：李商隐客居外地，不写自己思念远方亲人，却从对方思念自己、询问归期写起；不写自己失落低沉的情绪，却写窗外的连绵秋雨，构思出人意料。另外，"巴山夜雨"首尾反复呼应，突出思亲念归，寂寞凄凉的感情。两处奇巧的构思一经点破，学生如醍醐灌顶般认同此诗的精妙之所在。

在师生反复吟咏中，一种无法言表的愁绪氤氲在课堂。学生想象夜雨中李商隐辗转难眠，体味他无奈的离愁以及对欢聚的热切企盼，真正领悟《夜雨寄北》的情思意蕴。

没有情感的体验，就没有知识的创造，也就没有美的欣赏。语文教师的责任就是引领学生"披文以入情"，体会领悟，与诗人共情共鸣，纯净我们的心神。

2020 年 6 月 20 日

开辟诗意栖居的生存境界

（2020年8月海绵讲堂讲稿）

我们常告诉自己：生活不仅有眼前的苟且，还有诗和远方。今天，我们就来谈一谈"诗和远方"。我们先看这幅照片，有哪位同人认识这位女士？

一、诗教化育

1. 穿裙子的士：叶嘉莹（1924年7月—　），号迦陵，中华古典诗词学者，加拿大皇家学院院士，中央文史研究馆馆员，毕生致力于推广中华诗教达70余年之久。"迦陵基金"创立者。她曾获2015—2016年度"影响世界华人大奖"终身成就奖，还曾入选改革开放40周年最具影响力的外国专家。

叶嘉莹先生说："读诗的好处，在于培养一颗美好的活泼不死的心灵。"不论你从事什么职业，不论你身处何方，都应该读诗。

2. 诗教概念

《礼记·经解》引孔子曰："入其国，其教可知也。其为人也温柔敦厚，诗教也。"这是最早关于"诗教"的记载，指经过《诗经》的学习与教育，对完美人格的培养具有重要意义。

《毛诗序》说："诗者，志之所之也。在心为志，发言为诗。情动于中而形于言，言之不足故嗟叹之，嗟叹之不足故永歌之。永歌之不足，不知手之舞之，足之蹈之也。"诗与乐对于人情的感动能治愈人心，使人对自己的趋善行为反观并产生愉悦。

3. 诗心诗情

一个人可以没有诗才，但不可以没有诗心和诗情。因为，这样的人活得过于现实也毫无情趣。读诗，唤醒一颗美好的诗心；读诗，让我们常葆赤子之心。

"声音里有诗歌一半的生命。"这是叶嘉莹先生始终如一的诗教观念，"要想把中国诗学好，除了背诵，要学会吟唱，才能够真正体会其中的微妙之处。"

近年来，叶嘉莹先生致力于诗词"吟诵"的抢救和推广，特别是"吟诵"在中小学的推广。"迦陵杯·诗教中国"诗词讲解大赛被教育部、国家语委列为重点校园诵读品牌，也得到了叶先生的大力支持。

二、朗诵、吟诵、吟咏、歌唱的概念

（一）朗诵、吟诵、吟咏、歌唱的区别

（1）朗诵，读给别人听。讲究字正腔圆，注意重音、节奏。朗诵《问刘十九》。

（2）吟诵，念给自己听的。讲究平长仄短、押韵。吟诵《夜雨寄北》。

（3）吟咏：是有一定吟诵调的吟诵，讲究韵律美。吟咏《早发白帝城》。

（4）歌唱：是表演，讲究旋律美，腔音富有变化。

（二）吟咏和歌唱的区别

（1）吟咏（吟诵）是读书，是学习。吟咏是依字行腔，以自身理解及情感为基础的文人雅士读书方法；要遵照文读语音，忌倒字；文本是中国传统文化经典；吟诵只有文本，没有曲谱，是口耳相传又形成自己的调子；通过吟诵，能检验你对诗文的理解程度。理解不深刻，吟诵不会好听，更没有味道。

（2）歌唱是表演，是艺术。遵循曲谱，要考虑角色心情以及观众情绪；歌唱走入寻常百姓家，属于俗文化；歌唱的文本没有限制；曲调是固定的，歌词要服务于曲谱，是被"挤进"曲调里的。

（三）为什么读诗词要读成合乎诗词格律的声调？

诗词本身有平仄的格律，我们应该尊重作者给这首诗的声音，要把作者借声音传达出来的情意也用声音表达出来。因为声音一定是和感情结合在一起的，如果你把它的声调减去了，就等于把这首诗一半的生命抽空了，所以我一定要提倡读诗词要合乎平仄。

中小学课本选了很多诗，考试时会默写，可是学生没有真正体会诗歌里面的感情和生命，这是我们应该反省的问题。音调的美跟诗歌的情意间的关系，不管是不行的。

叶嘉莹先生说："我是希望我们真能保持一个诗歌吟诵的传统，那我们将来就能培养出来很多的诗人，而不是一些只会考试的学生。"

三、和雅班的传统文化特色活动

《易》曰："君子慎始，差若毫厘，谬以千里。"强调开始接触的东西很重要。子曰："性相近，习相远也。"人因后天习染的不同而渐行渐远。

柏拉图在《理想国》也说："儿童阶段，文艺教育最关紧要，节奏与和谐浸入了他们的心灵深处，在那里牢牢生了根，他便会变得温文有礼。"

因此，心性的修养，人格的塑造及趣味的形成，童年是关键时期。我们学校必读书目：《国学经典诵读》《千字文》《日有所诵》《论语》。

（1）视频：二十四节气之谷雨和雅班斗茶飞花令；

（2）视频：《诗经》经典线上吟诵学习、《木瓜》《鹿鸣》吟诵儿童节展示；

（3）视频：端午前学习徐健顺老师吟诵《橘颂》。

最后送给大家一副对联："胸无城府心常泰，腹有诗书气自华。"老天给了每个人一条命、一颗心，把命照看好，把心安顿好，人生即圆满。读诗，能让我们安顿好各自的心灵，笑容一如赤子灿烂。

2020 年 8 月 23 日

传统文化回归背景下我们如何教古诗
——第二届"诗教中国"诗词讲解大赛回观

去年暑期，我有幸参加教育部和国家语委举办的第二届"迦陵杯·诗教中国"诗词讲解大赛。一路走来，有许多人的鼓励和帮助铭记在心，有诸多的感动和激励浮现眼前。

7月15日参加线上诗词知识测试，7月20日通过测试海选。8月20日参加初试上传说课视频，8月26日接到全国复赛晋级通知。9月27日录课完毕，9月30日成功上传古诗赛教视频、课件、教案、反思，完成网络诗词知识复赛测试。一路跌跌撞撞，庆幸的是大赛期间，几次遇到困难，求助组委会老师，及时得到帮助和指点，坚持走完全程。

在近一个月的磨课中，学校领导很重视，跟进听课、评课并请来专家指导教学。《望天门山》教案反复调整，前后修改了28稿，希望通过学生自主诵读学习，感受诗歌的韵律之美，习得"借助关键词语理解句意"的方法，想象画面，感受意境美，体悟诗人热爱、憧憬的豪迈情。能够整合教材，探索出"1+X"的古诗教学形式，学法迁移练读《早发白帝城》，课下延展自读《独坐敬亭山》，感悟诗人一生自强不息、积极豪迈的情怀。

诗以情发，情景交融是意境美。一首诗，我们真正给学生的是诗中蕴含的情和志。感悟情志，涵养化育是古诗教学设计的宗旨。这是我在最美诵读平台中华诗教培训课程学习后最深的感悟。结合《望天门山》的重难点及三年级学生认知特点，结合新课标对"诵读中体验情感理解内容"的强调，整节课在设计上强化了古诗的诵读，力求以读代讲、以读促悟，让学生眼中有画面，心中有情感。

一、打造有层次的读，读中感受韵律和形象

初读时指导学生在正确、有节奏朗读的基础上，尝试句尾字拖长感受诗歌押韵的特点；教师范读，学生感受平长仄短吟诵的规则；通过练读、指名读、范读、应和读等多形式的诵读，建构学生对诗文内容的初步印象，让学生感悟声音传递的情绪；迁移自读《早发白帝城》，引导学生在音声之美中想象画面，感受诗人情绪。

二、借助汉字特点，突出字源解意特色

（1）字源导课，引发思考：开课以甲骨"望"的字形猜字意导课，联系有关"望"的古诗，发现"望"字背后对美的追寻和欣喜、盼望，激发学生的学习愿望，使学生建立感悟诗情、探究诗心的意识。

（2）字源解诗，感受音画：抓表现天门山水特点的关键词，品味古诗意境。引导学生追溯字源，观察小篆"断"和金文"回"的字形，想象天门山峭拔对峙、楚江奔腾回旋的画面。反复诵念，体会"断、回"平仄传递的画面，打通字音和字意的联结，引导学生在涵泳中体会汉字音、形、意对美景立体生动的表达，感受文字背后的情绪，实现对教材内容的拓展和延伸。

（3）象形字画，品词入境：教师提供文献资料、实景图片，让学生清楚天门山对峙如门的特点。教师用象形文字将有色彩的天门山水图呈现在学生眼前，以任务驱动方式促进学生自主学习，通过抓关键词理解让学生感知李白笔下的天门山景象，交流印象深刻的画面。借助资料，感受真实的天门山水和李白神奇的想象力，体会诗人对壮美河山的热爱。

三、主题式组诗教学，结构调整后线条清晰

（1）李白的两首诗教学突出一主一辅。磨课初期课堂教学主次不明晰，课堂负担重。根据评课建议舍弃对《早发白帝城》重点词的感悟理解，以读代讲，让学生感受音韵美，感受诗人情绪即可。调整后加强了第一首诗的自主诵读，在学生有节奏诵读的基础上，注重引导学生体会押韵、平长仄短的韵律、音声之美。读法迁移第二首诗，让学生在入声字和韵尾的吟诵实践中体会诗歌情绪。课堂结构清晰了许多，教学重点更突出。

（2）倡导知行合一，突出诗教精神。组诗主题式教学串联李白自强不息的一生，让学生走近李白，感悟李白积极豪迈的精神。引导学生联系现实生活中和李白一样胸怀济世安民理想的自强不息的人物，学生引举：抗洪战士、抗疫一线医护人员、志愿服务者等，教育学生传承精神，服务社会，为课下自读感悟第三首诗做铺垫。

四、挖掘诗词背后的内涵，努力做到兴发感动

（1）联结诗句，背景悟情：李白不同时期的背景故事串讲，帮助学生感悟青年李白胸怀报国安民壮志，感悟李白在天地中观察思考，汲取精神力量的积极奋进。正式录课前一晚备课时再次修改，添加《上李邕》"大鹏一日同风起"和《行路难》"直挂云帆济沧海"诗句，凸显李白渴望实现理想的情怀，促进学生对李白乐观豪迈精神的认识。让学生感悟"一切景语皆情语"，理解景物是传情

言志的意象。

（2）回望课题，想象补白：以"李白张眼远望，望见……"进行补白训练，加强了对"望"字背后情绪的感受，点化学生对"帆"的意象感悟。学生从李白眼前的画面一直说到李白心中的画面，学生的情感上升为诗歌的意境，上升到人文层面的价值引领。也为课下自读《独坐敬亭山》做好情感理解的铺垫。

（3）迭唱涵泳，兴发感动：这节课让我欣慰的是，学生在一遍遍的诵读中能够倾听音声之美。从声音中感受诗歌的节奏、韵味，画面甚至情绪。学生能在行楷书法、水墨丹青、教师吟咏的多种审美体验中，涵泳诗情、兴发感动。

（4）综合手段，引发共鸣：不论是实景图片、文献资料、背景故事的适时链接，还是追溯字源、吟诵示范、书画欣赏等手段的综合使用，目的都是为穿越时空，融通学生和诗人的情感。象形字板书的创意是为了给学生展现汉字的神奇魅力，也是为了突出景物的外形、色彩美，更是为了帮助学生感悟诗人积极豪迈的精神。

五、有效反思减少教学遗憾，完善教学艺术

（1）"相对出"天门山的动态描写，没有能够引导学生认识这种现象是快速接近天门山的舟中人真实的错觉，进一步感受李白积极乐观的精神和神奇的想象力。

（2）教学"孤帆"，学生联想李白独闯天地，未及时联系《早发白帝城》中的"轻舟"，理解古诗中"帆、舟"的意象。

这两点遗憾，希望以后能够有机会弥补。此外，还有思考。古诗教学中讲求兴发感动，学生的情绪与诗人的情感能真切融通到什么程度？客观地说，古诗词、诗人、老师、学生四者的情感确实存在距离。今天的我们，能想象盛世大唐给予恃才傲物的李白以怎样的自信豪迈吗？能想象在雄奇壮丽的山水之间，李白独闯天地的真实感受吗？真诚地说，我对学生的引导和点燃不够到位，还须继续努力。

思之则活，思活则深，思深则透，思透则新，思新则进。回望"诗教中国"诗词讲解大赛的路程，反观参赛的心路历程，反思自己的教学行为、总结一路的教学得失，只希望自己能不断完善教学艺术，在诗教路上做一名合格的传薪者。

2021 年 3 月 4 日

关注学生　从心开启

——"1+3教育共同体"教育年会启示录

2021年2月25日,在学校召开的"1+3教育共同体"教育年会上我记住了同事分享的两个新鲜词——"时间颗粒度"和"冰山理论",结合我的教育教学体验谈谈自己对这两个词语的生本意识解读。

一、时间颗粒感与生本课堂

时间颗粒度,指一个人安排时间的基本单位。比尔·盖茨的时间颗粒度,大约是5分钟,越是自律的人,时间颗粒度越小,他们时刻观照光阴的流逝,成为时间的支配者。现代人提倡要用时间颗粒度的概念管理时间。

这种观念让人肃然起敬却又浑身僵紧。不知长期直面琐碎,灵魂也是否会因此而游离我们的身体?很喜欢北大校长傅斯年的话:"一天只有21小时,剩下3个小时用来沉思。"傅斯年死后葬在台大,行政大楼的对面设一口"傅钟",每节上下课都会响21声,启示人们每天要留3个小时面对自己的灵魂。

帕斯卡说:人是一根会思考的芦苇。如果我们忙碌得连思考的时间都没有了,那我们的忙碌有什么意义。作为教师你知道未来我们要培养什么样的人?要培养会思考、能创新、有情怀、有责任的人。一个孩子学再多,充其量是个知识的容器,到社会才发现社会需要的是能力和情商。这些核心素养需要长时间培养。

十年树木百年树人,教育需要慢功夫。课堂归根结底是学生的学习场所。学生在课堂上放松自然地学习、探索,是对生命负责任的教育态度。我们不必为了追求课堂的高效率,不等学生看几分钟的书,就组织讨论,不等学生充分思考就交流,不等学生准备好就开始展示。我们不应害怕学生思考顾不得课堂上的冷场,我们不必殷勤地催促学生:"还有呢?还有谁说一说?"

教学就是要让人形成有活力的思想,学生不经认真思考就能回答出来的大多是没有价值的问题,没有准备好的展示只是少数优秀学生表演的舞台。我们可否再耐心等待一分钟、两分钟,让学生慢慢地想,充分思考,让心灵更放松,让思维更深入。这些有价值的安静思考的时间,是时间颗粒度在课堂教学最饱满的体现,我们需要务本务实、有深度的沉静课堂。

二、冰山理论与学生的精神成长

冰山理论是弗洛伊德和海明威提出的重要理论，实际上是一个隐喻，指一个人的"自我"就像一座冰山一样，我们能看到的只是表面很少的一部分——行为，更大一部分的内在世界却藏在更深层次，不为人所见，恰如冰山。更深层次的部分包括行为、应对方式、感受、观点、期待、渴望、自我七个层次。

冰山上对应的是教育显性的功利性价值，即满足人生存发展需要的知识技能的学习。冰山下对应的是教育的内在价值，要求高度关注人的精神成长，内心世界和情感世界的不断丰富。比如，深度思维；又如，共情、共鸣、共振、共享。

学生的学习，应该在挑战困难中完成。"教学的技巧并不在于使学习、掌握知识变得很轻松、毫无困难。恰恰相反，当学生遇到困难并独立地克服这些困难的时候，他的智力才会得到发展。必须给学生挑选出这样的智力任务，使他用足力气，集中注意，运用已有的知识去认识未知的东西，使他取得成绩，同时认识到：不付出劳动就体验不到克服困难的欢乐。"（苏霍姆林斯基语）其实，教师要做的是化解难点、除去障碍，让学习变得轻松起来，让教学变得顺畅起来。但教师应该有所保留，给学生思考的权利，相信学生有能力解决学习上的问题、挑战学习上的各种困难。这是学生们精神发育的需要。

挑战学习困难应该成为学习活动中最动人心弦的乐章，学生们在解决问题的过程中，不断找到新的方法，获得新的发现，思想得到更新，人格得到完善。这些是比知识更重要的看不见的隐性成果，是创造力的源泉。

让学生在思考与鉴别中，在克服困难与解决问题中发育精神，成为有思想、有精神的一代，应该是当代教育和教师的神圣使命。

三、道与术的认知

教师教育智慧的不断提升是术，关注精神成长的教育境界，培养有情怀的人的专业精神再塑是道。以道驭术，行稳致远。

教师如能自省，增强教育的使命感，关注学生精神成长，将是功德无量的事，也将带动自己和学生以及家长共同成长。

2021 年 3 月 19 日

文以化人　正心修身

——向《西游记》取心理成长经

"没有经典的阅读就没有真正意义上的人文教育。"如何让古典名著阅读滋养孩子们的心灵？传统文化回归背景下，如何引导学生在阅读经典名著的过程中思考生活、反观自己，知行合一？我努力探寻着传统经典教育之路。

经典名著中蕴含着伟大的民族精神。经典名著的深度阅读活动可以启迪学生的心智，让学生开阔文化视野，使其精神面貌和内心世界得到积极的改善。

知之好之，更要乐于深思。在即将进入五年级下册古典名著单元学习前的寒假，我要求学生通读四大名著。细读经典章回，重组阅读内容，读出名著的主题要义。在古典名著单元的教学中引导学生查阅相应的背景资料，寻找感兴趣的中国传统文化元素。增加课堂文化载体，开阔文化视野，理解传统价值观、文化观。开展主题式的探究思辨，寻找自己的镜像，引领学生自觉察省、自我改变。

一、细读经典章回，重组阅读内容，读出名著的主题要义

《西游记》共一百回，分三部分。前七回是第一部分，写美猴王出世求道、与天斗与地斗，终被镇压。第八回至第十三回是第二部分，讲取经的缘由和筹备。第三部分是主体，叙述曲折的取经过程。唐僧收悟空为徒，收服猪八戒、沙僧，师徒四人历经千难万险，修成正果。

第三部分很多脍炙人口的情节推荐学生细读，感悟《西游记》表达的主题——降妖除魔的历险记，战胜心魔的成长史。

推荐如下："三藏不忘本，四圣试禅心""三打白骨精""大战红孩儿""车迟国斗法""子母河受孕""西凉国女王招婿""真假美猴王""三借芭蕉扇"等。

二、增加课堂文化载体，探究中国传统文化道德价值体系

（1）《西游记》探究交流中，设置"取经路上法号及由来"的课堂探究，让学生感受中国传统文化道德价值体系。

【选做】探究作业：你知道唐僧师徒四人的法号由来吗？请写出。

（2）通过唐僧师徒四人的法号和由来的查阅，学生认识到《西游记》是历

险记，也是改错反思记，是人的精神成长史。

【选做】补充作业：唐僧师徒四人修得正果的封号及你的认识。

成长，是寻找自我、超越自我的过程。唐僧师徒至少有3人是戴罪之身，等待解救或自救，他们选择求取真经的办法将功补过。师徒四人修得正果后的封号，让学生感悟取经路上，师徒四人翻山越岭、斩妖除魔，在艰苦行进中脱胎换骨，走上人生正轨，境界不断提升。

对比自身的成长故事，学生省悟成长就是犯错。犯错不可怕，关键是如何面对错误、自我修正。

镜头一：不想再要的电话手表（李怡冉）

我的母亲是一位家庭主妇，每日：做饭，干家务，买菜……工作量真不比上班族少。而我并不知道母亲的辛苦，每天只想着出去玩儿，不时还想着要点稀奇的玩意儿。"妈，我想要这个，还有那个……"母亲总是从口袋中掏出一卷皱巴巴的小钱，一张一张地认真数着。

一天放学后，我仰脸问母亲："妈，可不可以给我买一个和同学一样的电话手表？"

一路上母亲默不作声，我第一次发现母亲是那么的无助。

望着母亲疲惫的双眸，我喃喃地说："对不起，妈，我……不想要了……"说着眼泪滴答滴答地往下流。

取经人：师昱昂——心生，种种魔生；心灭，种种魔灭。

生日红包变身压岁红包

今年好多朋友脚上都穿着一双酷酷的篮球鞋，我很羡慕，也想拥有一双。可是因为疫情，妈妈单位一直放假，工资减少了很多，所以买鞋的事妈妈一直拖着。我认为妈妈不爱我，一直和她闹别扭。

上周六，妈妈终于将我心心念念的球鞋买了回来。我迫不及待地穿上鞋，心里美滋滋的。当我用妈妈手机查找资料时，"叮"的一声，一条微信弹出来："老婆，生日快乐！红包收到了吗？买的什么礼物？"

我努力搜索记忆，似乎从来没见过爸妈过生日，而我每年的生日，都充满着欢声笑语，更少不了爸妈送的礼物。今年妈妈唯一的生日红包，也被我无理的要求"偷"走了。我越想越觉得自己很自私。

我一转身，拿出压岁红包："妈妈，咱们一起去给您挑个礼物吧！"妈妈愣了一下，幸福的泪水挂满脸庞，她一把抱着我，说："我儿子长大了……"

人要成长，既要面对外部世界，又要直面内心，战胜欲望与杂念，促进精神成长。

三、主题探究思辨，寻找镜像，引领自觉察省、自我改变

1. 从悟空的名号变化，探秘悟空的心路历程

一直以来，孙悟空反抗、除恶务尽的形象深受学生喜爱。其从反叛到皈依，脱胎换骨的经历，蕴含的传统文化精神更能促进学生精神的健康成长。因此，我们展开以"与悟空一起成长——发现自己、完善自己"为话题的活动，让学生寻找自己的镜像，引领人格成长。

【选做】探究作业：查阅悟空的名号、身份的变化。

石猴——东胜神洲傲来国花果山

美猴王——发现水帘洞　　　　　　孙悟空——拜师学艺

弼马温——大闹蟠桃会期间　　　　齐天大圣——花果山上

孙行者——西天取经路上　　　　　斗战胜佛——修成正果

师：悟空的名号、身份发生巨大变化，你们从中悟出什么？

生：这是悟空的成长过程。

师：猴—王—圣—佛，折射出他怎样的心路成长历程？

生：这是悟空战胜困难的过程。

生：这是悟空走向成熟的过程。

取经人：李笑妍——学会"七十二变"，提升学习战斗力。

学会"七十二变"

每次听写我都考得不好，感到内疚又自卑。我很害怕面对听写，每天都是爸妈催着我听写的，他们误以为我不爱学习。

一次写完作业，想到老师多次提醒我要加强字词基础。我拿本子去找爸爸听写，收获了爸爸惊喜的眼神。

后来遇爸妈忙，我就用手机录听写给自己。周末父母都在单位加班。我就对着之前的易错词语，出成填空题考自己，然后对着语文书批改纠错。

周一的听写测试，老师念词语时我写得飞快，没有半点犹豫。"李笑妍……这次考得很好，94分！"提着的心放了下来，瞬间感觉自己本领强大。一放学我就给爸爸妈妈"报喜"，他们也为我感到高兴。

其实，不需要别人的帮助，我也可以做得很好。我觉得自己像孙悟空一样提升了战斗力。

阅读经典名著，浸润在传统文化中的孩子，能力和精神日渐强大。

2. "心猿意马—心猿归正"，情绪管理到责任担当

"心猿意马"，心就像猿猴，老是不安分。孙悟空向往自由的生命力，是我们的孩童时代。"心猿意马—心猿归正"，人就是这样成长的。

——认知真实的自我，学会承受和担当。

成长，认知真实的自我

一直期待长大的我，最明显的就是身高的变化，不过真正的成长是学会控制情绪，承受委屈的心理改变。

三年级我迎来一位善解人意的班主任。高老师见我精力旺盛，课间追跑又常与同学发生冲突。为磨我性子，老师任命我做劳动委员。

今天第一组值日，王彦艺拿着扫帚东扫一下，西扫一下，心不在焉，在值日组员里显得很扎眼。我上前询问，谁知他翻我白眼。我心中很是不爽，要是从前我一定……我压下火气，手把手教他扫地，谁知他并不领情，嘟囔着说我多管闲事。扭头看表，我一挥手，"算了，你一边歇着吧。"我帮他干完剩下的活。

下午放学，他母亲与我父亲争执说，我故意找她孩子的茬。我一听火冒三丈，直着脖子喊："不是这样子的……"老师用眼神制止了我，而我心中烈火熊熊燃起。老师说："这孩子每天最后一个回家，从没一句怨言……"

我的心渐渐平静下来，我是劳动委员，做好班里的日常工作是我的责任，误会终归是误会，不必在意。

"自我—本我"人就是这样在自由的被约束中一步步成长的。

3. 孙悟空缩水的本事，实际是心智的提升

《西游记》中孙悟空的本事在取经过程中"缩水"了。好多他本来可以搞定的事情，却不再无所顾忌地横冲直撞了，而要去求助神仙。因为孙悟空懂得他还要为师父、师弟活。因为他认识到要负责，他从情绪型的人成长为思想型的人，而后修行为智慧型的斗战胜佛。

镜头二：周四放学宣传委员主持吟诵练习，班长维持纪律。一个嬉笑随意，一个追查红领巾干扰吟诵。我当众冷脸叫停，批评当日工作不力。翌日积极改进工作方法受表扬。

画外音：马亦凝和王鑫迪宇一直担任班长和体育委员，工作上日渐懈怠。被批评的委屈，我看在眼里心疼几秒钟，但是要培养能担当重任的班干部，引导他们从情绪型的人成长为思想型、智慧型的"斗战胜佛"，我还是狠下心没有及时安慰。

第二天，我听到温情老师反映两个班干部积极组织放学吟诵的表现，在学生们整齐响亮的古诗文吟诵后，我一脸灿烂，"狠狠"地表扬了两位班干部。他们的心理成长，我看得到。

班干部当久了会懈怠骄纵，对班干部要适时批评和及时肯定，让学生提升对自身的认知和管理。

学生在名著阅读过程中，开始比对名著中的人物，反观自己、管理随性的自己，获得一系列积极的心理变化体验，从自我觉察到情绪管理，再到责任担当，

感受自身生命成长的过程。

　　古典名著阅读活动在学生与古人之间架起一座生命体验与人生经验的桥梁。学生喜欢《西游记》天马行空的想象世界，在阅读中看到现实生活中的种种影子和对社会人生的思考。我们带领学生浸润在经典的文化价值体系中，以文化人，培养学生的传统文化认同感，促其精神强大。

2022 年 5 月 10 日

雨过青天云破处

——行走于"码行天下"

（2023年1月教育共同体教育教学创新年会发言稿）

大家好！很高兴和大家交流"码行天下"话题。

如果用一种颜色形容信息技术与教育教学融合的前景，那一定是天青色。"雨过青天云破处，这般颜色做将来。"青色，是一种杂糅的颜色，代表着开放和包容。

随着互联网与教育的深度融合，"互联网+"打破了学习时空的限制，为学生提供真实、同步的探究体验。大家熟知的小红书、知乎、哔哩哔哩是在百度搜索基础上，垂直领域做得很好的兴趣群落。我们的"码行天下"也正在成为一个面向教师和学生群体的兴趣群落，是一个专注于小学教育领域的搜索平台。"码行天下"激发了师生的分享欲，也让学生成为内容的生产者，分享自己的体验，输入自己的经验。

很幸运，2019年创建和雅吟诵社时，学校正好搭载"码行天下"平台，给了我们很好的助力。站在应用角度看，"码行天下"更像是一座驿站，吸纳、存储优质的教育信息，面向学习共同体开放，师生家长都可以按需取用、分享。

专业的事要交给专业的人干。那么一线教师，如何参与建设专业的兴趣群落，又怎样应用"码"资源辅助日常教学呢？

一、教学资源优化建设

新课标提出，"利用现代信息技术推进资源建设，优化、更新课程资源库，以促进教师专业发展"。我们应从哪些方面优化建设课程资源？

（一）教学研讨课例

"码行天下"精品课上传三个版本的《望天门山》。这三节同课异构的古诗教学研讨课都是获奖的课堂实录。是我们教研团队三年中对同一首古诗精研的结果，见证了语文教师在古诗教学方面的精进。

（二）吟诵教学范例（PPT展示国学吟诵码书）

"码行天下"创建之前，我多年积攒的吟诵教学资料一直沉寂于电脑的硬盘中，没有有效途径分享，成为一个信息孤岛。现在都在动态建设中，包括：教育部吟诵专家、骨干教师的吟诵范例，全国获奖诗词讲解课堂实录，西安国学诗社唐代诗人系列讲座，国学经典吟诵参赛展示作品等。

（三）课题研究资料

课题研究中，我们利用"码行天下"积累内参资料，促进教师专业发展。例如，《中华传统文化与小学语文综合实践活动融合的研究》中期推进会录屏分享，希望给其他课题组老师以参考。

（四）特色活动课程（PPT 传统文化活动码书）

在这里，特色课程资源指通过传统文化实践活动生成的资源整理加工，是传统文化课题研究过程性资料。

1. 节气文化宣讲视频的优化

结合教材传统文化元素向学生征集宣讲资源，以促进学习方式的转变。学生自制的二十四节气文化宣讲视频，经过三年循环制作已经形成精品系列资源。在积极主动的码资源制作分享中，学生更加认同传统文化，核心素养也得到提升。

2. 国学经典吟诵系列课程

课程包括国学经典吟诵范例、展演实录、参赛视频、《诗经》吟诵小讲堂等。

3. 名著阅读生成的资源（PPT 名著阅读活动码书）

为培养学生对古典名著的阅读兴趣，打造自主阅读整本书的深度学习。在五年级开展的"走进古典名著"实践活动的基础上，2022年寒假我们在线开展"否定与超越——与孙悟空一起成长"的经典名著定向解读深研活动。利用"'码行天下'提供多角度的阅读交流空间，促进师生在名著阅读中的多元互动"的关注，师生聚焦"紧箍咒"，围绕"否定与超越"主题，梳理念咒情节、定向解读"紧箍咒"背后的文化内涵，学生兴趣盎然。

两次《西游记》阅读分享直播和学生解读"紧箍咒"的微视频被分享在"码行天下"，引起更大范围的再思考、再讨论。对名著阅读中生成性资源的整理加工促进了学习方式的转变，也丰厚了活动课程的内容。

我们持续整理、优化资源，形成三个精品系列特色活动课程，为后续课题研究提供支撑材料。师生家长可以扫码选课程，随时学习评价。

二、探索减负增效模式

2019年我校创建"码行天下"平台，在推进课程资源建设、应用的同时，正在重构师生关系，动态促进教师的专业发展。

如何在课前、课中、课后高效应用"码"资源，探索减负增效的教学模式，是我们共同面对的课题。

（一）课前应用，提升课堂效果

我们提倡的前置性学习，如果缺乏教师的有效引导，学生则很难聚焦有效信息。码资源的优势是在教学合适的环节动态呈现教学内容。通过声音、色彩、图像刺激学生多种感官，激活学生内在思维活动，实现教学重心的前移。

我们在吟诵教学前，布置学生扫码反复模唱吟诵篇目。课堂上教师只需集中精力点拨技巧，解决预习中的难点即可。课堂学习轻松快乐，学生逐渐习惯利用"码行天下"定向寻找学习内容，积累自学经验，实现从学会到乐学的飞跃。

应该说，课前扫码自学激活了学生前置学习的意识。

（二）课中应用，实现分层教学

学生学习存在差异。码资源的优势是，为学生提供时间和空间的弹性补充，弥补个体差异。微视频针对重难点录制，学生反复观看弥补学习漏洞，缩小学习差距。

大家都知道，社团学习效果取决于训练程度。国学经典诗文的吟诵中常有一些入声字，诵读别扭。课堂时间受限，花费时间训练会影响整体进度。提前准备的吟诵"码"资源，不仅能让学生很快掌握重难点，还能激发其后续学习的兴趣，提升课堂教学的延展性。

例如，学习国子监官韵版《大学》吟诵，"在亲民"的读音。这里的"亲"同"新"，革新之意。所谓"在亲民"，是去恶从善、重做新人。类似几个字发音很别扭。给学生播放电视剧《大宋宫词》中小皇子吟诵《大学》的片段，告诉学生这就是国子监官韵版的吟诵。学生兴趣盎然地对照视频反复纠正发音。

课中应用码资源，为实现学生共同进步提供保障，便于教师调整课堂节奏。

（三）课后应用，满足个性需求

课后应用是指学生根据自己的课堂学习节奏，课下随时重现难点，或者继续拓展学习。完全按照自己的需求学习，是一种主动的个性化学习。

例如，传统文化课题下的精品吟诵课，以情景剧形式解读经典内涵，增进师生对传统文化的认同和理解，欢迎大家扫码学习系列课程。

又如，创新课参赛作品《望天门山》，课后推荐学习资源有汉字类文化节目《"字"从遇见你》、古诗吟诵学习资源《吟诵周》，实现了满足个性化需求、开阔学生文化视野、推动进阶学习的目的。

因为"码行天下"，课前、课中、课后，师生能够进行更有效的教学资源接触，学生成为课堂主体，可自主选择学习进度，满足个性化需求。

总而言之，教师根据实际情况智慧应用"码行天下"资源，充分发挥码资源"威"力，更好地为学生的学习服务，最终达到教学相长的目的。

"码行天下"与传统文化课题研究及和雅吟诵社一路相伴,一路深耕。行走在"码行天下",我有一种强烈的成就感,这些资源都是师生自己搭建起来的。在学生生活和传统文化之间架起一座桥梁,一座关联生命体验与人生经验的桥梁。这个过程本身就是一种享受,享受创造以及创造带来的愉悦自信。

"雨过青天云破处,这般颜色做将来。"天青是包容、开放,寓意行走于"码行天下"的鲜活样态。让我们共建、共享"码行天下"这个垂直搜索平台。

2023 年 1 月 30 日

附：三篇学生现场交流稿

"码行天下　码上吟诵"
——我在和雅吟诵社的学习成长

"白龙马蹄朝西,驮着唐三藏跟着仨徒弟,西天取经上大路,一走就是几万里。"大家好！我是王鑫迪宇,说到吟诵,我话就多了！

我第一次接触吟诵在三年级,感觉吟诵就像唱歌一样有意思。但是老师告诉我们,吟诵,是中国文人传统的读书方式,这让我们很向往。之后每当上吟诵课前,我们都会提前扫码自学吟诵篇目。当然只是不停地模唱,没有注意学习吟诵的韵律。

诗文吟诵中有一些字发音和现在是不一样的,读起来很别扭。吟诵课上,老师常常针对入声字的发音重点训练。比如,国子监官韵版《大学》吟诵"在亲民"的读音。这里的"亲"同"新",革新之意。所谓"在亲民",是去恶从善、重做新人。类似几个字发音很别扭。

老师说国子监官韵版吟诵,是我国古代最高学府吟诵调。大家对此很感兴趣。老师给我们播放电视剧《大宋宫词》中小皇子等父皇下朝时吟诵《大学》的片段,告诉我们这就是国子监官韵版的吟诵。大家就对照视频反复纠正发音,直到吟诵到位才肯罢休。

我们平时在吟诵社团课上进行专业的吟诵学习,参加展演前只需要进行几次排练。我们每次都是带妆展演,老师们付出很多,同学们都很用心,所以获得一致好评。比如说西咸新区的展演,或者参加省上的比赛,老师都会把现场实录上传到"码行天下"平台。我就分享给亲戚朋友,对吟诵略知一二的大舅看后很惊讶，不停地问："你们学校教吟诵？"我和爸爸妈妈很自豪，大家赞不绝口。

下面，我给大家现场展示一段唐调吟诵《中庸》。

"天命之谓性，率性之谓道，修道之谓教。道也者，不可须臾离也，可离非道也。是故君子戒慎乎其所不睹，恐惧乎其所不闻。莫见乎隐，莫显乎微，故君子慎其独也。喜怒哀乐之未发，谓之中；发而皆中节，谓之和；中也者，天下之大本也；和也者，天下之达道也。"

分享人：王鑫迪宇

2023年1月30日

唵嘛呢叭咪吽

——《西游记》紧箍咒悦读分享

唵嘛呢叭咪吽！

大家知道这是什么咒语吗？这是如来为孙悟空量身打造的紧箍咒，《西游记》中悟空一共被念七次紧箍咒，仅三打白骨精，就念了三次，足有20多遍。为什么为什么为什么？

现在大家知道为什么我们要细读西游记了吗？是的，要自己寻找答案。五年级我们班开展了"走进四大名著"综合学习活动：名著人物模仿秀、经典情节趣配音、课本剧排演、名著茶酒文化研究，大家玩得不亦乐乎。今年寒假我们在线上举行《西游记》阅读分享会，紧箍咒情节引起我们的关注，同学们制作"解密紧箍咒"阅读分享微视频。我分享的是第二十七回"尸魔三戏唐三藏，圣僧恨逐美猴王"。

我们的阅读分享需要制作PPT。我用文字简要概括唐僧三次念紧箍咒的原因，配以原文节选及视频截图。还截取86版《西游记》视频，分享对孙悟空的人物形象理解。老师说悟空被迫离开唐僧的细节要有自己的思考、亮出自己的认识。

我细读二十七章回结尾：肉眼凡胎的唐僧执意赶走除恶务尽的悟空，悟空羞耻委屈却无人理解。在唐僧的三次驱赶下，悟空碍于面子不得以离开。回花果山的路上听见东洋大海潮响，想起唐僧不禁神伤泪落。大圣金刚外表下善良的本性、柔软的内心打动了我。我重新录制了阅读分享视频，但由于语言积累欠佳，表述不够清晰，主题不突出。高老师通过微信语音指导我修改文字稿。对比这两段文字，老师让我抓大圣的眼泪，深层分析孙悟空看似坚毅却柔软的内心，让读者共情。

通过一遍遍的细读体会，我深刻领悟到紧箍咒在束缚孙悟空的同时成就了孙悟空。深读《西游记》和悟空一起在否定、超越中成长。我也在《西游记》悦读分享微视频打磨中不断领悟、修正、成长。

分享人：姚奕
2023 年 1 月 30 日

体验四季之美　致敬生命轮回
——在二十四节气宣讲小课中成长

大家好，我是六年级四班的马亦凝。

二十四节气被誉为"中国的第五大发明"，2016 年被列入人类非物质文化遗产代表作名录。"码行天下"创建三年中，我很荣幸参与"二十四节气文化宣讲小视频"的录制。我前后录制了惊蛰、芒种、白露、大雪四个节气的微视频。制作过程中我大量查阅、筛选节气物候、习俗以及诗词资料，撰写文字稿、制作 PPT，尝试动画效果。

下面以 2019 年初春录制的惊蛰和 2022 年寒冬录制的大雪为例，讲讲我在节气宣讲小课中的成长。

惊蛰：惊蛰节气时气温回暖，雨水渐多。录制时以我们家院中的绿植为背景，配合一块节气诗句的小黑板，自然大方接地气。录制前背熟稿子，争取一次过关。后期制作由爸爸和我合作添加片头片尾。

三年后的我制作"大雪"宣讲小课。大量插入雪景照片，形成视觉冲击。在舒缓的背景音乐中对物候、习俗、古诗娓娓道来，加深对大雪节气的感知。根据高老师明确三候的建议，参考同学的动画视频，融入自己的创新想法：模糊背景、添加字幕，让主题更鲜明，不断调整"开场的角度光影、语速语调"，不断修改完善。

后期剪辑很有"心机"。大雪一候生僻字"鹖鴠 hé dàn"，插入字幕注解既不会打乱节奏，也能为同学们介绍新词，岂非一举两得？

二十四节气衍生的节气诗词，是我们节气宣讲小课的重要板块。节气诗词诵读中，我们感受到中国人对生命的温情与敬意代代相传。

三年来，节气宣讲小课一直在循环制作中，同学们"做中学、学中创"，现已形成系列精品。欢迎大家随时扫码观看我们的"二十四节气宣讲小课"，欢迎尝试制作节气微视频，加入我们的行列中哦！

分享人：马亦凝

2023年1月30日

踏着节气的鼓点去耕读

——"白露项目式"学习中的劳动教育

（2022年西安市劳动教育展示活动主题分享稿）

要采取适应当前环境和条件的有效措施，加强劳动教育。组织好形式多样的劳动实践，让学生在实践中养成劳动习惯，学会劳动、学会勤俭。

——2018年9月10日习近平总书记在全国教育大会上的讲话

劳动教育一直是我国教育制度的重要内容。日前，教育部印发《义务教育劳动课程标准（2022年版）》，劳动课成为义务教育阶段的必修课。劳动是成才的必修课，我校积极探索节气文化与种植结合的劳动教育模式，实现知行合一。

二十四节气是农耕文明的产物。二十四节气的风物变化，为学校的劳动教育提供了形式多样的学习素材：①鲜明的物候特征。师生跟随节气的脚步，感受天道轮回；②指导农业生产。节气更迭，师生家长遵循天时到种植园耕种收割；③指导国人生活。每到节气我们开展线上线下的民俗亲子体验活动，让学生有机会感受、认同传统节气文化。

我校开展"踏着'二十四节气'的鼓点去耕读"的走读式劳动教育，让学生用脚步阅读自然，在自然与人文的融通中了解物候规律、认识农作物、习得劳动技能，体会劳动创造美好生活的价值。

"踏着'二十四节气'的鼓点去耕读"的走读式劳动教育具有以下特点：边学边干、学科融合的信息技术的充分利用。

一、"耕读式"种植劳动（微课扫码＋前置学习＋农耕劳作）

学生扫码前置学习节气物候，走进田间，走进自

高华 《踏着节气的鼓点去耕读》

然、走进社会，通过田间劳动，经历播种、发芽、成长、收获、义卖的整个周期，解决二十四节气学习中想探究的问题，了解生命的持续和轮回，丰富其学习实践经历。例如，清明开展"领养一颗小菜种"活动；芒种收获菠菜、莜麦菜；大暑收获玉米、茄子、辣椒；白露开展"播下冬小麦"耕读活动……每到学校的"收获节"，学生走读种植园，驻足种植箱，收割蔬菜，义卖捐助"红领巾"银行；烹制时令菜肴，分享劳动的快乐，感受助人的幸福。

二、"走读式"习俗体验（微课扫码+养生美食+亲子活动）

二十四节气是一部科学艺术生活大词典，引导国人科学、有意趣地生活。当节气与民俗活动相遇，老师设计开展学科融合活动课，如清明放纸鸢、立夏斗蛋称重等；当节气与美食相遇，老师根据节气特点、乡土特点，适时开展"美食文化"劳动课程，如惊蛰晒花馍、谷雨斗春茶、大寒熬腊八粥等。节气"走读式"劳动课，学生扫码观微课并上传亲子民俗体验视频图片。学生在习俗走读中，感受农耕文明的智慧，感受传统习俗中蕴含的人情美、文化美。

三、"沉浸式"探究劳动（物候探究+文创作品+诗词讲堂）

脑力劳动同属劳动范畴，我校依托节气设计全学科节气探究课程。以白露课程为例说明。

白露之科学探究。二十四节气，每个节气都有不同的颜色、味道、温度、模样，我们开展科学现象探究课程。白露节气探究大雁迁徙一字、人字队形原因，讨论绘制玄鸟的飞行路线。在从现象到本质的脑力劳动中，学生既感受到科技探索的快乐，又感知到节气之美，亲近了传统文化。

白露之美术创作。白露前美术学科以白露物候、养生食物为主题，学习小组创作海报、项目团队彩绘校园井盖。这些实践劳动在教师的指导下以合作方式尝试完成。学生团队参与校园文化建设，彩绘作品闪亮在井盖。（过年前的大寒节气，征集春联创作与书法作品，印制发放给师生、赠送嘉宾。）

白露之养生食育。结合白露节气"去燥"的养生习俗，我们设计"白露养生食谱"。学生查书籍、逛市场，了解食材去燥润肺的功效；问长辈、汇食谱，学习参与养生食物的制作。红薯饼、栗子糕、银耳雪梨汤、牛奶乌鸡汤……在"食育劳动"中，学生了解了各地的传统美食，还通过Diy大饱口福。

白露之吟诵展演。学生扫码自学与节气相关的《诗经·蒹葭》吟诵，排练吟诵情景剧和《诗经》微讲堂。现场录制节气文化小课视频，及时上传学校"码行天下"传统文化系列小课，以二维码形式与全校同学及家长共享。帮助后续班级和学生观摩学习，以求有更好的呈现。也帮助自己不断审视、积累经验。

所有白露学习成果，分享至学校"码行天下"平台，记录成长。

2022年9月27日

附：

五年级白露节气学科融合课安排

课时	学科	探究内容	活动成果
2	语文	白露民俗文化	节气文化宣讲、《蒹葭》讲解、背诵
2	科学	物候现象探究	物候现象探究绘本、物候彩塑
1	数学	二十四节气黄道划分	二十四节气经纬图、数学小报
1	英语	白露民俗表达	白露民俗思维导图、小报（英文版）
1.5	语文+美术	节气主题传达	白露节气系列主题海报展
1.5	语文+音乐	《蒹葭》吟唱	《蒹葭》吟唱表演
1	劳动	养生美食制作	学做养生汤、养生食物

与《道德经》的相遇

　　没有哪一本书能够带给我如此大的心灵冲击。
　　那个下午，我在图书馆打开《道德经》，平滑洁白的纸上，伴随每一个方块字的流出，身体被一种巨大的力量控制，入定般不曾动弹一下。似乎片刻的工夫，窗外刺眼的阳光变成橘色的一抹西坠肩头。
　　"人之生也柔弱，其死也坚强；草木之生也柔脆，其死也枯槁。"生命最好的状态是柔软，死亡的状态才是僵硬的。关联的闸门像是被打开了，我想起了故去的母亲因为生活的艰辛始终坚强的模样，临终前也不曾流露半点柔弱；我自责面对因摔下床而满脸瘀青的母亲，不会去抱抱她安慰她强撑的心，而是悄悄抹净泪埋怨她不立刻通知，坐等天明……这么多年我把伤痛的记忆，小心地收藏在心底最深处，一次次地用追怀与懊悔去抚摸，从来没有想什么是生命该有的状态，如何卸下伪装安抚彼此的情绪，做生命接力的温暖陪伴。
　　"弱之胜强，柔之胜刚，天下莫不知，莫能行也。"辉煌的夕阳下，记忆不再沉重。老子贵柔的思想光辉，透过云层的缝隙，让那个午后的我醍醐灌顶。"天下之至柔，驰骋于天下之至坚。"我突然觉悟我们日常强撑着的一颗心，强绷着的一张脸，是最可悲的坚强。为了深爱你的人，还有你自己，我们要学会柔软。
　　"将欲歙之必固张之；将欲弱之必固强之。"物极而必反，盛极可自衰，这些现象引起世人的警觉，引发老子的逆向思考。"五色令人目盲，五音令人耳聋，五味令人口爽。"声色之娱放纵欲念，最终带来身心伤害，恬淡简约的生活方可修行稳健中和的正气……老子关于对立转化的辩证思想，令我豁然开朗。满则溢，盈则亏，做事张弛有度，才能收放自如。
　　"大音希声，大象无形。"至美的乐音、宏大的形象和自然融为一体，给人无音、无形的感觉。我想老子在谛听天籁、察观万物之时，必定屏息凝神，因而动心觉悟。聆听高贵的灵魂自语，我自觉认知有限、心思浮躁。回首，只觉自己一直处于混沌中，愚昧莽撞地在人世间行走了这么许多年。像一个没有灵魂的躯壳，磕磕碰碰、跌跌撞撞，一地鸡毛，一路伤心，没有激情，有的只是机械前行。没有所思所想，我们就什么都不是了。
　　那个下午五千言《道德经》，我一口气读完。此刻，有两个字在心中不断地重复：觉知，觉知，觉知……我思故我在，这就是意识的觉醒，生命的涌动吧！

我开始了在国学经典中的览胜，开始了与同道中人的主动交集。他们同样述说着自我对传统典籍阅读缺失的羞惭。

2018年夏，我到中国人民大学孔子研究院参加"中华传统经典诵读"骨干教师培训班。听到曾为翻译者的徐同学说："一位德国朋友满脸崇拜地说我读过你们中国的《道德经》，而我当时竟然对此一无所知，从来没有过的羞耻感让我无地自容……"我也生出一种被刺痛、被捶打的痛，作为一个语文教师，这些年没有读过这样的书，该有多少呢？我在国学经典中寻找迷失的精神家园。

2019年我开始学习传统吟诵，在音韵咀嚼中反复感悟《道德经》论道、养生、修身、治国、治兵的哲思智慧。"为无为，事无事，味无味。"每每兴之所至，我吟诵脱口而出，学生目光灼灼，让我怦然心动。为何不带着学生一起诵读国学经典？如何以喜闻乐见的形式推动大家学习经典的热情？

"图难于其易，为大于其细。"和雅吟诵社在老子的思想启发下诞生了。国学经典吟诵课程中，我带领学生陆续学习《论语》《大学》《中庸》《老子》《诗经》《楚辞》等篇目；在吟诵社第二课堂，我们教习古代礼仪、编排吟诵情景剧，为学生打开了一扇窗，扩大学生的文化视野，推动学生对优秀传统文化的传承和认同。孩子的热爱也影响到了家长，国学经典吟诵的学习由学校向家庭和社区辐射。天下难事，必作于易；天下大事，必作于细。

感谢那个辉煌的午后，感谢在那个图书馆的随意翻阅，感谢生命中我与《道德经》的相遇。我的那颗潮湿的心因为那次相遇被阳光照拂，就此有了光；学生吟诵经典时眼里闪耀着的光彩，令我无比幸福。

觉知守静，为而不争。这就是我和《道德经》的故事，这个故事还在继续……

2023 年 3 月 28 日

（2023 年 6 月 7 日发表于《教师报》4 版"悦读"）

俞陛云《诗境浅说》书评

——"诗教中国"第五届诗词讲解大赛参赛书评

《诗境浅说》与《人间词话》并称"诗词双绝"。《诗境浅说》是俞陛云先生的作品,本为家中孙儿女"欲学为诗"特意编选的启蒙读物。虽为童蒙作,但"凡声调格律意义及句法字法,剖析言之",处处彰显大师的功力和学养。

此书可称"大家小说"。所谓"大家",因为俞陛云先生是近代知名学者、诗人、授翰林院编修,学识渊博;所谓"小说",指篇幅短小,行文清新朴素。跟随他的文字,我们能感受到字里行间透露的诗情画意。

书名冠以"诗境",何谓"诗境"?朱光潜《诗的境界》说"在心领神会一首好诗时,都必有一幅画境或是一幕戏景……使他神魂为之钩摄,若惊若喜,霎时无暇旁顾……"诗境是一种与人生命交融的极高境界,语言描述是"不着一字,尽得风流",使读者有"空灵""缥缈"之感。

书中很多地方提到"诗境"。李益《夜上受降城闻笛》评论"对苍茫之夜月,登绝塞之孤城,沙明讶雪,月冷疑霜,是何等悲凉之境"。这里的悲凉之境是边塞冷月、孤城荒沙所体现的环境的荒凉。司空曙《峡口送友》评论:与"未知何岁月,得与尔同归"及"无端更渡桑干水,却望并州是故乡"诸作,其诗境皆转深一层,情味弥永。诗人本客居在外,亦是漂泊征人,今日异乡送友,君去我孤,送别之愁更深一层,诗之意蕴也更为深厚。这里的"诗境",是指诗人的情感。

读诗重要的是体会"诗境"。自序写先祖曲园公训曰:"学古人诗,宜求其意义",体会诗歌浑融的意境,乃为学诗要务。不论是实境景象,抑或意象虚境,诗文都渗透作者的情思,反复吟咏必引发共情。例如,续编录王昌龄《送别魏二》评论"王诗尚有《卢溪别人》云:二诗虽送友所住之地,楚蜀不同,而以江上夜月,愁听猿声,写别后之情,其意景皆同。以诗格论,则送魏二诗,末句用摇曳之笔,余韵较长。卢溪诗末句,用曲折之笔,诗境较曲也"。同为送别诗,同一诗人,意象相同,意境有别。前者"愁听清猿梦里长"以摇曳之笔晕朦胧美,惆怅别情,意韵悠长;后者以诗人口吻宽慰友人,关切惜别深情自见。同为虚境,意境不同,游子漂泊的孤寂愁苦竟令人唏嘘动容。

俞陛云先生提出"诗之高格"说,即诗人创作诗歌灌注的个人情感,将诗歌所有意象一气贯注，读者"神魂为之钩摄"。读诗最重要的是体味情志气蕴。细读俞先生的评释，我发现了学诗的方法。

归类比较，是学诗的好方法。俞先生评析诗歌常引相关诗句解释。例如，杜甫《旅夜书怀》与李白《渡荆门送别》比较：三四言江干远眺，句极雄挺，与李白之"山随平野尽"二句，大致相似，而状以"垂""涌"二字，则意境全换。又如李商隐《蝉》与骆宾王《在狱咏蝉》各有寓意："骆感钟仪之幽禁，李伤原宪之清贫，皆极工妙"。再如李白《春夜洛城闻笛》与释贯休《闻笛》比较："同是风前闻笛，太白有磊落之气，贯休诗得蕴藉之神。大家名家之别，正在虚处会之。"通过比较更易感受诗境、意蕴的细微差别，也能深刻感悟诗歌。

炼字是一种学诗方法，要把握度。评《赋得暮雨送李曹》"作诗如用重叠形况字，以酷肖而善体虚神为要"；评《在狱咏蝉》说"咏物用典等贴切固佳，能用典切题而兼有意则尤佳"；析《和晋陵路丞早春游望》赞赏"……春光自江南而北，用渡字尤精确"。析杜甫《旅夜抒怀》赞曰：用一"垂"字，见繁星之直垂天尽处，用一"涌"字，见高浪驾空，挟月光而起伏。炼字精警无匹。当然炼字，要为诗境服务。学诗，过分强调字句赏析，就会破坏诗歌的浑融意境，就是"猎其浮词，徒作门面语了"。

俞陛云先生《诗境浅说》虽是启蒙之作，专论意境深妙，普及性和学术性兼备。每首诗点评精髓，善用譬喻，从韵律到意境剖析，深入浅出、字字珠玑，让我常读常新，爱不释手。

2023 年 6 月 25 日

第二辑
传统文化与课堂教学融合

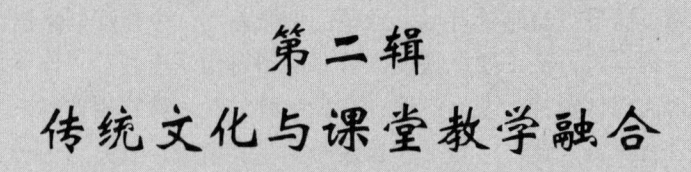

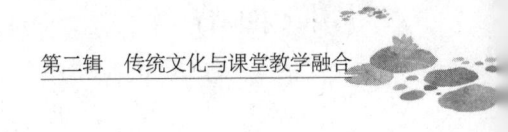

古诗教学新视角（教学设计）

《李白山水诗的色彩》群文阅读微课设计

【教学议题】 李白山水诗的色彩

【教学年级】 四年级上册

【教学内容】

聚焦李白山水诗，复习回顾三首，新授一首。引导学生比较发现学习，充分与文本对话，发表独立见解。体会诗歌情感，感受浪漫主义风格，走进李白内心，了解李白真性情。客观认识李白为理想执着奋斗的一生。帮助学生形成比较发现的阅读策略能力。

【选文来源】

《望天门山》　　部编版三年级上册

《早发白帝城》　部编版三年级上册

《望庐山瀑布》　部编版二年级下册

《独坐敬亭山》　部编版四年级上册

【教学目标】

1. 读组诗，引导学生比较，发现内容、情感、写法上的异同；

2. 学生自主归纳，从色彩词语、修辞手法入手结合诗人背景经历，运用联想比较的方法了解诗人的内心，客观评价诗人；

3. 有意识地运用归纳出来的赏析古诗的方法自学古诗，初步感受浪漫主义风格，走入诗人内心，高尚灵魂。

【重点难点】

引导比较、发现内容、情感、写法上的异同，联系背景经历了解诗人的性情追求。归纳赏析古诗的群文阅读策略。

【与常规教材教学关系】

聚焦一位诗人，回顾三首诗，新学一首诗，帮助建立比较发现的阅读意识。以抓关键词体会情感；关注修辞手法感悟诗作风格；链接背景故事，走进诗人内心，客观认识评价诗人。比较阅读，让阅读走向实效，让自学有指向，让思维更加深刻。推动课内外古诗学习。

【教学准备】
课前印发李白的 4 首诗，学生自由读 1 分钟，熟悉阅读材料。
【教学过程】

一、观察比较导入，发现诗的共同点

师：同学们，今天让我们一起走入唐诗的天地，进行一次发现之旅。你发现李白的这些诗有什么共同点？

生：都有写山水。

师：大家很会观察思考。山水美景背后还有一些东西，你发现了吗？

生：情感。

师：是，古诗写景都是为了抒情，抒什么情？我们一起感悟、发现。

【设计意图】从观察比较导入，让学生思考发现四首诗的共同点，既能调动学生学习的主动性，也是本节诗歌群文阅读贯穿的一种学法，为整节课的学习埋下了伏笔。

二、回顾《望天门山》和《早发白帝城》，提炼赏析方法

师：我们先回顾三年级学过的《望天门山》和《早发白帝城》，边诵读边思考这两首诗在内容、情感、写法上有什么共同点。

（找共同点的指向性明确，给学生的观察思考以指引作用。）

生：都是写青山绿水，船行长江。

生：借景抒情，表达喜悦心情。

师：请读一读具体诗句。

生：两岸青山相对出，孤帆一片日边来。两岸猿声啼不住，轻舟已过万重山。

师：还有一个共同点，注意到了吗？乘船的人是谁？

生：船里坐的是诗人李白。

师：是的，诗歌不能没有人，有了人才有了情感。李白的乐观情绪，你是从哪些关键词中感受出来的？

生：青山出，日边来。彩云间，啼不住。

师：有颜色，有声音，有动态，以此表达诗人的喜悦，这是借美景抒乐情！对美景的描写方法，你有什么发现？

生：都有修辞手法，运用拟人或夸张。

师：是的，李白采用雄奇的想象表达自我的强烈感受。我们一起来读唐诗背后的故事，你认识了一个怎样的李白？

《望天门山》，公元724年，25岁的李白怀着济世安民的理想和壮志，第一次离开四川，乘舟顺长江而下，途经天门山写下此诗。

《早发白帝城》，公元758年，59岁的李白戴罪流放夜郎中，途遇赦返回江陵，请求从军，重燃实现济世安民人生理想的希望。

【设计意图】阅读背景资料，助推学生深入感悟诗人的情感和心志。

生：一个初出茅庐、憧憬美好未来的青年李白。

生：一个历经磨难，重见希望、坚持奋斗的老年李白。

师：明明是自己憧憬未来，却说青山热情迎接；明明是自己积极进取，却说轻舟一日千里。李白用雄奇的想象让山水有了情感，也抒发了自己的志向。诵读诗文，感受李白的勇气和信心。

师小结：从25岁的《望天门山》到59岁的《早发白帝城》，我们看到李白为理想执着追求，与命运斗争的精神！

三、自主学习《独坐敬亭山》，对比《望庐山瀑布》赏析

借助注释、插图，自学《独坐敬亭山》，抓关键词交流读后感受。

【设计意图】运用之前积累的古诗学法自主学习，引导学生抓重点词语交流感受，提升学生古诗的自主学习能力。

师：读李白的另一组山水诗，对比这两首诗有什么区别。

生：一个写水，一个写山；一动一静。

师：诗中色彩怎样？表达的情感一样吗？

生：《望庐山瀑布》有颜色：红、紫、绿、银，有飞流直下的激动；《独坐敬亭山》没有色彩，没有声音，灰蒙蒙的一片静寂中，只有李白和敬亭山对视。

师：想象画面，朗读体会同样是写山水，为什么诗中呈现出不同的色彩，这和李白的经历、心情有关吗？阅读背景资料，你认识到什么？

《望庐山瀑布》，公元725年，李白26岁出游金陵途中第一次游庐山所作。

《独坐敬亭山》，61岁的李白经历了安史之乱的漂泊，经历了戴罪流放的屈辱，公元761年李白最后一次来到宣城，没有了朋友如云、纵酒论诗的潇洒。他孤坐许久，触景生情，吟下了千古绝唱。第二年离世。

生：我看到一个意气风发的青年李白；看到一个孤独、安静的老年李白，只愿意默默凝视敬亭山。

师：这两首诗写法上有什么异同？

生：都运用修辞：用夸张增添神奇色彩，用拟人表现李白的孤独。

师：仁者乐山，智者乐水。青年时的李白有一颗济世安民的仁爱之心，思想像水一样活跃；老年时的李白历经磨难，却能够平静地面对人生的终点，心归于

053

山的沉静。（板书：山水寄托人生追求）

师小结：从《望天门山》《望庐山瀑布》到《早发白帝城》《独坐敬亭山》，我们看到意气风发的李白历经坎坷之后平静、坚强的内心！

【设计意图】两组诗纵向对比，引导学生感悟李白奋斗的人生和坚强的内心。

感受浪漫主义风格：李白喜欢用雄奇想象表现自己的喜怒哀乐。极度的夸张、贴切的比喻和拟人带给我们神奇的意境。他是唐代最伟大的浪漫主义诗人，被称为"诗仙"。

四、总结

歌德说：经验丰富的人读书用两只眼睛，一只眼睛看到纸的表面，另一只眼睛看到的是纸的背后。

阅读策略一：从文字的色彩和修辞手法体会诗人的情感。我们认识了一个怀抱济世安民志向的李白，一个为理想执着追求的李白。

阅读策略二：李白一生写了大量的山水诗，寄托自己的理想和追求。读李白不同时期的作品，可借助背景资料了解他的内心世界。

【教学总结】

得：聚焦一位诗人，比较阅读他不同时期的作品，认识诗人的情志。抓关键词体会情感；关注修辞手法，感悟诗作风格；阅读背景故事，走进诗人内心。运用比较的阅读策略，让阅读走向纵深，推动学生课内外古诗的学习。

失：学生古诗诵读不充分，需要通过朗读表达学生的阅读比较感悟。

改进：加强对有色彩、有修辞手法的重点诗句的对比诵读，想象画面，感受诗人不同时期的心境，认识诗人执着追求的奋斗人生。

【作品简介】

《李白山水诗的色彩》采用PPT录屏。选择小学阶段中最重要诗人李白的一组山水诗，探究其山水诗中的色彩与诗人情绪间的关联，联系创作背景感悟诗人的诗心，受到情感熏陶。

聚焦李白的山水诗，复习回顾三首诗，新授一首诗。引导学生比较学习，充分与文本对话，发表独立见解。体会诗歌情感，走进诗人内心，了解李白的真性情，感受其浪漫主义风格。客观认识李白为理想执着奋斗的一生，帮助学生培养比较发现的阅读策略能力。

课件简单实用，文字对比两组诗。图片再现李白青壮年时期看山看水的瑰丽，感受其为实现济世安民理想执着奋斗的精神，感受其浪漫主义风格。

【创新点】

古诗群文阅读策略：聚焦李白的山水诗，帮助学生建立比较发现的阅读意识。

回顾三首诗，新学一首诗，串联诗人一生，链接背景走进诗人内心。

引导提升学生比较阅读能力。抓关键词体会情感；关注修辞手法感悟诗风；发现内容、情感、写法的异同，联系背景故事了解诗人的追求和精神成长。

【教学应用情况】

语文园地的古诗，不作为古诗教学重点，但恰当地运用群文阅读教学策略，将诗人不同时期的山水诗串联，引导学生综观诗人一生的精神走向，学生能理解得更深刻，有利于学生对课内外古诗的学习理解。一节课完成4首古诗的阅读感悟，自主归纳赏析古诗的群文阅读方法。教学使用高效。

【版权要求】

本人承诺：参加本次大赛，遵守我国《著作权法》和《专利法》等相关法律法规，作品不以任何方式抄袭、剽窃他人学术成果，承诺申报作品真实可信，没有知识产权争议。本人同意将作品在沣西新城官网或者其他媒体推广共享。

附：

李白的诗为何频频被选入语文课本

盛唐时期，诗人如满天繁星，但一提到盛唐诗仙，许多人想到的就是衣袂飘飘、仙风道骨李太白。他被贺知章称为"谪仙人"，一代浪漫主义大诗人。

李白一生不顺意，仕途很坎坷，情路也很坎坷，总的来说他的一生并不是很成功。那他的诗又为什么会被频频选入语文课本呢？从小学贯穿到了高中甚至大学？

一、想象力丰富，题材新颖

李白的诗细品起来都会有一种仙人般的感觉，仿佛不是俗世间能写出来的仙迹。他的很多诗作的事物都是不存在的，是当时的人和社会所无法探知的。而他却凭借超人的想象力，留下了许多的千古名句。

"君不见黄河之水天上来，奔流到海不复回。君不见高堂明镜悲白发，朝如青丝暮成雪。"李白的这首《将进酒》相信大家都很熟悉了。黄河之水怎么会从天上来？怎么可能早上还是黑头发晚上就白了？

这都是李白想象中的世界，雄伟壮阔，他是在以不寻常的角度和非同一般的想法看待这个一如既往的世界。放在课本中学习，为我们打开了一扇新的大门，原本平平无奇的事物，还有这样与众不同的一面。

二、思想很豁达，自信积极

综观李白的一生，怀才不遇，生不逢时，误落这尘世间。但他却很洒脱乐观，自信不羁，不与世俗险恶同流合污。这也许是盛唐人都有的特点，但是在他的身上更为突出。

"仰天大笑出门去，我辈岂是蓬蒿人。""长风破浪会有时，直挂云帆济沧海。"等等的许多千古名句都彰显着他的自信，他的抱负，他的乐观和他的狂傲不羁。有一句话说得很好：醉酒前的李白是唐朝的，醉酒后的唐朝是李白的。

这就是李白的自信，属于他的独一份的骄傲。他的诗告诉了我们，人活一世不可能事事都顺心顺意，直面生活中的挫折，豁达开朗，终有一天会云开见月明。毕竟生活不止眼前的苟且，还有诗和远方的田野。

三、独特的韵味，内蕴哲理

李白的很多诗中都透出一种悲凉，透出他对世界的看法。世界不可逆转，万物流逝与永恒。他的诗还有一些孤独，政治上的漂泊，情感上的无依。仿佛孑然一身，孤立于世界，有着无人能懂的寂寞。

"生者为过客，死者为归人。天地一逆旅，同悲万古尘。"之前有一句很火的话：人的一生不就是一些陌生人在你的世界里走来走去吗？

是的，李白这是认识到了这一点。世界永恒存在，人生就如同一场逆旅，人生短暂。虽然充斥着悲凉孤寂的感觉，但是又透出了一丝丝的豁达乐观。既然如此，又何必在自己短暂的人生中浪费宝贵的时间去抱怨呢？

人生如逆旅，我亦是行人。走下去就好了，会发生什么我们都不知道，只需要坚定地前行，不要害怕路上的风雨泥泞。

李白的诗悲中带着豁达，乐中带着孤寂，狂中带着高洁，豪中带着落寞。他的诗一直独具特点，值得我们认真拜读学习，也需要我们一代一代传颂。

《望天门山》1.0版教学设计

【教学内容】 三年级上册第六单元《望天门山》。
【教学目标】
1. 正确流利、有感情地诵读好诗;
2. 结合注释,理解诗意,想象画面,感受诗情,掌握古诗学法;
3. 感受音韵、意境美,自读《早发白帝城》,体会乐观豪迈,能感情诵读。
【教学重点】
正确流利、有感情地诵读诗;理解诗意,感受意境,掌握古诗学法。
【教学难点】 感受意境、诗情,自读《早发白帝城》,体会诗心。
【教　　法】 字源析意法、情境教学法、任务驱动法。
【学　　法】 合作探究、涵泳意蕴。
【前置学习】 查阅李白、天门山资料。
【教学过程】

一、字源导课
　　(1)有位诗人"绣口一吐,就是半个盛唐",他是?(板书:李白)你有了解吗?一句话概括对他的评价。生于盛唐,经历战乱。今天我们要学习他青年时代写的诗《望天门山》。
　　(2)板书课题,字源析意:观察"望"的字形你知道?学过有关古诗吗?(《望庐山瀑布》《望洞庭》)你有什么发现?(远望美景)天门山到底有多美?我们一起去领略!
　　【设计意图】"望"字源析意,助学生建立感悟诗情、探究诗心的意识。

二、学习新课
1. 诵读感画面
　　(1)初读:读准字音,读出节奏和停顿。指名读,评价读音、节奏。
　　(2)韵字:最后一字拖长读,看韵母,发现?"回"huái,押ai韵,听起来?(悠扬轻快,朗朗上口)大声诵读,感受古诗的音韵之美。
　　(3)诵读:听老师读,有什么不同?标红的字音很长,标蓝的字短促,知道为什么读得这么优美。(汉语是有声调的,中国诗词有天然的音韵之美。平长仄短，古人基本的读诗方法。）

（4）小结：古人读诗法——古人吟诗会闭上眼睛，摇头晃脑地沉浸其中，试着体会声音传递给我们的情绪。

2. 迁移自读《早》

（1）练习读：朗读《早》，注意标红的韵字、标蓝的入声字的不同读法。

（2）指名读：听听标蓝字是否读得短促。"一日"短促和"千里江陵"形成一种强烈对比，感受到什么？（急切）再读体会此句。

（3）感情读：这是李白59岁获罪流放，遇皇帝赦免，激动喜悦之中写下的一首诗。带着这种心情再来读读，李白急着干什么。体会其激动心情。

（4）小结：声音能够打通我们和诗人之间的情感。学习古诗，我们可以朗读、诵读、吟诵，在音声之美中体会古诗的画面和情绪。

【设计意图】新课标指出"古诗教学要注意诵读中体验情感理解内容"。学生在朗读、诵读实践中感知内容，感受诗歌的音韵之美。

3. 品词入境：学习《望天门山》

自学要求：圈山水动态关键词，借注释插图理解大意，和同桌说诗意；用简笔画画一画你眼中的天门山。

（1）山："断"，字源析意：刀斧断丝绳。断，截也。想象：是谁把天门山"断"成了两截？汉字真神奇！意思断，声音也坚决果断。"门—断｜开——"体会平长仄短韵长。你眼前仿佛看见什么景象？指名读。

天门山资料：天门山是一座山、两座山？评：象形字图（文字通过想象变画面），山因水奔腾断成两截，形成门户，水因山的阻挡又发生变化？

（2）水："回"，水流回转。奔腾的楚江经天门山阻挡，发生什么变化？（楚江冲向天门山折向北转）"回"二声韵尾再读读！余音绕梁，听出楚江的汹涌回旋。

（3）山水悟志：中国文人渴望实现"治国、平天下"的理想。观山望水是为向自然学习，汲取力量。李白望见这样的山水会想什么？（坚定、变通）（板书：热爱）

【设计意图】新课标指出"深入挖掘传统文化内涵教育"。借助象形字帮助学生进入诗境，诵读中结合汉字的音、形、意品味古诗意境。

（4）鲲鹏之"望"：读背景，青年李白心怀"报国安民"理想，渴望自己像大鹏一样一飞冲天，读"大鹏……"你感受到了什么？（凌云壮志）远"望"天门山，李白还望见什么？（渴望实现理想。板书：憧憬）

（5）未来之"望"：当李白乘风破浪接近天门山，看到了——"两岸青山相对出"，青山热情迎接；看到了"孤帆一片日边来"。看"孤帆"你想到什么？（独闯天地、实现报国理想、向着理想前进）此时李白意气风发地说"孤帆一片日边来"；多年后经历挫折的李白，仍乐观豪迈地说"长风破浪……"；男女生对比读！

【设计意图】抓"帆"训练点，以诗解诗，让学生联想感悟李白的理想情志，推动共鸣，动情诵读。

（6）书画传情

欣赏书法《望天门山》，闭眼听吟咏音频，诵读你最喜欢的两句。

欣赏书画《望天门山》，背诵。课下用正楷认真书写此诗。

【设计意图】新课标指出"深入挖掘传统文化的内涵，进行审美教育"。理解古诗文用字源析意，引导学生抓关键词想象画面，品味古诗意境，在诗书画的审美体验中吟哦背诵，涵泳意蕴和情志。

三、知行合一

（1）感悟诗心：25岁李白壮志凌云；59岁李白重燃希望；60岁李白得知李光弼讨伐叛军史思明老泪纵横，穿袍带甲、手持长矛，要奔赴战场、杀敌报国，无奈因病折返。61岁病逝。问：你心中的李白是什么样子的？

（2）现实"李白"：（钟南山……）自强不息的精神需一代代传承。

（3）课外延伸：年逾花甲的李白人生最后一次来到敬亭山，又书写了怎样的心声？课下自读《独坐敬亭山》看看有什么不一样的体会。

【设计意图】新课标倡导创造性理解使用教材。组诗主题式教学串联诗人奋斗的一生，感悟其自强精神。结合现实人物引导学生知行合一，服务社会，为课下自读感悟第三首诗做铺垫。

四、作业设计

（1）用正楷认真漂亮地书写此诗；

（2）课外自读61岁时写《独坐敬亭山》，有什么感悟？

板书设计：

　　　　　望天门山

　　山　　断　　热爱

　　水　　回

　　帆　　来　　憧憬

附：

《望天门山》说课稿

今天我说课的内容是部编版小学语文三年级上册第六单元17课《古诗三首》中的《望天门山》。本单元以"自然风光"为主题；语文要素为"借助关键语句理解一段话的意思"。《望天门山》是李白25岁第一次出蜀游历时即兴所作。头两句描写山川气势，后两句写行船感受。融情于景，表达热爱河山及乐观豪迈之情。

【学情分析】

三年级学生善于形象思维、乐于表达，有一定的古诗学习方法，但没有格律诗的规则概念。需要在老师的引导下入情入境、体验感悟。

【教学目标】

1.正确流利诵读好诗；

2.结合注释，理解诗意，想象画面，感受诗情，掌握古诗学法；

3.体会音韵、意境美，迁移自读《早发白帝城》，感受情绪。

【教学重点】

正确流利有感情地诵读诗；理解诗意，感受意境，掌握古诗学法。

【教学难点】感受意境、诗情，自读《早发白帝城》，感悟诗心。

新课标指出"古诗教学要注意诵读中体验情感理解内容。"结合本课重难点及三年级学生认知特点，我采用的教法：字源析意法、情境教学法、任务驱动法；学法：涵泳诗情、合作探究。

据此我设计以下教学环节。

一、字源析意，引发思考

导课以甲骨文"望"字形，推测诗人怎样观察天门山，看到天门山时有着什么样的心情。帮助学生建立感悟诗情、探究诗心的意识。链接背景故事时回望课题，理解李白期待实现人生抱负的豪情壮志。

二、以读促悟，形象感知

俞平伯先生说，古人作文时情感寄托在声音，今天凭借吟哦背诵，同声相应使感情再现。

步骤一　初读感知：指导学生在正确、有节奏朗读的基础上，以平长仄短规则吟诵，通过声音建构对诗文的初步印象。教师范读，师生合作共读，让学生感受诗歌音韵之美。迁移自读《早发白帝城》，诵读中学生想象画面。

步骤二　字源解诗：圈画交流表现天门山山水动态的关键词。借助小篆"断"、金文"回"的字形，帮助想象天门山峭拔对峙、楚江水奔腾回旋的气象。引导学生反复诵读中体会平仄对字意的理解帮助。

步骤三　品词入境：文献资料、实景图片，清晰展现天门山对峙如门的特点。判断象形文字组合的天门山水图，感受李白神奇想象的魅力。体会诗人对壮美河山的热爱赞美之情。

步骤四　山水悟志：引导学生在背景故事下感知诗人在观山望水中获得山水传递的精神。像山一样坚定不移，像水一样能够突破困难又知道变通。

步骤五　背诵积累：链接《上李邕》《行路难》诗句、大鹏鸟图片，回顾开课"望"中的期待一问，体会青年李白胸怀凌云壮志的激情。在书法作品、吟诵音频、水墨画作的审美体验中尝试有感情的背诵。多形式、多层次地诵读，助推学生涵泳诗情、兴发感动。

三、组诗教学，感悟诗心

（1）本单元李白同主题两首诗一主一辅教学。第一首注重引导学生在有节奏朗读、规范诵读的实践中感受格律诗的音律之美，读法迁移第二首诗对入声字和韵字的对比读，感知、体会诗人情绪。

（2）李白不同时期的背景资料比较，认知诗人一生追求理想的情志，加强了学生对李白心怀天下、自强不息的奋斗精神的认识，为课外延展自读《早发白帝城》做好铺垫。

诗以情发，情景交融是意境美。一首诗，我们真正给学生的是诗中蕴含的情和志。感悟情志，涵养化育是我教学设计的宗旨。字源析意、实景图片、文献资料、背景故事、吟诵示范、吟咏音频、书画欣赏等手段的借助，引发学生兴发感动。象形字组合的板书，突出景物的外形、色彩美以及诗人积极豪迈的精神。作业设计力求课内外延伸。

2020 年 9 月 28 日

《望天门山》2.0 版教学设计

【教学内容】 三年级上册第六单元 17 课《望天门山》。

【教学目标】

1. 正确流利、有感情地诵读古诗；
2. 结合注释，理解诗意，抓关键词语，想象画面，感受诗情；
3. 诵读法感受音韵美、意境美，体会乐观豪迈情，自主诵读《早发白帝城》。

【教学重点】 有感情地诵读诗，理解诗意，抓关键词想象画面。

【教学难点】 体味音韵，感受意境，领会诗心。

【教　　法】 字源析意法、情境教学法、吟诵启发法。

【学　　法】 涵泳感悟法、自主探究法。

【前置学习】 查阅李白、天门山资料。

【教学过程】

一、字源导课

1. 名言导课："天地有大美而不言。"美存在于天地间，天地从不表白。然而，人们从来没有停止对美的追寻和赞美。

2. 板书课题，学生在空中书写笔画。联系《望庐山瀑布》中的"望"，读出什么心情？

3. 字源析"望"：抓字形特点，你知道了什么？

4. 齐读课题。

【设计意图】"望"字源激趣引出教学目标，激发感悟诗情、探究诗心热情。

二、学习新课

导语：天门山有多美，和其他山一样吗？让我们一起读一读！

（一）诵读古诗，感受音韵

1. 练读音韵：自由读两遍，读准字音，读出节奏

（1）指名读。

（2）谁还有自己的读法？为何这样读？

小结：用怎样的节奏读，要看诗的意思和你体会到的情绪。

（3）诗歌是可以应和的。师读前半句，大家和后半句。

（4）发现押韵，感觉音韵之美。

（5）上下联应和读：男生、女生应和读，读诗感觉怎样？

2. 吟诵教学

教师诵读，学生体会入短韵悠长，想象天门山的画面。

小结：不论是传统的吟诵，还是现代的朗诵，正确读古诗，都可以帮助我们通过声音感受情绪。

3. 学法迁移：自读《早发白帝城》

（1）自由吟咏，读出节奏停顿，体会入促韵长。

（2）指名读，生生评价、师生评价。

（3）指导朗读："一日""千里"的平仄，感受李白的心情。为什么？课下查找背景资料，解决自己的疑惑。

【设计意图】据"指导吟诵涵泳"单元建议，花时间指导吟诵，涵泳感受韵律、感知画面、感悟诗情，顺利迁移学法。这是本课亮点之一。

（二）字源析意，想象画面

1. 过渡

读诗还有更高的要求：想象画面，才能读懂诗意。轻声再读读诗，你眼前看到哪些景物，特点？

自学要求：圈画天门山山水动态的词；借注释、插图理解大意，交流印象深刻的画面。（板书：山、水、日、帆；断、回、来）

2. 学生交流：天门山特点

（1）山："断"。山有什么特点？

①观形猜意：出示"断"，刀斧砍断丝绳，一刀两断，分开；组词：断裂、断开；读音：坚决果断；形表意，音也表意，汉字音形意结合。书写"断"。

结合诗句，想象天门山被怎样分开？请你来读！看到怎样画面？

②指导朗读：视频感受江水奔腾。能读出水冲山断气势。指名读、男女生读。

③天门山资料：读懂？两座山；距离近。（名称来源，神奇想象）

小结：结合资料不仅多角度了解事物，还能感受诗人的写作风格特点。

④江水经过天门山的阻挡发生了怎样的改变？

（2）水："回"。江发生什么变化？

①观形猜意：金文"回"，知道什么？（水流回旋）

②指导朗读：二声扬，韵悠长。声音感受水流变化。曲折平缓。女读、

男读。

中国版图：长江发源于青藏高原唐古拉山，依地势从西向东奔流，全长6300千米。经过安徽省因为天门山的阻挡，折向北方，再转东流。书写"回"。

③诵读前两句：男女赛读。

3. 小结山水相依又相互改变。这智慧正是天地不言之大美！

【设计意图】习"借助关键词语理解句意"方法，抓"断、回"，以字源析意、平仄品读法，激发想象，突破教学重点，感受汉字文化内涵。这是本课亮点之二。

（三）主题阅读，体味诗情

1. 链接背景，补白悟情

过渡：李白第一次离开家乡看到壮美河山，不仅有热爱，还有期盼和憧憬。当李白乘坐的小船快速接近天门山时，李白不仅看到了……还看到了……

2. 教学意象"帆"

（1）创设情境，指导读报国豪情。

多年后李白在实现理想的道路上遇到挫折，鼓励自己说"长风破浪会有时，直挂云帆济沧海"。59岁的李白蒙冤流放，中途突遇皇帝大赦，因为有机会实现理想，他激动地说"两岸猿声啼不住，轻舟已过万重山"。

（2）领会意象：看到这只"帆"，你想到什么？（希望、未来、理想之舟）

（3）诗眼补白："李白乘风破浪，张目远望，望见了……"

小结板书：热爱、憧憬

【设计意图】对标"传承中华优秀传统文化，增强文化自信"的教学建议，以家国情关联李白人生，精读一首，带读一组，感悟诗心，突破难点。补白训练兼顾思维语言发展，促进精神成长。这是本课亮点之三。

3. 吟咏背诵古诗

（1）出示行楷作品《望天门山》，学生欣赏诵读。

（2）出示水墨画《望天门山》，学生欣赏背诵诗歌。

【设计意图】对标"整合多种媒介学习内容，促进师生学习的多元互动"。象形字板书、书画吟诵多重审美体验，助推涵泳背诵，培育审美情趣。

三、拓展升华

过渡：千年华夏文明，诗与山河相融。无数诗人写美景，称颂祖国大好山河。

师生应和读：学过的写美景的诗句。

小结：悠悠千年，人和天地精神往来。正如辛弃疾所说："我见青山……"

孩子们，愿今后你们在诗歌中遨游更多的美景，在美景中领略更多的诗情。

四、作业设计

必做：

（1）正楷规范漂亮书写《望天门山》，为诗配画；

（2）自主收集积累其他写景诗句。

选做：

（1）自读四年级下册《独坐敬亭山》；

（2）和同学交流《早发白帝城》《独坐敬亭山》背景故事。

【设计意图】书面作业＋实践活动，多样化、可选择的个性化阅读实践活动，强化课堂教学效果。

板书设计

　　　　　　　望天门山

　　　　　　　　　　李白

　　　　　断　　热爱

　　　　　回

　　　　　来　　憧憬

【设计意图】根据三年级学生特点，结合本课教学内容，板书为彩绘象形字和山水动态词，重点突出，主题鲜明。

附：

《望天门山》说课稿（5分钟版）

各位评委、老师，大家好！

今天我说课的题目是《望天门山》。我从以下八方面说课。

一、说教材

《望天门山》是部编版《语文》三年级上册第六单元第17课。单元主题"自然风光"；语文要素为"借助关键语句理解一段话的意思"。

本单元承接二年级上册"赞美祖国大好河山",为四年级下册"田园风光"做准备。本课是单元第一课,对略读课运用"借助关键语句理解一段话意思"有指导作用。

二、说学情

三年级学生善于形象思维、乐于表达,有一定的古诗学习方法,但没有格律诗的规则概念。需要教师引导涵泳体会、入情入境,培育审美情趣。

三、说目标

根据新课标"创设情境,激发探究热情"的要求,结合学情制订以下目标:
(1)正确有感情地诵读诗;
(2)结合注释插图,理解诗意,抓关键词想象画面;
(3)体会音韵,感受意境,体味诗情。

四、说教学重难点

教学重点:感情诵读诗;掌握古诗学法,理解诗意,想象画面。
教学难点:体会音韵、感受意境、体味诗心。

五、说教法、学法

为达到预设目标,我采用教学方法有:字源析意法、情境教学法、吟咏启发法。

本课学法有:涵泳感悟法、自主探究法,学生诵读体验、观察想象、理解运用,学中思,思中学。

六、说教学过程

(1)诗眼导课,字源激趣。开课抓诗眼"望",以甲骨文字形推测诗人内心企盼,激起探究兴趣。

(2)以读促悟,入情入境。

新课标学业质量要求第二学段(3至4年级),学生能"诵读优秀诗文,注意在诵读过程中体验情感,展开想象,领悟诗文大意"。根据"指导吟诵涵泳"的单元建议,整节课强化古诗诵读。

①吟诵悟情,迁移自读。花时间指导吟诵,体会韵律,想象画面。以读促悟,感受意境。让学生眼中有画面,心中有情感。为学生自读"日积月累"古诗搭建支架。

②字源析意，涵泳品读。习"借助关键词语理解句意"方法，抓"断、回"，字源析意、涵泳吟哦，感受山断水回，多媒体技术辅助体验水冲山断的夸张想象，突破教学重点。

（3）梯度教学，领悟情志。

①主题阅读，感悟诗心。对标"传承中华优秀传统文化，增强文化自信"的教学建议，我设计以家国情关联李白的进取人生，精读一首，带读一组诗，迁移自学"日积月累"《早发白帝城》，拓展《行路难》诗句，感悟家国情，实现梯度教学。

②诗眼补白，比对意象。结合背景故事，感悟"孤帆、轻舟、云帆"象征报国理想。补白训练，兼顾思维语言发展和价值导向，突破教学难点，促进学生精神成长。象形字板书、吟诵示范、水墨书画多重审美体验，兴发感动。

七、说板书

根据三年级学生特点，结合本课教学内容，板书为彩绘象形字和山水动态词，重点突出，主题鲜明。

八、说创新点

（1）指导诵读涵泳，体味诗韵之美；
（2）设计字源析意，品读汉字内涵；
（3）构建梯度教学，领悟家国情怀。

总之：字源解诗，搭建支架；迁移自读，运用支架。
　　　　组诗阅读，启智润德；书画诗乐，审美润心。
结语：涵泳陶情，传承文化；诗教养心，铸造精神。

《望天门山》3.0版教学设计

【教学目标】
1. 正确有感情地诵读诗。
2. 抓关键词想象画面，理解诗意。
3. 感知汉字音形义联系，感受意境，体会诗情、诗心。

【教学重点】
1. 正确有感情地诵读诗。
2. 抓关键词想象画面，理解诗意。

【教学难点】 感知汉字音形义联系，感受意境，体会诗情、诗心。

【教学过程】

一、导课激趣

央视热播一档文化节目，讲述汉字奥秘。它是《"字"从遇见你》，这节课我们以"字从遇见诗"为主题，学习《望天门山》。

【设计意图】对标"积极利用网络平台，丰富学习资源"，开课从热播节目激趣，激发以字源解诗的学习热情，助推学生后续学习。这是本课亮点之一。

二、学习新课

1. 教学"断"

"字遇见诗"：这是古诗中的哪个字？

（1）观形猜意："断"——刀斧断丝绳。组词：中断、一刀两断。

（字形演变易于书写，字形表意特点明显。用观形猜意理解古诗。）

想象：天门山被劈开的样子？看图，带着你这种感觉读一读。

（2）读音想象："一刀两断"，四声读起来坚决果断；指名读、想象画面再读。

（3）资料入境：真实的天门山什么样？（两山陡峭如门，知道了名称由来。）

思考：谁劈天门山？（楚江似剑，劈开天门山。）

视频：面对大自然的鬼斧神工！李白赞叹"天门中断——楚江开"。（师生应和读）

学法总结：汉字真神奇，音形义结合。字形猜意、字音想象，资料助入境。

2. 自学"回"

"字遇见诗"：这是诗中哪个字？请用刚才的学法再猜、再想、再读。

学生交流、汇报，师生评价。

（1）观形猜意（水流回旋，猜是"回"）

（2）读音入画（二声"回"，江水回旋激荡）

"回"字一拖长，江水回转的画面就在眼前了。带着这种感觉再读。

（3）资料引读（示中国版图）指指楚江在哪。长江一路东流，将李白"万里送行舟"，经天门山的阻挡折北转东。难怪李白感叹："碧水——东流至此回"。（师生应和读）

小结：汉字具有天然的音韵美。声调起伏，帮助我们想象画面。

【设计意图】习"借助关键词语理解句意"方法，抓"断、回"关键字，以字源析意、字音品读法扶放，激发想象，有感情地诵读，感受汉文化内涵，完成教学重难点。这是本课亮点之二。

3. "望"诗心

（1）远望美景

李白乘快乐小舟顺流而下，他望见——"两岸青山……孤帆一片……"（师生应和读）

（2）触摸诗情

李白远"望"美景，新奇的眼睛背后是怎样的心？（快乐、激动、期待）

（3）望穿诗心

背景故事：李白为何万里行舟？（实现报国理想）

小结：报国理想种在每个中国人的心中，这是深藏于我们心中的家国情。

（4）背诵涵泳

示：行楷作品《望天门山》，学生诵读。

示：水墨画《望天门山》，教师带领学生欣赏。

（5）感悟"孤帆"

（播放视频）请同学们课下阅读主题背景故事，记录自己的思考。

【设计意图】对标"传承中华优秀传统文化，增强文化自信"的教学建议，书法欣赏、吟诵学唱等多重审美体验，借助涵泳背诵，培育家国情怀，促进精神成长。这是本课亮点之三。

三、作业布置

必做：

1. 正楷规范书写《望天门山》，为诗配画；
2. 诗眼补白：远望天门山，李白望见……望见……望见……
3. 自读、背诵语文园地《早发白帝城》。

选做：

1. 自学四年级下册《独坐敬亭山》；
2. 讲讲《早发白帝城》《独坐敬亭山》背后的故事。

【设计意图】为实现作业减负提质增效，促进学生自主学习，围绕课程标准，作业设计分层。设计多样化作业任务，配画、补白、自读、讲故事等实践学习，学生自主选择，快乐延伸。

四、资源推荐

扫码学习更多有意思的内容：

（1）观看2022年优秀国产纪录片《"字"从遇见你》；
（2）登录吟诵堂公益课"吟诵周周学"《绝句吟诵方法》。

【设计意图】对标"借助网络资源平台，实现教学优化"。汉字、吟诵资源推荐，满足个性化需求，开阔学生文化视野。

附：

《望天门山》3.0版本教学反思

2023年3月8日，第二届陕西省课堂教学创新大赛，我参赛的《望天门山》实时直播比赛结束了，心里一直为课堂答辩环节的表现耿耿于怀。

我认为，课堂教学如同做文章，也讲究"起承转合"。起，热点文化节目切入。承，"断"观形猜意，读音想象；"回"涵泳体验、交流入境；转，读背景事，诵家国情；合，回望美景，望穿诗心。

15分钟创新课，教师对时间把握尤其精确：1+7+5+1+1教学环节的调整：望穿诗心是本教学设计的难点，突破出彩可遇不可求。教学有惊喜的生成也有生硬牵引之嫌。凝滞的顿挫会影响师生诵读的情绪。修改为思考题延伸课后，符合三年级学生的认知水平，也增强了课堂的弹性和张力。在阅读背景故事后，激发学生对美好河山、对报国理想的唱诵，课堂气氛达到高潮。再回望美景，体悟豪迈情，课后延伸思考"望见……"教师教学从容有度。

用"字遇见诗"学习主题，穿起关键词"断""回"，情境教学贯穿整节古诗课。凸显单元训练要素"抓关键词理解一段话的意思"，更具以字解诗的传统文化气息。

不足及改进：

1."自然风光"单元主题强化不够

回望美景，远望未来教学环节，应该反复强化李白饱览"祖国壮美山河"的单元主题。引导学生联系唐诗背后的故事，感悟诗人豪迈乐观的心境及在山水中汲取精神力量，对实现报国理想的憧憬。

2."家国情怀"知行合一引导不够

学生读背景故事后，感悟李白辞亲远游为追寻报国理想，引申中国人的家国情怀后，应落地激发学生为中华崛起读书的信念。

3.小组学习展示指导不到位

学生没有在诗句中理解"回"。教师巡视未做提醒；小组汇报没有就查字典学习结果进行交流，教师未做提示，进行补充和评价。

4.说课对创新课堂效果未做评价

书声琅琅，交流积极，课堂生长真实发生，但对学生的点评提升还不够。比如，小组学习对发言不积极学生的理解和倾听中虚心学习方法的肯定。又如，学生猜对"断"重复评价"真棒"而没有指出这是抓住汉字字形表意的特点，做到了"观察思考有根有据推测的结果"。

5.答辩未抓"设计任务群"回答

我答非所问，回答落实精读文、略读文的增效教学设计。没有"整合对比"单元内容、情感、写法相同课文、链接阅读的整合设计，没有谈比对阅读对学生读、议、思辨力的训练。

课后我静心思考，认为应围绕"美好自然风光"主题设计以下任务群：

第一层　语言文字。积累与梳理有关"奇丽美景、动画山水"的词句。

第二层　实用性阅读与交流。跟着课文去旅游，"绘制旅游路线图"；"旅游漂流笔记"，记述自己的旅游经历，书写望美景中的体验心情。

第三层　整本书阅读。开展"孩子一定要知道的世界遗产：中国篇"主题阅读活动。完成彩绘小报"中国的世界文化遗产"。

诸多遗憾，唯有不断学习精进，殚精竭虑守正创新，才能真正减量提效，为儿童真正的发展当好人梯。

2023 年 3 月 11 日

国家基础教育教学信息化精品课
《望天门山》拍摄脚本

一、导课

师：今天我们进入第六单元的学习。单元主题"自然风光"，阅读训练要素是"借助关键语句理解一段话的意思"。

师：17课有三首七言绝句古诗。哪位同学想读读第一首诗？

男生1：天门中断楚江开，碧水东流至此回。两岸青山相对出，孤帆一片日边来。

师：字音准确、节奏清楚。七绝读223节奏，也可以读43节奏。

教师示范：诵读后两句。

二、新授

（一）热播节目　激趣导课

师：央视热播一档文化节目，它是讲述汉字奥秘的《"字"从遇见你》。

【课件】《"字"从遇见你》"丝"短视频

这节课我们以"字遇见诗"为主题学习《望天门山》。

（二）字源析意　涵泳品读

1. 教学"断"

（1）观形猜意："字遇见诗"（示"断"）猜猜这是诗中的哪个字？

女生1：是"断"。左边是视频中的"丝"，是六个圈，像绕丝线的木圈；右边是刀和斧子，意思用刀斧砍断丝绳。

师：对，是断字。我们的祖先仓颉造字时，是通过描画事物的外形来表示意思。从小篆到今天的简体字，字形演变更便于书写，但是，字形表意特点仍然很明显。

女生2："米"表示断裂的丝绳，书写"断"字时笔画要断开。

男生2：汉字真有意思，字形表示意思。

师：是的，我们可以用观字形猜意思的方法学习理解古诗！

（2）读音想象：一刀两断，被刀斧劈开的天门山什么样？读一读。

男生1：天门中断楚江开。

师（指小篆）："断"，四声该怎么读？

男、女："断！"

师：对，就这样，四声就要坚决果断。"中断"的天门山是什样子？

男生2：原本连绵的天门山被刀斧一劈两半，直立江面。

师：看图，跟你想象的一样吗？带着这种感觉再读。

男、女："天门中断！楚江开。"

师：示范吟诵。

女生2：汉字真神奇，声调可以帮助我们想象画面呢。

师：带着这种感觉，再来读诗句。

男、女："天门中断！楚江开。"

师：真好听！

（3）图文资料：【视频】楚江水奔流视频

师：真实的天门山什么样？这是语文书的注释，老师还查了《江南通志》。大家读读这两段文字，有什么发现？

女生1：天门山，原本是两座山，对峙如门。

男生1：哦，我知道天门山名字的来历了。

师：想想看，是谁，劈开了天门山？

男生2：是楚江水，它像利剑，劈开了天门山。

师：面对大自然的鬼斧神工，李白高声赞叹："天门中断——"

男、女："楚江开——"

师：断，这个字、这句诗学得好！我们怎么学的？

女生1：先观字形猜意思，后读字音想画面，最后结合资料有感情地诵读。

男、女：汉字真神奇，音形义结合。

师：抓关键词，借助汉字特点学习古诗，方法简单，学得开心。

2. 教学"回"

（1）自学交流。

师："字遇见诗"，这是哪个字？用刚才学法合作学习，再猜、再想、再读。

男生2：看字形水流旋转，我猜是"回"字。

女生1：二声"回"，我仿佛看到楚江被天门山阻挡，掉头回转。

师："回"字一拖长，江水回转的画面就在眼前了。带着这感觉读读。

男、女："碧水！东流——至此回——"

（2）资料引读：【课件】中国版图

师：（指）这是中国版图，结合注释，指指楚江在哪。

男生1：上面是黄河，下面是长江。

女生2：楚江是长江中下游。

师：李白第一次离家远游，从四川出发，他说"仍怜故乡水，万里送行舟"。家乡的水一直送他到安徽，经天门山阻挡（星号标记），回旋折向北再转东，李白目睹奇观赞叹说——

男、女："碧水！东流——至此回——"

（3）诵读小结。

师：为什么你们读得那么好听？

男生2：汉字有四声，像唱歌一样好听。

师：对，汉字有天然的音韵美。诵读时眼前有画面，心中才会有情感。

3."望"诗心

（1）远望美景。

师：李白乘快乐小舟顺流而下，望见——

男女：两岸青山——相对出！孤帆——一片日边来——

（2）触摸诗情。

师：远望天门山美景，李白那双好奇的大眼睛背后是一颗怎样的心？

男生1：激动、豪迈的心。

女生2：我认为是乐观的心。

女生1：望美景，李白有一颗快乐的心。

（3）望穿诗心：【课件】李白背景故事

师：我们不禁要问：李白为什么万里行舟？老师查了背景故事，读读看你知道了什么。

学生：自由读资料。

男生：李白为了实现报国理想。

师：是啊，报效祖国，这理想种在每个中国人心中。同学们为何读书？

男、女：为中华之崛起读书。

师：是啊，这是深藏于我们心中的家国情。让我们一起放声诵读。

（三）欣赏书画　吟咏品味

学生欣赏书法作品，背诵整首诗。

男女合诵《望天门山》。

师：听你们读得这样好，老师也想吟诵。

教师吟诵《望天门山》。

师：李白诗中经常出现"帆、舟"，看到这只"帆"，你想到什么？让我们听吟唱，在音韵声律中想象。

学生吟唱《望天门山》。

师：（播视频）请同学们课下阅读主题背景故事，记录你的思考。

三、推荐资源

师：课后完成作业，观看 2022 年优秀国产纪录片《"字"从遇见你》；登录吟诵堂公益课"吟诵周周学"《绝句吟诵方法》。

2023 年 6 月 10 日

《送元二使安西》教学设计

【教材分析】

《送元二使安西》是盛唐著名诗人、画家和音乐家王维所著的一首脍炙人口的送别诗。这首诗以送别为主题，前两句写景，后两句叙事，表达作者对友人即将远赴阳关的依依惜别之情。王维的好友元二将远赴边疆，诗人特意从长安赶到渭城来为朋友送行，其深厚的情谊不言可知。这首诗既不刻画酒筵场面，也不直抒离别情绪，而是别具匠心地借别筵将尽、分手在即时的劝酒，表达出对友人的留恋、关切和祝福。这首诗洗尽雕饰，用明朗自然的语言抒发诚挚、深厚的惜别之情，以情意殷切、韵味深长独树一帜。

【设计思路】

诗歌具有高度概括性。因此，诗歌中常留白，给人以想象空间。学生依据诗中语言想象一幅幅现实画面，一幕幕立体场景。置身其中感受诗句背后那份情，那份爱，那种味。感诗人所感，想诗人所想，通过想象，深化对诗歌语言的感悟。

【设计特色】

王维《送元二使安西》流传至今，被人披以管弦，殷勤传唱，成为送别诗的极品。借助多媒体手段，创设情境，让学生在充满情趣的反复诵读中，读懂诗意，感受诗境，获得审美愉悦，感受人性光辉。

【学情分析】

六年级学生思维活跃，具备一定的诗歌理解和鉴赏能力。学生能够结合查阅的资料谈认识。根据学生认知特点，教学以悟诗情为主线，自主、合作、探究学习。

【教学目标】

1. 正确、流利有感情地朗读并背诵古诗；
2. 借助注解，理解诗意，情境引读法体会诗人对友人的惜别之情；
3. 想象画面，感悟诗歌内容，体会朋友间的深情厚谊。培养主动积累诗歌的习惯。

【教学重难点】

感悟诗歌内容，想象诗歌所描绘的情景，体会朋友之间的深情厚谊。

【教学方法】

情境教学法、合作探究法。

【教学过程】

一、找地名，初读解题

（1）播放李叔同《送别》，板书：送，组词？你眼前出现一幅怎样的画面？

是啊，从古至今，"离情别怨"可以说是永恒的旋律。人们在离别的时候总是特别的落寞惆怅，总是特别的伤感难过。刚才，我们欣赏的乐曲是才华横溢的李叔同先生创作的《送别》，历经几十年传唱，经久不衰。

1200多年前，也有一首著名的送别诗在抒写离情别绪的诗文中尤其脍炙人口，传唱千年，今天，就让我们一起去见证这段深厚的情谊吧！（示课题《送元二使安西》）

（2）读诗题，从中知道了什么？

元二：姓元，排行第二。

理解"使"：出使。干什么？可以不去吗？

了解"安西"：安西在哪儿？（唐朝安西都护府，现在新疆维吾尔自治区库车市。）

谁送元二出使安西？（板书：王维，字摩诘，盛唐时期的著名诗人、画家和音乐家。）关于王维还有补充吗？

指名读课题。齐读课题。

二、诵读诗，掌握节奏

（1）生自读诗：对照插图、注释，反复读，读通诗句。

（2）指名读，评价。

（3）正音：朝、舍。

（4）推荐高手读诗。

（5）师生应和读诗：每句诗前四字学生读，后三字教师读。

（6）生齐读诗：我读题目和作者，大家读诗歌，注意节奏、韵味。

三、知诗人，以色摹画

（1）读诗，不仅要读出节奏、读出味道，更要读出画面、读出情绪。

（2）大诗人苏轼说：味摩诘之诗，诗中有画；观摩诘之画，画中有诗。

（3）读王维这首诗，你看到怎样的一幅画？

（板书：雨）什么时候的雨？怎样的雨？

清晨的小雨，淅淅沥沥，打湿地上的尘土。"浥"是湿润，湿润了路上轻微的浮尘。雨多情，天从人愿，特意为远行人安排轻尘不扬的道路。

（板书：柳）想象：怎样的柳树？平日路尘飞扬，路旁柳灰蒙蒙的，一场朝雨，洗出柳青本色，怪不得说"新"。

柳是"留"的谐音。古人有折柳赠别的习俗，表示依依惜别。

（板书：客舍）柳色之新，映照出客舍青青。

天宇清朗，道路洁净，客舍青青，杨柳碧翠，一幅怎样的画面啊！

齐读：我们一起美美地读读王维诗中的这幅画。

四、品诗意，三叹"更尽"

（1）就在这样一个美丽的早晨，好朋友元二要出使安西了。

元二要出使的安西是怎样的地方？（学生自由发言）

（示地图）当时阳关以西，除了沙漠还是沙漠，除了戈壁还是戈壁。这一路陪伴元二的只有无尽的荒漠。看图片，你想到的词？西出阳关无故——人啊！（板书：故人）

（几个地方距离3000多公里，横穿大半个中国。元二远去千里之外，从此与王维天南海北，怎能不让人惜别？这是地域距离带来的离别感伤。）

（2）要到哪里呀？（示路线图）

渭城在今天陕西省渭河以北。阳关在今天甘肃省敦煌市西南。再往西走，新疆的库车附近，古时称"安西"。这一路上，整整3000多公里啊！

荒山野岭，满眼荒漠，满目凄凉。如果骑马（古时最好交通工具），元二也要走半年多。

（示课件，想象两地生活差异）

也许渭城春雨绵绵，安西呢？黄沙满天！也许渭城生机勃勃，安西呢？满目荒凉！渭城有饮不尽的故乡水，听不完的家乡话，安西呢？举目无亲，乡音不再！"劝君更尽一杯酒"，有依依惜别情，还包含对远行者处境的担忧，包含对前路珍重的祝愿。

（三次层进式的引读，浓墨重彩对比安西和渭城，体会诗人对友人的惜别情谊。）

（3）品酒话别：此刻你就是王维，想对即将远行的元二说什么？（播放《阳关三叠》）

预设：

生1：元二，路上要小心，注意安全。

生2：元二，多带些水去，不要渴了。路上要小心一点。

生3：元二，渭城的风景多美啊！可你要远行千里，不知何时相聚，此刻，只有——

生 4：元二，亲爱朋友，你在安西没有亲人，没有朋友，我不放心啊，此刻，只有——

（4）送君千里，终须一别，门外的车马就要起程，让我们带着这份不舍，这份依恋，再次举杯——劝君。（板书：依依惜别）生齐读。

一杯又一杯，这喝下去的是酒吗？是王维和元二依依——（板书：相送情）

（5）酒喝完了，元二就启程了。我们踏歌诵诗，为元二送一程！（播放《阳关三叠》）

（6）此次分别竟成了永别！在他们分别五年后，王维去世了，让我们铭记这段以酒相送的千古佳话吧！配乐吟诵全诗。

不幸的消息传到元二耳中，元二吟诵着王维留下的诗句。（师读诗题，生接读。）后人把这首诗谱成了曲子。我们来欣赏《阳关三叠》。

（在情境中对话元二的基础上，配上古曲《阳关三叠》，让学生饱含深情地吟诵《送元二使安西》，再次体会朋友间的深情。）

（7）感伤的旋律，铭记一段以酒相送的千古佳话！请同学们拿起笔，静静默写。

五、明古风，体会别意

（1）人生自古重离别。古代人们因为前途和生命难预料，重视定居难得远行。

（2）情境设置。

离别时，你想告诉友人：人生知己无贫贱，天涯处处有朋友时，你会慷慨激昂地吟一句：莫愁前路无知己，天下谁人不识君。

朋友走远了，孤帆的影子消失了，只有思念像长江水流在心中，你会吟上一句：孤帆远影碧空尽，唯见长江天际流。

朋友惜别，不知何年能相见，沉浸在离别的感伤之中，你会吟上一句：又送王孙去，萋萋满别情。春草明年绿，王孙归不归？

（送别诗在我国古典诗歌中比较常见，教师推荐课外自读古诗，丰富学生积累。）

六、课外积累

同学们课下收集送别诗，读读背背，可以想象当时情境，写送别故事。

板书设计

$$\text{送元二使安西}$$
$$\text{雨 \quad 客舍}$$
$$\text{依依惜别}$$
$$\text{柳 \quad 故人}$$

附：

教学反思

教学亮点

一、想象诗中画

《送元二使安西》边朗读边让学生想象，你的面前出现一幅怎样的画面？学生想象渭城的景色：朝雨、柳树、旅馆……出示安西图片：漫天黄沙、一望无际的沙漠、荒无人烟，鲜明对比形成强烈的视觉冲击，引导学生进入情境。

二、感悟酒中情

读"劝君更尽一杯酒，西出阳关无故人"，想象诗人与元二是怎样分别的。一次次渲染离别愁绪，学生的情感达到高潮，学生深深体会到那份浓浓的离别之情。

三、体味送别心

课堂注重创设学习情境，引领学生想象欣赏"渭城朝雨浥青城，客舍青青柳色新"，或让学生变身诗人深情对话……学生很快进入情境，感受诗句不仅有依依惜别情，还包含着对远行者的深情体味和前路珍重的殷勤祝愿。

改进措施

（1）教学中的朗读方式应更多样，多让学生尝试以自己的理解，根据吟诵规则吟诵；

（2）多样化评价激发学生读书欲望和深入思维；

（3）小组讨论交流不充分，学生读诗要耐心指导其真正进步，自信坐下。

《送别诗中的离情别意》教学设计

【教学议题】

送别诗中的离情别意的感悟体会是本节课的内涵。情感价值观的渗透是本议题的价值所在。离别的感叹发自诗人肺腑，含而不露，更打动人心。阅读中的链接、比较、诵读，助推学生入境，纯净情感。引导学生运用阅读策略自主阅读其他送别诗，建立科学有效的阅读策略意识。

【选文来源】

《黄鹤楼送孟浩然之广陵》　　部编版五年级上
《送元二使安西》　　　　　　部编版五年级下
《别董大》　　　　　　　　　部编版四年级上
《送杜少府之任蜀州》　　　　部编版八年级下

所选唐诗都是送别诗，让学生在对比研读中沉浸感受诗人离别中的深情厚谊。

【教学年级】　五年级

【教学目标】

1. 理解四首送别诗的大意，背诵古诗。
2. 抓诗中重点字词，体悟重点诗句的情味，感受朋友间的深情厚谊和别样的离别情怀，受到古诗文的熏陶。
3. 引导学生掌握总结古诗学习的基本方法，培养学生自学能力，感知其他两首送别诗。

【教学重点】

1. 反复诵读，多元体验理解，引导学生感悟诗情。
2. 借助注释与提示独立学习诗歌，积累诗歌的学法。

【教学难点】

抓关键字词体悟重点诗句的情味，感受朋友之间的深情厚谊和别样的离别情怀。

【教学过程】

一、读诗题，知诗人

（1）揭示诗题。（板书：黄鹤楼送孟浩然之广陵、送元二使安西）

今天我们来学习两首古诗，轻声读题目，说说你发现了什么。

生：诗题都有送字，都是送别诗。

师：从诗题中知道哪些地名？（黄鹤楼、广陵、安西。）

对，黄鹤楼是送别地，广陵和安西是目的地。你知道这三个地方吗？

示地图：广陵是现在的扬州，一座风景优美的繁华都市，唐朝时名扬天下，很多人都想去；安西，现在新疆的最西边，是唐朝的西域边关，如果从首都长安出发，穿越上千公里的戈壁沙漠，翻越座座大山，才能到达。

生：都有人名，一个是"孟浩然"，一个是"元二"。

师简介：孟浩然、元二（孟浩然比李白大11岁，两人一见如故，成为知己。元二是王维的朋友。姓元，排行老二，称元二）。

（2）指名读诗题，注意停顿，读出节奏。

生齐读：黄鹤楼 / 送 / 孟浩然 / 之 / 广陵，送 / 元二 / 使 / 安西

（3）请说说两个题目的意思。（理解"之"和"使"的意思）

题目中的"之"和"使"可以互换吗？两个字都含有"去"的意思，但有区别：

"之"是"去"的意思，强调是自己要去。孟浩然喜爱田园山水，经常在各处观山看水，这次去广陵干什么？（旅游）是他自己想去看扬州美景。所以是——黄鹤楼送孟浩然之广陵。

"使"，"出使"的意思，是朝廷派去公干。当时唐朝正是盛世，疆域延绵数万里，需要大批士兵和官员去戍守边关、保卫国家。元二担负着保家卫国的光荣使命，被派去安西建功立业。所以是——送元二使安西。

再说题目意思。大声再读题目。

【设计意图】读诗题，参看地图，了解诗题出现的三个地方，理解重点词"之""使"，送别人出行目的的不同；简介朋友间的关系，初步感知离情的不同。

二、读诗文，解诗句

（1）课件出示两首诗，生自由朗读。

（2）指名朗读正音（朝、舍、更），读出韵味。

（3）都是送别诗，诗句有相近处吗？对比"故人西辞黄鹤楼"与"西出阳关无故人"。

①课件中隐去其他的诗句，只留这两句。

②引导学生比较异同。

a. 同是故人，所指有别：前一句指孟浩然，后一句指王维自己。

b. 示地图理解"西辞、西出"（"西辞"向西别，向东去；"西出"相反，

指向西去。）

③试说两句诗的大意，对比吟诵。

（4）借助注释和字典，说说其他诗句的意思。

（5）齐诵两首诗。

【设计意图】对比阅读重点诗句，发现别离方向相反；简单诗句借助注释和字典自主学习，提高学习效率。

三、入诗境，悟诗情

（1）角色体验，移情换位。

①师：同学们有过送别的经历吗？当时的心情怎样？

②生交流：依依不舍。（板书）

③从哪句诗、哪个词可以看出李白和王维也是依依不舍的？

④学生交流，师引导理解。

（2）"孤帆远影碧空尽，唯见长江天际流。"

①朋友的船越去越远，渐渐消失在水天相接的尽头，李白仍然伫立长江边，痴痴地望着江水流向天边。他看到了什么？（孤帆远影）指名读，其他同学闭眼想象。

②江南三月，长江一定千帆竞渡，李白为什么说"孤帆"？

过尽千帆皆不见。分别时刻，诗人眼中只有那——孤帆远影；只有那载着他的好朋友远去的——孤帆远影；只有把他的心、他的眼神牵得远远的——孤帆远影。

③再回过头看"孤帆"，你还觉得它仅仅是"一条小船"吗？从"孤"字，你读出了什么？（作者因朋友远去而感到孤独、孤单、伤感……）

一个"孤"字将诗人的离愁别绪表达得淋漓尽致。（生齐读）

④"唯见长江天际流。"孟浩然是李白的偶像，也是老师、兄长、朋友。孟浩然坐着小船，顺江东去了，李白站立江边，望着滚滚的长江水，思绪泉涌。他与孟浩然的交往历历在目。可如今，白帆远去，江水东流，他们再也不能一起＿＿＿＿＿，再也不能一起＿＿＿＿＿，再也不能一起＿＿＿＿＿。（齐读全诗）

"孤帆远影碧空尽"，真的都尽了吗？不尽的是什么？（是对孟浩然的思念之情）

⑤送祝福：此次远去何时再相会？愿一帆风顺，一路平安！

⑥一起诵读，把诗人的离愁别绪吟诵出来吧。

（3）师：你从《送元二使安西》的什么地方看出王维的不舍呢？

"劝君更尽一杯酒，西出阳关无故人。"

①课件示：扬州的繁华与安西的萧条

师：李白与王维送别朋友虽然不舍，但心情截然不同。孟浩然去的是繁华扬州，况且是烟花三月，一路享尽不尽的美景。元二要去的是萧条的安西，面对茫茫大漠戈壁，长途跋涉。此地一别生死难料。假如你是王维，心情如何？（不舍中多了一份担心）（读）

②干了这杯酒，朋友就要奔赴遥远的边塞——安西。这一别，何时再相见啊？据史料载，5年以后，王维就去世了。他再没有等到元二回来。再读这首诗，你一定能读出生离死别的揪心与心碎。

再读体会——劝君更尽一杯酒，西出阳关无故人

③多饮一杯酒就能多挽留一会儿朋友，把这份劝饮惜别情融入吟诵表达出来。

④这最后一杯是什么酒？酒中包含什么意思？（祝福酒、壮行酒、情谊酒）喝了这杯酒，祝你……再读这句诗。

（4）就这样送别朋友，留在两位诗人心底的是？（失落、孤独）

师：自古多情伤离别，不论是目送情还是劝饮情，别是一番滋味在心头，朋友走了，诗人还在吟诵着这两首诗（齐读）。

【设计意图】抓关键词"孤帆""更尽"，引导学生想象画面，感受李白目送的不舍情；感受王维为多挽留一会儿朋友的这份劝饮惜别情；心灵对白、资料链接，有效助推学生进入情境，感受前途未卜、生离死别的不舍和牵挂。

四、课内延伸，品鉴别情

（1）学生自主对比阅读《别董大》和《送杜少府之任蜀州》。

师：抓经典句对比感受《别董大》和《送杜少府之任蜀州》内容、情感的相同处？

生：都是朋友远离故土，宦游他乡，举目无亲。

师：读一读高适和王勃的临别嘱咐，你看出什么共同点？

生：两首诗都表达诗人的开阔胸襟、豪迈气概。

生："莫愁前路无知己，天下谁人不识君。"高适以开阔胸襟，豪迈劝慰为友壮行。

生："天涯若比邻。"王勃以豁达的胸襟和进取精神劝慰朋友。

（2）讨论探究：《黄》《送》和《别》《送》离情有何不同？为什么？

生：前一组恋恋不舍，后一组豪迈进取。

生：前一组朋友无前途之忧，不愿与朋友分别；后一组朋友遇到挫折，需要压抑不舍，鼓励劝慰好友。

师：不论哪种境遇，我们同样感受到人性的光芒。大声吟诵你喜欢的诗句。

【设计意图】抓经典名句对比感受《别》和《送》内容、情感的异同，深究原因，深刻理解不同境遇下朋友间的深情厚谊，受到人性光辉的感染，情感得以净化。

五、课外延伸，自主学习

这节课我们走进四位诗人的别离世界，见证诗人与朋友的真挚友谊，感受他们替朋友担忧、为朋友祝福的心。课后我们可以找更多的送别诗，感受品味古人的离别情怀（唐·李白《送友人》，唐·王维《山中送别》，宋·王观《卜算子·送鲍浩然之浙东》）。

【设计意图】帮助学生建构古诗的群文阅读方法，课下自主学习更多的送别诗，延伸拓展阅读面，主动进行涵养生命的课外古诗文阅读。

板书设计

　　　　　黄鹤楼送孟浩然之广陵　　　　送元二使安西
　　　　　　　　西辞　　　　　　　　　　西出
　　　　　　　　孤帆　　　　　　　　　　更尽
　　　　　　　　目送不舍　　　　　　　　劝饮惜别

对比：《别董大》《送杜少府之任蜀州》　豁达劝慰
探究：不同境遇　人性光辉

"愁"离人心上秋

——骨干教师示范课《枫桥夜泊》教学设计

【教学内容】

统编版小学五年级上册第七单元《古诗三首》之《枫桥夜泊》。

【教学目标】

1. 正确有感情地朗读古诗,背诵古诗。
2. 借助注释,体会诗句静态和动态描写,想象诗描绘的秋景。
3. 通过景物描写,感悟诗人浓浓的愁绪,感受诗的语言艺术。

【教学重点】 学习古诗,理解诗意,想象诗中秋色。

【教学难点】 通过景物描写,感悟诗人的孤寂忧愁。

【教学方法】 讨论法、情境教学法、任务驱动法。

【教学准备】 学生查阅背景资料、教师准备多媒体课件。

【教学过程】

一、谈话导入,解读题目

(1)诗句导入,轻点"愁"情。朗读这些诗句,你有何发现?

移舟泊烟渚,日暮客愁新。　　　　　(孟浩然《宿建德江》)

白发三千丈,缘愁似个长?　　　　　(李白《秋浦歌》)

撩乱边愁听不尽,高高秋月照长城。　(王昌龄《从军行》)

问君能有几多愁,恰似一江春水向东流。(李煜《虞美人》)

只恐双溪舴艋舟,载不动许多愁。　　(李清照《武陵春》)

【设计意图】以一组表现"愁"情的古诗名句导入新课,既是为了拓展学生的知识领域,更是为本课的学习奠定特有的情感基调。"愁"是贯穿本课始终的主线。

(2)小结:"愁",离人心上秋。草木凋零,让远行人触目伤怀,离愁之外更添一层乡愁。

(示课件)1300年前的一个夜晚,唐朝有一位叫张继的诗人(板书)失眠了,这晚他写下了一首让他名垂千古的诗,他的失眠被后人誉为"不朽的失眠"。今天我们就来学习这首愁眠之作《枫桥夜泊》(板书课题)

（3）学习多音字：泊

"水泊梁山"："泊"还有一读音，可组"湖泊"。

"枫桥夜泊"的"泊"是"停泊"。谁能用自己的话把题目的意思说说？（夜晚，张继把船停泊在枫桥旁边。）

这是一座古老的石桥，这是一个宁静的夜晚，再读课题。

二、简介诗人，读通诗句

（1）张继，湖北襄阳人，他的诗流传下来的不到50首，仅凭一首《枫桥夜泊》就进入唐诗排行榜前十。《枫桥夜泊》究竟散发着怎样的魅力，让人们千百年吟诵。

（2）师配乐范读：这是一个怎样的夜晚？

（3）同学们自由读古诗，读准字音，读通诗句，读出节奏。

（4）师生应和读：

①前四字生读，后三字师读，注意听韵尾。（拖长）

②师生应和读，注意体会韵字传递的感觉。（空阔遥远、孤独）

③男女生上下联应和读。

小结：读诗要读出节奏、读出味道，更要读出感觉、情绪。

【设计意图】运用"配乐范读"，引导学生通过"音乐、朗读、画面"等媒介想象诗中的画面，拉近和古诗的距离。自由练读，指导学生根据停顿、韵尾，读出节奏、味道、感觉、情绪，在诵读声中感受古诗的特质——诗中有画，画中有境。

三、赏读品味，体会意境

（1）自己再读诗句，诗中有哪些景物？

自学提示：借助注释和插图理解诗句的意思；用横线、圆圈标记诗人看到、听到的景物；给同桌讲讲诗句的意思。

（2）同桌交流，师巡视指导。

（3）全班汇报交流。

①所见：落月、暮鸦、江枫、渔火

（板书：月落）："月落"两个仄声字连用，描绘月亮西沉、时间流逝，天地间一片幽暗朦胧。诗人情绪低落，如吐气叹声。

（板书：渔火）诗人在江枫瑟瑟、落叶飘零、幽暗凄清的江岸又看到什么？（示画面）找一词形容你看见的渔火。（忽明忽暗、若隐若现、星星点点、闪闪烁烁等。）

小结：一明一暗中有多少不言的愁绪啊！

【设计意图】引导学生抓住动静、明暗的对比，想象诗歌的画面，感悟心情。感悟诗中有画、景中有情的意境。

②所闻：乌啼、钟声

（板书：乌啼）秋冬季节乌鸦聚集，叫声凄厉。民间传说是不祥之兆。这凄厉的乌啼使这个秋夜更显凄凉。

（板书：钟声）资料链接：唐代江南佛寺有夜半报时敲钟的习俗。寺院每日晨、昏各敲108下钟声驱除烦恼，半小时敲毕。昏钟子时开始敲。

过渡：这些静态、动态景组成一幅怎样画面？给你什么感觉？

③所感：凄凉、孤寂、愁绪满怀

黑：一个没有月亮的晚上，怎能不黑呢？

静：半夜三更，是人们酣睡之时，一片静寂！

写乌啼、钟声，夜静吗？（以动衬静，夜更凄清，人更愁烦）

冷：从哪感受？"霜满天"，"秋处露秋寒霜降"怎能不冷？

（板书：霜满天）李白有诗"床前明月光，（生接）疑是地上（示：霜）"霜应覆在——地上，张继怎么会感到满天寒霜？（寒气从四面八方袭来，他身体冷，心更冷。）

指名读：谁能通过朗读来表现这涌上心头的重重叠叠的寒意？

【设计意图】抓关键词"霜满天"，以俗语解诗、以诗解诗，引导体会诗人将主观感情融于客观事物的想象，更让人感同身受。

四、探寻"愁"因，有感情地诵读

（1）感悟愁情：读《枫桥夜泊》，有人读出的是寂静，有人读出的是寂寞，有人读出的是彷徨，有人读出的是凄凉。对比：

读李白"朝辞白帝彩云间，千里江陵一日还"，你会有忧愁吗？

读杜甫"两个黄鹂鸣翠柳，一行白鹭上青天"，你会寂寞吗？

读白居易"日出江花红胜火，春来江水绿如蓝"，你会觉得寂静吗？

都不会，这些感觉正是诗中景物色彩传递给我们的。置身幽暗夜色张继的感觉？再读，找最能表现诗人心情的词（板书：愁眠）

（2）探寻愁因：为什么他的心那么愁苦呢？再读读古诗，你能否从诗中发现什么蛛丝马迹？猜猜张继愁眠的原因。

①羁旅思乡的孤独："客船"，王维有诗"独在异乡为异客，每逢佳节倍思亲"，"客"在古诗中表示客居他乡。

补充资料：张继是湖北襄阳人，此时此刻他正在距离家乡1400多公里的姑苏（现在的苏州）。此时的他远离家乡，继续漂泊。

那晚，他的妻在吗？子在吗？友在吗？一人漂泊在外，他愁啊！

所以，张继独自幽幽地吟诵着这忧伤的诗句，表达他浓浓的思乡情："——"。师生合作读。

②怀才不遇的失意：诗人此时还可能因什么发愁？示资料：

古代读书人，十年寒窗苦读是为了"雁塔留名"。孟郊"春风得意马蹄疾，一日看尽长安花"。30岁出头的张继中举了，前途本该一片光明，然而令他沮丧的是他铨试不第，做不了官。

张继虽心怀"以身赴国难"的壮志，却因自己的倔强正直坚守一份孤独，不愿"朝扣富儿门，暮随肥马尘"，可是路在何方？所以，他愁啊，他只能独自悲哀地吟诵着这忧伤的诗句："——"。师生合作读。

③漂泊无依的惆怅：还有可能因为什么愁眠呢？

示唐版图：张继生活在唐朝，不幸的是张继生活在安史之乱后走向衰败的中唐。张继跟随逃亡的人流乘船沿运河南下。从长安到江南是一段漫长的告别，是对家乡的告别；也是在和过去的自己告别。

补白训练：渔火忽明忽暗，就像未卜的前途。这天晚上，张继困在客船辗转反侧，陷入对未来的迷茫中……他在问自己——

生：战争何时结束？自己能否回家？未来有机会施展抱负吗？

师：想到这些无解的问题，忧愁涌上心头，张继一人静静地在船头吟诵着这忧伤的诗句，表达忧国忧民情："——"。师生合作读。

【设计意图】1300年前的故事描述，清晰的版图强化学生的情绪体悟。猜想补白让学生对千年前那个不眠之夜的理解更为深刻。

（3）品读愁心：这是首写景诗，看到的是景，听到的是景……句句写景，句句抒发哀愁，正所谓"情动于中而辞发于外"！《枫桥夜泊》就这样诞生了！（音乐响起，教师吟诵全诗）

（音乐）师创设情境：月亮西沉，仿佛刚从天上落下，又挣扎着想要回去。乌啼声声，霜气布满整个天地；江枫凋零，渔火点点，钟声划破了凄清的夜空。在这个孤独寂寥的夜晚，张继辗转反侧，无法入眠，他在心里轻轻地念叨——

伴着音乐，学生跟随音乐吟诵全诗。

五、钟声共情，破译"愁"情

（1）愁眠的钟声："愁眠"人人会有，也将伴随人类历史。中国古典诗词中写愁眠的，尤其是写乡愁的比比皆是。（课件）——

因为愁眠，李白这样吟唱道——（齐读）举头望明月，低头思故乡。

因为愁眠，杜甫这样诉说——（齐读）露从今夜白，月是故乡明。

因为愁眠，张九龄这样祝愿——（齐读）海上生明月，天涯共此时。

也是因为愁眠，王安石这样感慨——春风又绿江南岸，明月何时照我还。

大家一定发现，这些愁眠都跟一种景物连在了一起，这景物就是——（明月）。

明月千里照愁眠，月亮总会让人有许多想象。于是，诗人的思乡之愁、失意之悲、忧国之情，都寄托在了那一轮皎皎的明月上。

张继失眠的那个晚上竟连月亮也落下去了。（播放寒山寺钟声）只有钟声静静鸣响，诗人辗转反侧，他在心里轻吟——（齐诵）

师：（随着音乐，低声朗诵）姑苏城外寒山寺——

生：（随着音乐，低声齐读）夜半钟声到客船。

讨论：张继在一声声划破夜空的钟声中听到了什么？

钟声一声一声，声声都是愁！撞击着无眠的张继，撞击着诗人那一颗愁苦的心，也引起千百年间世人的共鸣！（板书：钟声 愁）

（2）感怀的钟声：千百年来，《枫桥夜泊》一直散发着无穷的魅力，让一座城市和一座桥梁名扬天下，让一座寺庙成了古今中外游人向往的胜地，无数文人墨客在枫桥、在寒山寺追忆感伤。（播放钟声）示：

宋朝陆游曾写道：七年不到枫桥寺，客枕依然半夜钟。

明朝高启曾写道：几度经过忆张继，月落乌啼又钟声。

清朝王士禛写道：十年旧约江南梦，独听寒山半夜钟。

（示书法作品）

【设计意图】钟声、书法、诗歌，多维度的艺术欣赏，给予学生典雅的艺术熏陶。

（3）坚守的钟声：当月亮西沉、乌啼不再，江枫渔火消失在历史的云雾中，只有寒山寺夜半的钟声依旧回响在耳畔。那是无数离人的愁绪，交织成无法排解的惆怅，凝聚为对现实关注的家国情怀！

今天我们再读《枫桥夜泊》，心里仍有一种感触、一阵感动。我们一起诵读——（集体背诵《枫桥夜泊》）

【设计意图】意象是诗歌中融入作者情感的物象，"远钟"创新了愁绪的意象，将诗人绵绵不绝的愁思化为有迹可感的声音。以"明月"可寄的诗句比对诗人无法排遣的愁绪。播放寒山寺钟声，渲染"愁"境，撞击学生心灵，在后世文人追忆感伤的诗句中形成共鸣。忧伤的吟诵曲调中，学生动情动容，情感得以释放。

六、组诗探知"愁"形（你发现诗中的愁有什么不同？）

白发三千丈，缘愁似个长。	李白《秋浦歌》
问君能有几多愁，恰似一江春水向东流。	李煜《虞美人》
只恐双溪舴艋舟，载不动许多愁。	李清照《武陵春》
撩乱边愁听不尽，高高秋月照长城。	王昌龄《从军行》
姑苏城外寒山寺，夜半钟声到客船。	张继《枫桥夜泊》

探究：将无形化有形，以不符逻辑的推理传达真实的心理感受；

形态（不断）：白发、江水；

质量（沉重）：载不动；

声音（听不得）：钟声、乐曲。

七、特色作业超市

（1）以《枫桥夜泊》为题创作硬笔或软笔书法作品。

（2）诗配图，制作一张精美的书签。

（3）《枫桥夜泊》视频吟诵展示。

（4）根据诗意，进行扩写。

【设计意图】作业设计是立体的，也是有特色的。学生可自主选择书法、设计绘画书签、学唱吟诵、扩写创作。这样的作业设计不仅能培养学生的语文综合素质，也是对学生学习自主性的尊重。

板书设计

枫桥夜泊

唐·张继

静：枫、船、寺、人

动：月、乌、火、钟声

感： 孤寂怅惘

情： 家国之忧

附：

《枫桥夜泊》教学反思

《枫桥夜泊》是唐代诗人张继的诗作，诗题意为夜晚停船于枫桥，全诗写的是一位旅途中的游子夜泊枫桥时所领略到的一种凄清、寂寥的景色，以及由此而产生的愁绪。

一、精心设计，调动学习热情

无论是在导课的创设情境，还是感受意象时画面想象方面，抑或领悟诗情、探寻"愁"因、破译"愁"情、探知"愁"形，都进行了精心构思巧妙设计，力求符合学生认知规律，最大限度调动学生学习古诗的热情。如开课时，我以"愁"情诗句导入，轻点"愁"绪，引出"不朽的失眠"发生在枫桥边，激起学生对《枫桥夜泊》的阅读兴趣。接着教师范读，引导学生反复诵读，读出节奏，读出味道，读出感觉和情绪，渐入意境，探寻诗情诗心。

二、想象画面，感悟诗歌意象

意象是诗歌中融入了作者情感的物象，把握意象是解读诗歌的一把钥匙。诗中"残月、乌啼、寒霜、远钟、客船"等意象，寄托着诗人的愁思。教学时我以张继看到什么、听到什么、感受到什么？引导学生想象"月落""乌啼""钟声"等动态的景物，感受诗句营造出的幽暗凄清的意境，感悟诗人身寒心冷的低落情绪。着重抓"霜满天"，让学生对比李白诗句，体会诗人身寒心冷，诗人将主观感情融于客观事物的想象，让人感同身受。

"诗无达诂"，古诗词教学中，如果遇字必解，就会大大削弱诗歌的神韵意境，学生的想象力、领悟力、审美力无从提高。以诗解诗，引导学生领悟意象的深层意蕴，让学生沉浸在"妙处难说"的境界，在潜移默化中感受古典诗词的文化内涵。

进一步体味诗情时，我紧扣诗眼"愁"展开教学。找找最能表现诗人心情的词，对接这首诗的感情基调。在诗中发现蛛丝马迹，探寻张继愁眠的原因。引导学生抓"客船"，联系王维诗句、借助背景资料学习，感悟诗人不仅有远离家乡的孤寂，还有对自己前途的迷茫，更有对国家命运的忧愁，实现从理解诗意到感悟诗歌意境，再到与诗人共情的跨越。

三、层次诵读，声画渲染意境

反复诵读，是学习古诗最好的方法。诵贯穿于本节课始终，由读通到读出节奏、读出感觉。边读边想象画面，从感受意境到读出情绪、读出韵味，学生们带着不同的目标朗读、诵读、吟诵诗句，很好地融进《枫桥夜泊》散发出来的愁苦孤寂的意境。

出示寒山寺夜景图，播放寒山寺钟声，一声又一声，渲染"愁"境，撞击学生的心灵。师生动情动容，忧伤吟咏。

四、借月咏愁，感悟诗词魅力

虽然学习一首诗，教学时却关联了很多首古诗，如李白《静夜思》，杜甫《月夜忆舍弟》，张九龄《望月怀远》，王安石《泊船瓜洲》等，通过"明月"寄思乡情诗句的整理，学生再次感受到古典诗词的魅力。

当然，教学是一门遗憾的艺术，在这次教学中，还有许多不尽满意的地方。例如，一次次诵读中，学生与诗人共情，仍未达到预期效果……我一直在努力。

读懂一颗寂寞坚守的心

——第三届"诗教中国"诗词讲解大赛微型课《枫桥夜泊》教学设计

【教学内容】
统编版小学五年级上册第七单元《古诗三首》之《枫桥夜泊》。

【教学目标】
1. 正确有感情地朗读古诗,背诵古诗。
2. 借助注释,体会诗句静态和动态描写,想象诗描绘的秋景。
3. 通过景物描写,感悟诗人愁绪,感受诗的语言艺术。

【教学重点】　学习古诗,理解诗意,想象诗中秋色。
【教学难点】　通过景物描写,感悟诗人的孤寂忧愁。
【教学方法】　讨论法、情境教学法、任务驱动法。
【教学准备】　学生查阅背景资料、教师准备多媒体课件。
【教学过程】

一、解读题目

(1) 谈话:今天让我们穿越岁月的云烟,在千年古寺的钟声里一起走进唐代诗人张继的《枫桥夜泊》。(板书课题)

(2) 解题:泊,夜"泊",停泊。另读"水泊梁山",意思"湖泊"。诗题点明哪些信息呢?夜,时间;枫桥,地点;泊,事件。

(3) 导课:这是什么季节?怎样的夜晚?带给我们的感觉是?(秋夜、寒冷)

二、感受音韵

(1) 生自读两遍:读准字音,读通诗句,读出节奏。

(2) 师生应和读:注意体会韵字传递的感觉。(天、眠、愁)an 韵尾拖长,字音表现的空旷遥远感就出来了。用心体会,再读。

(3) 小结:读诗要读出节奏、味道,更要读出感觉、情绪。

三、品读愁绪

这一夜，张继看到了什么？听到了什么？又感受到了什么呢？

1. 自学提示

（1）读注释、看插图，解诗意。

（2）交流诗人所见所闻所感。

2. 师生交流

（1）诗人看到什么景？（江枫、渔火、月落）这江枫是静，渔火就是（动）；一静一动，一明一暗，这叫（动静结合）。

（2）抓诗眼：哪个字最能表现诗人的心情？（愁）所以诗眼是？（愁）

《说文解字》中说，愁，忧也，从心秋声。

3. 找意象

回顾第一单元的学习，我们已了解作者借助具体事物抒发情感的方法。同学们找一找，诗人借助了哪些事物抒发自己的愁情呢？

师：月、乌、霜、枫、火，诗中景物密集，每一样都承载着诗人的愁绪。

4. 研"月中情"

看到"月"，大家想到哪些诗句？月自古以来就是相思的代言词。离乡的游子总是借月来寄托愁思。月，代表各种情感。例如，月上柳梢头，人约黄昏后。同样是写月。月上和月落有什么不同呢？

生：月上，夜晚刚开始。月落，夜晚快要结束。

生：月上，月亮上升，积极向上的心情；月落，愁苦黑暗的心情。

师：张继有相思苦，却没有倾诉的月亮。月落，两个仄声连用如失落叹气，这愁，憋在心里吐不出。你能否通过朗读来表达这两个画面？（生诵读诗句）

小结：同样是月，一上一落，表达的情感截然不同。所以，读古诗的时候，我们一定要沉下心来，细细去品味，品出诗的味道。

5. 感悟意象

诗人还用乌啼、霜满天等事物表达自己的愁绪。请选择感兴趣的一样景物，静下心细细品味，写出你的感悟，然后交流。

（1）生："霜满天"，让人感到寒冷；"乌啼"，表达诗人心情悲凉、忧愁。

师：这霜，是秋夜江南河畔的霜，an韵尾拖长，透骨的悲凉无孔不入。读！

师：（课件：背景）753年张继考取进士，755年1月爆发安史之乱，756年6月玄宗仓皇奔蜀，长安的逃难队伍达到200多里。这样的情景怎不让人冷彻骨髓？大家想象张继此时是什么样的感受、心情，我们再读第一句。

（2）生："江枫"，秋天的枫叶，也代表当时诗人凄凉的心情。

师：中国文人有悲秋情结。秋天的枫叶火红明艳，在张继的眼中却湮没在黑魆魆的寒夜中，传达出的悲凉是否有暗示？（唐朝进入它的秋天，从盛转衰。）

6．"对愁眠"

谁对着谁愁眠呢？

生：江枫对着渔火愁眠，有可能是诗人对江枫和渔火愁眠，也或许是作者张继对他自己国家的愁眠。

师：愁，心上秋，秋天凉到人心。诗人对唐王朝也凉到心底了。

小结：眼之所见，实为心之所见。让我们带着这样的体会读出月的哀思，霜的幽冷，枫的悲凉，以及渔火闪烁的渺茫希望。（配乐诵读）

四、声中悟"愁"

1．感悟愁音

播放钟声：身处乱世、漂泊无依的诗人，没有亲朋好友的陪伴，没有妻儿的嘘寒问暖。他听到了——（姑苏城外寒山寺，夜半钟声到客船。）

师：这钟声和乌啼，是否给寒夜带来喧闹呢？（以动衬静，更觉孤寂。）

小结：这寒山寺钟声，分明就是诗人悲凉的哀叹。在万籁俱寂的寒夜，一声又一声，敲打着诗人的耳，也敲击着诗人的心。

2．探究愁因

补白：你听到诗人的心声了吗？拿起笔写写张继想让钟声告诉——

钟声啊，钟声，你敲响了我的无眠，请你告诉我——

我何时回到家乡？

钟声啊，钟声，你敲响了我的无眠，请你告诉我——

国家何时安定？

师：张继为自己的漂泊无依发愁，为国家遭逢乱世发愁，更为天下苍生的颠沛流离而愁啊。这钟声就是张继忧国忧民的愁绪。让我们带着这感受读后两句。

小结：综观全诗，是什么陪伴着孤独惆怅的诗人？（月落、乌啼、霜满天、江枫、渔火、钟声。）

这首诗没有直接说愁，但月落是愁，乌啼是愁，霜满天、江枫渔火都是愁，而夜半钟声，更是让愁绪不断弥漫开来。

在这些事物中，有静有动，有声有色，有情有景，组成了一个大大的愁。这次第，怎一个愁字了得？

3．吟诵传情

当月亮西沉，乌啼不再，江枫和渔火消失在我们的视线中，只有寒山寺夜半的钟声依旧回响耳畔，成为不朽的绝响。撞击着诗人愁苦的心，也敲击着千万颗失意人的心。

今天，我们来到枫桥、来到寒山寺，再读《枫桥夜泊》（配乐吟诵），心里仍有一种感动、许多感触。（师生吟诵）

五、比对愁形

1. 扩展视野

这愁不仅张继笔下有，也是李煜《虞美人》中的自问自答道；这愁还是崔颢《黄鹤楼》中的感慨；这愁还是李清照《武陵春》中的哀叹——（相机出示：愁的诗句）

2. 比对愁形

愁眠人人会有，你喜欢哪种表达形式？

六、作业超市

（1）《枫桥夜泊》硬笔或软笔书法作品。
（2）诗配画，制作一张精美书签。
（3）根据诗意，完成扩写练笔。

板书设计

（以诗中愁的意象组成寒山钟的外形，伴以钟声叩击愁心。）

枫桥夜泊

唐·张继

月　霜

枫　　火

乌啼　愁　钟声

不眠人

《从军行》教学设计

【教材分析】

《从军行》是部编版五年级下册第四单元第一课《古诗词三首》中的一首诗，是唐代诗人王昌龄组诗《从军行》的第四首。诗歌通过描写在阴云密布、满眼黄沙的瀚海"孤城"中担任戍守任务的将士的宽广胸襟，表现将士立誓破敌、决战决胜的顽强斗志和豪迈气概。

【教学目标】

1. 正确诵读、背诵、默写古诗。
2. 结合诗句，想象画面，用自己的话表述诗歌内容。
3. 抓"暗、孤、穿、终不还"，品味思乡情与誓死杀敌精神，激发爱国情。
4. 激发诵读经典的兴趣，提高欣赏古诗的能力。

【教学重难点】

1. 背诵、默写古诗。
2. 结合诗句，想象画面，用自己的话表述诗歌内容。
3. 抓"暗、孤、穿、终不还"，品味思乡情与誓死杀敌的精神，激发爱国情感。

【教学方法】

1. 启发法，结合注释，借助资料、工具书，启发学生说诗意，提高表达能力。
2. 点拨法，抓关键字体会人物内心情感。
3. 情境教学法，引导学生体会诗人表达的思想感情并熟读成诵。

【教学过程】

一、引入新课，铺垫渲染

1. 引入新课

一首好诗，蕴含一种心情；一段历史，让人回味无穷。读懂诗中历史，便能体会诗人情感。我们一起走进王昌龄边塞组诗《从军行》的一首。（板书课题：从军行）

2. 解诗题

读懂诗题是理解古诗的第一步。轻声读题目，你读懂了吗？

3. 铺垫渲染

我们学过的边塞诗，如："秦时明月汉时关，万里长征人未还。""醉卧沙场君莫笑，古来征战几人回。"（师生接读）在你的印象中，边塞是怎样的地方？

过渡：王昌龄为我们展示了怎样的边塞风光？让我们一起走进诗中。

4. 了解信息

了解诗人相关信息，有助于我们理解古诗内容。（课件示诗人资料）

【设计意图】从介绍边塞诗入手，可以让学生感知边塞诗的风格，激发学生的学习兴趣，还可让学生更快融入特有情境，让古诗教学更有效率和深度。

二、初读古诗，感知诗意

1. 自读古诗，要求读准字音，读通句子，读出节奏和韵味。
2. 指名学生读（读后评议，议后再读）。
3. 感情朗读是理解古诗的方法。此外，学习古诗的方法有哪些？（课件出示：看注释、看插图、想象画面；知诗人，解诗题；品诗句，明诗意；多诵读，悟诗情。）
4. 小组交流诗意，教师巡视指导解疑。
5. 生代表发言，师总结。
6. 小结：这首诗前两句描写边塞风景，后两句抒发将士们保家卫国的豪情壮志。

【设计意图】引导学生通过初读古诗，运用看注释、看插图、想象画面、交流资料的方法感知诗歌大意。

三、品读古诗，想象诗境

1. 提到边塞，你想到了什么？诗中描写了哪些景物？

课件出示：青海长云暗雪山，孤城遥望玉门关。

（1）轻声读读，从中看到边塞的哪些景物？

（2）仔细观察插图，这是什么样的雪山？这里的雪山是指祁连山，祁连山雪光闪耀，异常壮丽，如今怎么就暗了下来呢？

（3）带着你的理解来读这两句诗。

（4）人会因心情不同，对周围景物有不同的感受，就如杜甫国破家亡时看到盛开的繁花流泪，听到鸟的叫声亦惊心。再读这两句诗，对"暗"谁还有不同理解？（将士们远离家乡，不能与亲人团聚，心情是低落的。）带着这种低落心情再读这句诗。

（5）还有哪个字也体现将士们的思乡心情？（"孤"，长期戍守边疆，生活孤寂。）

（6）把你的理解和感受融在诗句中，再读读。

（7）像这样将诗人情感融入景物中的写法，我们叫——融情于景。这是古诗中常用的写作手法。王昌龄的边塞组诗多以景衬情，抒发思乡、报国的情感。例如：

缭乱边愁听不尽，高高秋月照长城。

大漠风尘日色昏，红旗半卷出辕门。

玉门山嶂几千重，山北山南总是烽。（课件出示）

【设计意图】紧扣关键词，引导学生想象诗句描绘的画面，通过抓"暗""孤"等字品读古诗，有助于学生进入诗歌意境，读到文字深层，诵出诗人思乡、孤寂的情感。总结诗歌常用写作手法——融情入景、以景衬情。

2. 小结过渡

边塞环境是这样的恶劣，思乡之情是这样的深切，可戍边将士——

课件：黄沙百战穿金甲，不破楼兰终不还。

（1）齐读，谁说说自己对这两句诗的理解？

（2）引导："穿"指穿上金甲吗？金属的盔甲被磨穿，不可思议！怎么会磨破呢？

（3）磨破的是金甲，磨不破的是什么呢？

（4）哪怕"金甲已穿"，但将士们依然是不破楼兰——"终不还"（学生答），这豪壮的语言中，你感受到将士们怎样的心情？

（5）教师小结：诗前两句运用借景抒情的表现手法，以"暗""孤"字描写将士们低落、孤独的心情。后两句直接抒情，将士们不消灭敌人誓不还乡的雄心壮志表达出来。

【设计意图】引导学生诵读古诗，感悟诗情。在环境渲染的基础上，学生将自己置身于古诗意境中，体会诗人表达的豪情壮志。

四、吟诵古诗，感悟诗情

（1）"不破楼兰终不还"，这铿锵有力的语言让我们感受到了将士们的万丈豪情，难道他们不思念家乡的亲人、不想回家吗？

（2）家乡的亲人也无时无刻不牵挂着他们啊！会有谁在牵挂着他们呢？

（3）思乡是许多古诗的主要题材之一，王昌龄在《从军行》组诗其一写道：烽火城西百尺楼，黄昏独上海风秋。更吹羌笛关山月，无那金闺万里愁。（课件示后两句）

意思：黄昏时分，诗人独坐在戍楼上远眺，远处传来一阵幽怨的羌笛声，更增添了对万里之外妻子的相思。诗中"金闺"指他的妻子，请同学们把刚才提到的亲人称谓进行替换，谁再来读读这句诗：

更吹羌笛关山月，无那（　　　　）万里愁。

（4）思念如此深切。你现在就是边关的将士，请你给思念的亲人写一封信，告诉他们你为什么"终不还"。

（5）指名发言，引导学生将"终不还"的决心融入诗中诵读。（课件：黄沙百战穿金甲，不破楼兰终不还。）

这是将士豪壮的誓言，这是斗士不畏艰险、英勇战斗的英雄形象的写照。面对困难，将士们的报国壮志不但没有消磨，反而在大漠风沙的磨炼中更加坚定。

身经百战的将士们豪壮的誓言是——

为了让我们的子孙不再遭受战争伤痛，我们发誓——

为了祖国的威严、美丽的家园，我们发誓——

（6）诗歌是语言的艺术，更是韵律的典范，配以音乐就有了吟唱。请闭上眼睛感受诗歌音韵美（播放吟诵《从军行》）。谁来试试，吟出你对古诗的理解和感悟。

（7）背诵、默写古诗。

【设计意图】新课标指出："诵读优秀诗文，注意通过语调、韵律、节奏等体味作品的内容和情感。"诗词的美妙在于诵读，这是理解、背诵古诗的不二法宝。通过设计有梯度、有深度的诵读，读中入情、读中悟情、读中融情，从而对诗的情感有充分、深刻的体会，感受格律诗语言的魅力，提高对古诗的鉴赏能力。

五、延伸诵读，拓展积累

我们看到边塞的恶劣环境，感受到戍边将士的孤独与悲凉，更感受到将士们誓死报国的壮志豪情，这充满壮志豪情的画卷就是唐朝的边塞诗。

王昌龄的《从军行》组诗共七首，七首诗，七幅不同的画面。我们今天学的是其四，还有另外六首大家课后积累（课件示其他六首）。还可以收集其他诗人的边塞诗，感受盛唐边塞诗的悲壮与豪放。

【设计意图】主题阅读，以一篇带多篇，从课内延伸到课外，增加学生诗词储备量，加深学生对边塞诗的理解与积累，激发学生诵读经典的兴趣。

六、弘扬正文，致敬英雄

　　古有英雄将士守边疆，今有白衣天使守平安，勇于担当，无畏逆行——"黄沙百战穿金甲，不破楼兰终不还"，就是逆行者的豪壮誓言。让我们以壮丽诗篇致敬英雄，更致敬孕育英雄之气的天地山河，让我们怀着对英雄们的崇敬之情，再次诵读这首诗。

　　【设计意图】这壮丽的诗篇也同样是当代英雄的写照，在诵读中升华情感，激发学生热爱祖国的情感。

板书设计

<pre>
                 从军行
        暗 孤 ── 环境恶劣
        战 穿 ── 战争频繁
        终不还 ── 豪言壮志
</pre>

含泪的狂欢

——《闻官军收河南河北》教学设计

【教材分析】

《闻官军收河南河北》是统编版小学语文五年级下册第四单元中的一首诗。本单元语文要素是通过动作、语言、神态描写体会人物内心。全诗围绕诗人"喜欲狂",展示诗人兴奋之情,掩藏狂喜背后对国家和对人民疾苦的深切忧思。

【学情分析】

五年级学生能借助注释、工具书,想象画面等方法读懂古诗,对古诗有学习热情,但对诗歌背后蕴含的情感难以深刻体会。

【教学目标】

1. 认识"蓟、涕、裳",读准"裳、卷、即",理解古今异义词语。
2. 理解诗句,有感情地朗读背诵古诗。
3. 了解时代背景,体会诗人悲喜交集的情感和爱国情怀。

【教学重点】　品读重点词句,体会诗人心情。

【教学难点】　抓诗眼"喜欲狂"涵泳诗文,体会诗人爱国情。

【教学准备】　了解诗人及时代背景。

【教学过程】

一、知诗人、解诗题

(1) 师:今天我们要认识一位伟大诗人。自己饥寒交困却想着天下百姓,他用诗歌忠实记录战乱带来的社会动乱,谁?(诗圣、诗史)

师:谁能结合查阅的资料介绍杜甫。

生:诗圣悲悯天下,诗歌真实记录唐朝由盛转衰的历史,称"诗史"。

(2) 师:今天学习杜甫"生平第一快诗"。(板书诗题)

(3) 齐读课题,读出"快诗"的感觉。

(4) 齐读诗题,猜测内容。(杜甫听说唐王朝军队收复河南河北)

二、知路线、明诗意

示学习要求，学生自学。

1. 生自由读（音），指名读（节奏），师范读（韵），齐读（情）。

ang 韵：气粗声重，表沉郁之释放。拖长韵尾，情由音显。

平仄相对：联内相对、邻联相粘，音韵和谐。

2. 圈出地名，借注释、地图了解：杜甫在哪？想去哪？怎么返乡？

3. 小组讨论：理解有困难的词语。（古今异义词）

班级交流：河南、河北、涕泪、衣裳、却看、妻子、青春。

4. 了解内容，再读诗题，体会"快"诗。

三、联诗句、悟诗情

1. 抓诗眼"喜"

诗中哪个词最能反映作者的心情？（喜）

师：为什么喜欲狂呢？这不得不提背后的历史事件。

2. 体会悲喜交加

（1）师（指图）："安史之乱"爆发河北，叛军一路南下攻陷洛阳，千里人烟断绝，百姓逃离家园。杜甫随逃难人群一路艰辛地来到四川。

"安史之乱"八年是杜甫一生最痛苦的经历，他用诗记录描述百姓的苦难。用心读，你会有收获。

示：《自京赴奉先县》《春望》《茅屋为秋风所破歌》《石壕吏》。

（2）师：说说安史之乱中杜甫过着怎样的生活。

生：回家探亲，幼子被饿死；战火不断，杜甫苦盼家书，百姓哭号逃亡；逃难成都，风雨吹打草屋，杜甫彻夜难眠。

师：捷报传来明明是喜，为何落泪？联系这些诗句，说说认识。

生：安史之乱八年！杜甫耳闻目睹、日夜所见是百姓疾苦，国家深陷灾难。回想八年苦难生活，不禁悲从中来——齐读。

（3）师：还是怎样的泪？八年啊，杜甫日夜盼望结束漂泊生活、重返家乡。捷报突传，喜从天降，洒满衣襟的是什么泪？

生：这是喜极而泣的泪。八年的苦难像噩梦结束，终于可以返乡。

——"剑外忽传收蓟北，初闻涕泪满衣裳。"（板书：喜极而泣）

小结：此时的杜甫"悲喜交加"。（板书：悲喜交加）

3. 体会欣喜若狂

（1）师：杜甫"怎样狂"呢？

生：他"漫卷"，再无心伏案读书。"却看"传递自己的狂喜。

师：崇尚"读书破万卷"的人竟无心读书。反常举动后诗人的情绪？"喜欲狂"。（板书：欣喜若狂）读一读，再找关键词。

（2）生："放歌、纵酒"也能看出"喜欲狂"。

师：52岁的杜甫疾病缠身。你能想象一个历尽沧桑的老人掩面而泣，继而尽情歌唱，开怀畅饮的情景吗？读一读（板书：放歌纵酒）。

师：律诗的颔联、颈联必对仗。再读，体会平仄对仗的音律美。

4. 感受返乡急切

师：杜甫"生平第一首快诗"，还可以从哪些细节描写感受？

生：穿、下，顺流而下；向，转向陆地。"即、便"，回家之急切。首选水路转陆路。"穿"三峡险窄，"下"顺流迅疾，回家心切。

师："蜀道难，难于上青天"，却为何秒回家乡？（归心似箭的狂想）

师：巴峡对巫峡，襄阳对洛阳，工整的句内对偶、上下句对偶承接，尾联用流水抒发无法抑制的喜悦快意。"快诗"速度快，情绪高。

5. 感受家国情怀

（1）师：763年的春天是杜甫一生最温暖的春天。这个春天，杜甫听到官军收复河南河北的捷报；这个春天，杜甫将结束漂泊生活，返回魂牵梦绕的故乡。分组接读"白日放歌须纵酒，青春作伴好还乡"。

（2）师：杜甫只因为自己结束颠沛流离的生活、重返故乡而喜悦吗？

生：他为战乱平息，祖国重归统一而喜。

生：他为老百姓不再流离失所，可以安居乐业而喜。

（3）师："喜欲狂"是杜甫浓浓的——爱国之情。（板书：家国情）

小结：杜甫始终怀着"致君尧舜上，再使风俗淳"的宏伟抱负，一生写下1500首诗记录史实，被尊称为"诗圣"。

6. 诵读快诗

师：透过诗句，隔着千年的时空，我们仍深切感受到快诗背后的爱国情怀，让我们诵读杜甫平生第一首快诗《闻官军收河南河北》。

四、选做作业

（1）课堂练笔：抓动作、神情、语言，表现杜甫的狂喜、狂欢。

（2）诵读"三吏""三别"，感受杜甫的现实主义诗风。

板书设计

闻官军收河南河北

喜欲狂

以智慧安顿心灵

——《题西林壁》教学设计

【教材分析】

《题西林壁》是部编版语文四年级上册第三单元第九课《古诗三首》中的一首诗。单元主题为"连续观察"。语文要素：体会文中准确生动的表达，感受作者连续细致的观察。《题西林壁》是苏轼再度遭贬谪，游山遣忧，有感而作。"往来庐山南北十余日"，因为观察角度变化，苏轼看到庐山的千变万化。引导学生学习按事物的变化发展观察的方法。

《题西林壁》没有描述庐山具体的美，是苏轼跳出庐山看庐山，让我们领会到庐山的美在于含蓄包容，在于气象万千。苏轼逆境中反思，每一个生命因所处地位不同，看问题角度不同，认识事物有片面性。要想认识事物的本源，必须超越认知局限，整体把握，深入观察，细致了解。因为后两句极具哲理，成为千古绝唱。这首诗让学生初步感受到了宋代哲理诗的特点。

【学情分析】

新课标指出：中年级阶段的学生诵读优秀诗文，尝试用不同的语气、语调表达自己的理解与感受。

四年级学生具备自学生词和理解诗意的能力。学习吟诵的学生，掌握平长仄短、入短韵长的吟诵规则。学生在反复诵读中，学习体会韵律、理解诗歌方法。

【课程设计】

这首诗的写作背景与政治有关。本课设计思路是以苏轼人生为线索，将诗歌和诗人经历、情感结合，让学生通过诵读感受诗歌哲理深意，体会苏轼人格魅力。

人物故事：苏轼差点成为状元，激趣导入。

视频播放："乌台诗案"历史事件，引出《题西林壁》。苏轼被牵连进乌台诗案，遭贬黄州又调任汝州，途经庐山作此诗。

材料阅读：苏轼与王安石"一笑泯恩仇"，人格上相互敬重。改变对变法的态度，心灵获得解放。

材料阅读：《自题金山画像》，认识苏轼经历生活磨难，超然旷达的人生境界。

【教学目标】

1. 正确有感情地朗读并背诵《题西林壁》。
2. 理解古诗意思，体会诗人的心境，能将读诗的感受与人交流。
3. 体会观察的地点和角度不同，所看到的景象也不同。

【教学重难点】

1. 通过平仄、韵律，体会情感（重点）。
2. 借助学过的读诗方法，理解诗句意思，体会诗人的心境（重点）。
3. 体会交流景中蕴含的哲理（难点）。

【课前准备】

收集苏轼资料。

【教学过程】

一、激趣导入

同学们，今天我们走近苏轼，走进他的《题西林壁》。苏轼是北宋大文豪，诗、词、文章和书画都取得了很高成就。由于历史的误会，苏东坡与状元擦肩而过。

20岁的苏轼与其弟一起赴京应试，苏轼的"高考作文"《刑赏忠厚之至论》一鸣惊人，主考官欧阳修怕这篇文章是自己的学生曾巩所作，便压为第二名。这篇"高考作文"雄居《古文观止》。

过渡：苏轼是关心国家命运的儒士。

二、学习《题西林壁》

1. 过渡

王安石在宋神宗支持下开启轰轰烈烈的"王安石变法"，朝廷上下有许多知名大臣明确反对变法，其中就有大才子苏轼。之后他的人生境遇如何？

视频播放：乌台诗案

苏轼遭人诬陷说他讽刺朝政，面临死刑。乌台诗案后苏轼被贬去湖北黄州。

4年后神宗怜惜人才，优待苏轼，转任汝州。我们今天学习的《题西林壁》就是苏轼由黄州调任汝州，经九江游览庐山，题在西林寺壁上的诗。

2. 初读诗文

（1）借助注释自读古诗，读准字音，读出节奏和停顿。

（2）指名读，指导入声读音：侧、各、不、识、目。

（3）师范读（吟诵课件），学生感知平长仄短韵悠长；上平二冬韵，雄浑文雅。

（4）学生练读，思考你读懂了什么。（小组讨论）

吟诵指导：

第一句"岭"延长；入声字"侧"吟重一些，强调侧面看的重要性；韵尾"峰"要延长，突出侧面看庐山为高山的形象。

第二句"各、不同"入声字要断开，照顾语意的关联。

第三句"真面目"突出，强调对庐山本来面貌的把握。

第四句"山中"长吟收尾，突出不能识得庐山全景的原因是置身山中的哲理。

三、理解诗意

师：哪个字表现找不到真相的迷惑？

生：各。

师：作者都站在哪些角度看庐山？

生：横、侧、远、近、高、低（板书）

师：用简笔画表现不同方位取景效果。

师：哪个景象才是庐山真正的样子呢？

生：各不同的景合成3D影像。

（课件示庐山全景）感受移步换景、气象万千的美。

师：游览庐山十余天，苏轼在自然中观察追问，在天地间感悟。（大声读）

（1）关键词："看"读平声kān，有何意义？（长期观察、思考）

（2）师：因观察角度一直变化，苏轼看到的庐山千变万化。今天我们从更高远的视角看，庐山的美在于含蓄和包容，在于气象万千。

四、探究哲理

（1）眼界局限：还有什么因素影响看庐山的结果？（讨论）

引导：从季节、时间、天气不同展开联想。

（2）主观局限：不同的人或同一人不同心情，站在不同处，看到的庐山都不同，就像诗中说——横看成岭侧成峰，远近高低各不同。

链接：庐山诗句，感受"各不同"

采菊东篱下，悠然见南山。	陶潜《饮酒·其五》
庐山东南五老峰，青天削出金芙蓉。	李白《望庐山五老峰》
人间四月芳菲尽，山寺桃花始盛开。	白居易《大林寺桃花》
五老相携欲上天，玄猿白鹤尽疑仙。	苏辙《游庐山山阳七咏·白鹤观》

（3）用"因为……所以……"说说"不识庐山真面目，只缘身在此山中"

的意思。

生：因为身在庐山，所以往往见林不见山。

生：因为常在庐山，所以不能察觉庐山真正的美。

（4）师：身处其中却浑然不知。生活中有这样的情况吗？

生：下棋时自己走错也不知道，旁人一目了然。

小结：这就是所谓的当局者迷，旁观者清。因此对待事物，要多角度观察，多方听取意见，不感情用事，才会有客观认识。

（5）师：司马光说，"古人为诗，贵于意在言外，使人思而得之"。诗中的庐山含有比喻意义，你读出来了吗？（比喻事物、人生）

讨论：要揭示诗中蕴含的道理，要好好想想。苏轼这首诗，你明白了什么？

生：任何一个问题都有多种答案。

生：应该警惕当局者迷。

师：这首诗以庐山不同的形象阐明人生道理，我们叫哲理诗。

（6）过渡：从春风得意的科场奇才到落寞的戴罪犯官，经历人生大起大落的苏轼，开始审视自己的为人处世，并在天道中汲取智慧。结合历史背景再读，体会诗中蕴含的道理。

生：要了解庐山之美，必须进入庐山；要了解庐山全貌，便要置身庐山外。

生：在不同的角度能看到庐山不同的美，认识事物的角度很重要。

师：遭遇困境，困于局中，便不能通达全体。苏轼对庐山的观察和体会，反映了他思想认识的变化。

课件示材料一：苏轼对王安石变法的态度

王安石去世，朝廷命苏轼为王安石写一篇追赠功绩的文章，苏轼对曾经的政敌王安石是这样评价的：

将有非常之大事，必生希世之异人。

名高一时，学贯千载。

过渡：离开庐山，苏轼北上汝州转东，在南京拜访了赋闲江阴老家的王安石，曾经的政敌"相逢一笑泯恩仇"。之后朝夕相处一个多月，苏轼对这位昔日的大宰相有了更为深入、真实的认识，对变法的态度也发生了变化。对此，你有什么要说的？

生：苏轼敬佩王安石的才华和人品。

生：变法有弊端，但是能给国家带来好处。

应和读：当事者只有跳出当事，摆脱自我成见，才能真正认识事物的真相，正所谓"横看成岭侧成峰——"。

小结：庐山之旅是苏轼的精神领悟，他开始了政治立场的反思，这是他经历生活磨难后，对自己人生的审视。苏轼从庐山走向他的未来。这一路苏轼一直在追问，变法是否给老百姓带来好处？人生、社会、世事的真相到底是什么？感兴趣的同学课下可观看纪录片《苏东坡》。

（7）过渡：这是苏轼60多岁时的绝笔作。回望自己一生，得出这样的结论。为什么是湖北黄州、岭南惠州、海南儋州这三个地方？

课件示材料二：苏轼对自己功业的评价

问汝平生功业，黄州惠州儋州。——苏轼《自题金山画像》

在黄州，他在"东坡"农耕，养活自己，在文学上开创豪放词，留下《赤壁赋》；

在惠州，他的功业是安贫乐道，收获爱情却也经历与朝云的生死诀别；

在儋州，62岁的苏轼办学堂，开化启蒙，让边远之地真正感受到中原文明。

（示地图）任职离京城越来越远，经历丧母、丧父、丧妻、丧子的酸楚，如浮萍般四处飘荡，为什么得出这样的结论？

生：人生最好的30年，苏轼一直遭遇贬官。这些痛苦磨砺了苏轼，激发了他的才华，融入了深刻的思想，留下了经典。

小结：换个角度看事物，跳出一时的荣辱得失，心灵就此得到解放。苏轼超然的人生境界，是历经生活磨难的达观。

师吟诵："横看成岭侧成峰——"蕴含哲理的诗句大多流传千古，我们不仅要积累，还要用其指导自己的学习生活。

五、作业设计

1. 为《苏轼游庐山》微视频写拍摄脚本。

2. 收集哲理诗诵读或摘抄：《观书有感》《登飞来峰》《冬夜读书示子聿》等。

3. 收看纪录片《苏东坡》，了解苏轼三次贬谪。

板书设计

　　　　　　　　题西林壁
　　　　　　　　　宋·苏轼
　　　　　　各不同？
　　　　　　真面目！
　　　　　　此山中……

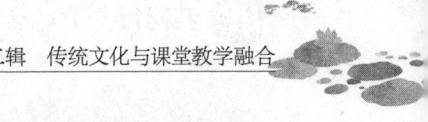

PBL 项目式学习（活动案例）

"走进四大名著"大单元综合性学习作业设计
——部编版五年级下册第二单元作业设计案例

《义务教育语文课程标准（2022 年版）》将整本书阅读单独设为拓展型学习任务群。强调引导学生积累整本书阅读经验，养成良好阅读习惯，提高整体认知能力，丰富精神世界。

基于新课标素养导向的观念，我们将整本书阅读与语文教材的学习、跨学科学习及生活实践进行整合，开展"整本书阅读"视域下古典名著单元综合性学习作业的设计与应用探索。

作业设计方案目录：
1. 设计背景　2. 设计思路　3. 作业目标　4. 作业准备
5. 设计方案　6. 任务启动　7. 作业评价　8. 活动小结

一、设计背景

中国古典名著是中华灿烂文化的重要组成部分，经典名著中蕴含着伟大的民族精神。小学高年级是形成正确人生观、价值观的关键时期。阅读名著对于增益智慧、提升素养，特别是提升语文素养有着举足轻重的作用。

《义务教育语文课程标准（2022 年版）》第三学段"阅读与鉴赏"板块要求"阅读整本书，把握文本的主要内容，积极向同学推荐并说明理由"。相较于 2011 年版的课程标准，增添对于阅读整本书的要求。部编版五年级下册第二单元"中国古典四大名著"正是对学生进行"整本书阅读"教学、提升阅读能力的好时机。

四大名著的许多故事在我国广为流传，但是学生很少读古典名著。五年级下册第二单元"古典名著之旅"引导学生接触原著，启发学生感受名著魅力，自觉走进古典名著大门。本单元安排了四篇课文——《草船借箭》《景阳冈》《猴王出世》《红楼春趣》，分别选自《三国演义》《水浒传》《西游记》《红楼梦》。语文园地梳理猜读、略读、跳读结合的阅读古典名著方法；习作《写读后感》掌握读后感的写法，有根有据表达对名著人物的认知；口语交际"怎么表演课本剧"，创编表演课本剧，刻画人物形象，加深对名著人物的理解；快乐读书吧"读古典名著，品味百味人生"，感受人物鲜明形象，激发学生阅读名著的兴趣。

本案例聚焦单元主题，创设"走进四大名著"真实学习情境，对学习内容分析整合、重组开发，形成明确主题、目标、任务、活动、评价等要素，有多种课型的大单元综合作业设计和应用。力求通过阅读理解、拓展探究、创意表达三个维度，完成任务群指向的单元语文要素，发展学生核心素养。

二、设计思路

以国家课程课本为载体，设计"走进四大名著"主题的综合性学习作业，引领学生走进阅读古典名著的大门。通过阅读理解、拓展探究、创意表达三个维度激发学生阅读整本名著的兴趣，完成单元两个语文要素：初步学习阅读古典名著的方法，指导学生学习写读后感。

作业设计根据单元教学内容、知识结构进行板块划分，安排教学活动，突出趣味性、针对性、延展性，依据学情、针对不同层次的学生分层设计，分段实施。

前置性准备作业：暑假通读四大名著，制作"我喜欢的名著人物"小报或思维导图或演讲PPT。引导学生自主阅读，整体感受名著的魅力。

过程性实践作业：细读经典章回，重组阅读内容，读出主题要义。课前演讲分享阅读成果；课中探究辩论名著文化元素；课后写读后感，尝试改编剧本，合作创意表演课本剧。

展示性成果作业：优秀作品评选展示，优秀课本剧展演，反思改进。

三、作业目标

（1）学生自主设计"名著人物造型"，利用配音平台录制"经典片段配音"，加强对古典名著的深入解读。

（2）开展人物评说主题读书交流、写读后感，学会有根有据地表达认知，引领学生自觉省察的心灵成长。

（3）学生自主改编剧本，自主设计故事人物及动物的服装、道具、舞台效果。

（4）课本剧表演，通过舞台艺术表现经典故事场景，提升语言运用能力、肢体能力、想象能力、团队合作能力。

（5）寻找感兴趣的传统文化元素，查阅相应资料，探究传统价值观、文化观，形成调查报告。

四、作业准备

（1）广泛阅读四大名著，填写“我眼中的名著人物”表格，准备演讲 PPT 背景。

我眼中的梁山好汉＼三国人物＼西游人物＼红楼人物

人物基本信息	经典故事情节	个性特点	我的评价

（2）观看四大名著影视片，初步了解人物对话、动作、服装等内容。

（3）改编剧本台词，了解场景、人物、服装、道具及舞台效果，设计制作道具。

（4）查找名著中涉及茶、酒、风筝等的章节，调查研究经典中的文化习俗。

（5）借助网络资源，在微空间展示活动过程及成果。

我们根据读书活动需要，借助网络资源合理推进。例如，观看影音频作品，阅读探究文章、参考资料，激发学生阅读兴趣，丰富学生阅读体验，拓展学生阅读视野。

五、设计方案

情境	任务主题	教、学、评活动		学业要求
走进四大名著	我眼中的名著人物	1. 课前五分钟演讲； 2. 手抄小报、连环画； 3. 写读后感	1. 评选演讲者； 2. 评选小报； 3. 优秀习作展	1. 介绍清楚人物的重要信息； 2. 据相关情节评述人物个性特点
	古典名著模仿秀	1. 人物造型； 2. 配音征集	1. 评选优秀人物造型； 2. 举办线上配音展评	1. 根据人物特点为名著人物造型； 2. 揣摩人物心理，用声音再现情节
	经典故事我改编	1. 合作改编剧本； 2. 试演、修改剧本	1. 评选优秀课本剧本； 2. 评优秀改编者	研读课文，创作个性的人物对话，表现人物心理情感
	名著人物我们演	1. 自由招募、组团、分工协作； 2. 创意表演，记录建议、总结优化	1. 邀请师长评委线上线下打分； 2. 评选优秀课本剧表演团队	通过综合舞台艺术提升语言表现力、想象创意力、团队合作力

续上表

情境	任务主题	教、学、评活动	学业要求
走进四大名著	人文符号我探秘	1. 茶酒文化调查研究； 2. 茶意酒语调查报告	征集"名著中的茶酒文化"优秀调查报告	掌握查找梳理资料的方法，调查探究茶酒文化，体验茶礼酒礼

六、任务启动

任务一："我眼中的名著人物"——课前五分钟主题演讲

（1）我们以课本的四篇名著故事为载体，通过课堂收获的精读、略读、跳读等策略，课外持续进行四大名著整本书的自主阅读实践，引导学生了解名著的主要内容，关注整体、局部、局部与局部之间的关系，研读自己感兴趣的人物和情节。

（2）"我眼中的名著人物"课前演讲活动设计，旨在激发学生自主理解古典名著的兴趣，推进课外研读名著的习惯。学生运用所学阅读方法，细读情节，感悟人物性情，前联后结深刻解读人物，有根有据地表达、评价，促进深度思维。

【设计意图】指导学生运用课内阅读方法进行课外阅读实践，有依据地评说人物。在学习活动过程中不自觉地寻找镜像，自觉省察，形成正确的价值观和积极的人生态度，促进人格成长。

任务二："古典名著模仿秀"——人物造型、配音作品征集活动

（1）"古典名著人物模仿秀"活动，同学们积极参与，在班级微信群或朋友圈晒一晒你喜欢的人物模仿秀照片。

（2）"古典名著经典片段配音"活动，邀请家人或同学一起配音，也可一人给多人配音。在班级群上传影视剧视频或配图＋配音（1分钟）。

【设计意图】录制音频和视频的作业方式，将静态的文字转化为立体的视听资源，学生学习更加自然，展示更加便利。学习维度的延伸、学习广度的拓宽让学生浸润古典名著中，培养健康的审美情趣。

任务三："名著故事我改编"——小组合作改编剧本

（1）研究留白点，细写提示语，创作富有个性的人物对话。

（2）借助"人物表情、动作、心理活动等细节表现人物内心"的单元语文要素，指导学生尝试改编课本剧剧本。

（3）评选优秀的剧本，打印出来给同学传阅，师生打分评级。

【设计意图】创作类作业体现新课标阅读铺路、读写结合的理念。创设与学生生活关联的情境，强化学用结合、知行结合，实现核心素养的提升。学生通过改编剧本、精读文本，思考筹划表现形式，深刻理解人物、情节，推动中国古典经典名著和传统文化的学习。

任务四："名著故事我们演"——自由招募，创意表演

（1）各组确定表演内容，自由招募演员、剧组工作者。

（2）组长带领审阅、确定剧本，准备好道具、服装及舞台的布置，开展排练、预演，打磨作品质量。

（3）开展"四大名著经典故事展演"活动，评选最佳创意剧、最佳剧组。

借助学校"码行天下"平台展示活动成果，为学生提供创作、展示、研讨和交流的平台。

【设计意图】课本剧表演以小组为单位，发挥特长，合理分工，通过表演体验，提升语言运用力、想象创造力、肢体表现力和团队合作能力。学生通过课本剧创意表演，养成独立思考、合作探究、思辨创新的学习品质，情感、态度、价值观得到启迪。

任务五："人文符号解内涵"——探究体验交流会

在古典名著单元教学中，我们适度拓展，引导学生查阅资料，增加课堂文化载体，开阔文化视野，理解传统价值观、文化观。

（1）【必做】拓展作业：你知道唐僧师徒四人的法号和由来吗？

探究"取经法号及由来"，感受中国传统文化的道德价值体系。

（2）【选做】拓展探究：唐僧师徒四人修得正果的封号及你的认识。

唐僧师徒四人法号及由来、封号及认识的探究中，学生了解了唐僧师徒四人都是戴罪之身，等待解救或自救，都选择用求取真经的办法将功补过。在探究过程中，学生深度思维，认识到《西游记》是历险记，也是人的精神成长史，引领学生人格成长。

【设计意图】人文符号的拓展探究作业将课内阅读引向课外，由一篇课文引入对整本书的阅读，拓宽学生的文化视域。引导学生通过梳理、调查、讨论等方法习得知识，获得经验，形成创新力，多维度培养学生的核心素养。

（3）【选做】探究体验："名著的茶酒文化"——研究体验我汇报。

寻找名著中感兴趣的传统文化元素，确定茶文化的探究点，通过梳理《红楼梦》茶的文字片段或《三国演义》酒的文字片段，体验茶礼、酒礼，探究茶意酒语，调查了解中国的茶文化、酒文化。

【设计意图】体验探究作业依据学生的兴趣爱好来设计，贴近生活形式活泼，利于激发学参与的积极性，引导学生感受中华传统文化内涵，理解人文精神和民族价值体系。

（4）【选做】学写报告：《红楼梦》茶文化、《三国演义》酒文化——研

究报告来写。

【设计意图】名著中文化符号调查报告的作业设计，指向文化理解与传承的语文学科核心素养。紧扣课标掌握查找、引用资料的基本方法，梳理分析问题，尝试独立或合作写出简单的研究报告。

七、作业评价

综合作业的评价方式采用多元评价共进：教师对学生的评价，家长对学生的评价，学生之间、小组之间的评价。阅读评价主要引导学生从阅读方法、阅读习惯等方面促进自我反思、自我改进。

我们结合单元训练要素，师生共同制定评价要点，指向学生能力的评价标准，为学生提供学习支架。例如，课本剧评价注重学生情境中语言运用的实际表现，评价中引导学生注重剧中人物、情景呈现、创意表现效果等。

发挥过程性评价的激励作用，评价设置延时期。激励学生关注活动过程，不断改进。促进学生的能力发展。改进评价方式，借助问卷星、学校"码行天下"，以问卷、扫码方式评价，参看线上点击量、留言好评度，综合评奖。通过云平台记录学生综合实践活动全过程，实现实践作业评价的数字化、过程化。评价做到及时公正，物质奖励与精神奖励结合。评价注重学习成果的整理总结，综合实践类作业以班级传阅、年级展览、校码空间展示形式推广。

八、活动小结

"走进四大名著"大单元综合性学习作业，学习情境与真实生活结合，设计、组织多样语文实践活动，提供足够的资源、清晰的学习路径。目的是建立读书共同体，交流分享阅读经验，推动学生持续阅读整本书。激发学生阅读探究古典文学作品兴趣。

主题演讲、人物造型、剧本改编、创意表演，不同类型、不同维度的作业，既尊重学生的个性兴趣，又有助于发挥学生特长。让不同层次学生在自主、合作、探究的学习过程中获得成功体验，寻找到价值感与成就感，因此，获得了同学们的喜欢和好评，学生乐学、好学、善学。

整本书阅读视域下的古典名著单元综合性学习作业设计，在学生和古典名著间架起一座生命体验与人生经验的桥梁。实践型、跨学科、长周期的大单元综合类作业应用，为学生提供自由探索的空间。我们带领学生进行古典名著之旅，以文化人，培养学生的传统文化认同感，促其精神强大，核心素养提升。

附：

"走进四大名著"大单元综合性学习作业实施过程说明

作业设计指导理念

《义务教育语文课程标准（2022年版）》将整本书阅读单独设为拓展型学习任务群。强调引导学生积累整本书阅读经验，养成良好阅读习惯，提高整体认知能力，丰富精神世界。

基于新课标素养导向的观念，我们将整本书阅读与语文教材的学习、跨学科学习及生活实践进行整合，开展整本书阅读视域下大单元综合作业的设计与实践探索。

本作业案例聚焦单元主题，创设"走进四大名著"学习情境，确立感受古典名著魅力的主题任务。对学习内容进行整合、开发，形成有明确单元目标、任务、活动、评价要素，有多种课型的综合性学习作业设计。力求通过阅读理解、拓展探究、创意表达三个维度，完成任务群指向的单元语文要素，发展核心素养。

作业实施过程说明

一、作业设计的融合性

"走进古典名著"综合作业体现学科融合，实现知识融通，达到减负增效目的。语文课堂、国学社团、综合实践"三个课堂"深度融合，促使学生多角度、多时空体验、思考、探究问题，养成勤学善思的学习品质。

二、作业实施的情境化

传统文化回归背景下，结合学科特点，围绕单元主题，我们创设"感受名著魅力"学习情境，整合单元内容，以任务群形式推进各层级作业。作业内容的自选，学习情境与真实生活结合，激发持续阅读古典名著的兴趣，促进积极完成作业，在阅读实践中巩固所学知识，促进思维发展，让学生感受古典文学的魅力。

三、作业过程的分层化

根据因材施教教学原则，作业分层突出趣味性、针对性、延展性。主题演讲、人物造型、剧本改编、创意表演等不同类型、维度作业的逐步应用，尊重学生个性差异，发挥学生特长。让不同层次学生在自主、合作、探究的学习过程中获得成功体验，对作业产生浓厚兴趣，乐于参与、体验作业应用过程。

四、作业完成的开放性

尊重个体差异，面向每一个学生，促进个性发展。实践型、长周期的大单元综合类作业实施，为学生提供自由阅读探索的空间。学生在完成作业过程中，自由组队，尝试运用所学各科知识与能力、经历学习活动过程，养成独立思考、合作探究、思辨创新的学习品质，情感、态度、价值观得到启迪。

例如，《武松打虎》创意课本剧，演员现场扩容、即兴发挥，问卷星评价度高。

作业实施过程推进

（1）前置作业："前置作业单"课前检查交流，帮助学生进一步理解课文。前置作业单强化问和思，设计整合生词摘抄、词义理解、人物关系和资料查阅，暗含学习方法的指导，激发学生学习兴趣，培养学生课前预习的习惯和自学能力，整体指向语文综合能力的培养。

（2）基础作业：以书面短时作业、独立、分层作业为主。《创优作业》课后学生独立完成，教师批改，学生纠错。

例如，古代白话文生僻词替换理解，重视学法迁移练习。又如："我眼中的三国 | 水浒人物之——"课前5分钟演讲和"我喜欢的名著人物"小报。要求有根有据地评说名著人物，体会人物形象，感悟写法和语言特色，激发学生精读名著兴趣。

（3）拓展作业：学生自主选择拓展探究题，班级交流、点评、修改。

例如，《红楼春趣》选作作业。

①拓展阅读：《红楼梦》第四十一回　栊翠庵茶品梅花雪

②调查探究：你知道《红楼梦》中关于茶的描写有多少处吗？请读一读这些情节，查阅相关资料，写一写你对茶文化的了解。

对茶文化的了解，指向文化理解与传承的语文学科核心素养，同时紧扣新课标掌握查找资料的基本方法，筛选、梳理、分析问题，交流探讨，形成正确认知。鼓励学生学习第三单元调查报告，在教师指导下小组合作完成《红楼梦》的"茶文化"小课题调查研究报告。

（4）综合实践作业：在注重古典名著阅读综合性学习的开放性和思维深度的同时，追求传统文化活动的传承和人文内涵的理解应用。

例如，围绕"忙趁东风放纸鸢"主题开展学科融合性综合活动，通过研读美好寓意、设计美好造型、绘制美好图样、体验美好内涵，学生自主探索、发现、操作、体验放风筝民俗活动的文化内涵。

第一课堂：语文课阅读《红楼春趣》，理解放风筝情节表现的大观园少男少女追求自由生活的美好愿望，探究风筝造型的寓意；

科学课了解骨架原理，学习制作不同风筝造型；

美术课鉴赏、设计、绘制风筝图样；

体育课学习放飞风筝的技术技巧。

第二课堂：国学社团研读《红楼春趣》风筝造型与人物命运的隐喻。排演课本剧《红楼春趣》《刘姥姥进大观园》，将优秀剧目分享到学校"码行天下"。

第三课堂：开展"三月三上巳节放风筝"亲子活动，上传照片，发表感言。

大单元综合作业设计创设学习情境，尊重学生个性差异，发挥学生特长，激发学生持续阅读古典名著的兴趣，在阅读实践中巩固所学知识，促进思维发展，让学生感受古典文学的魅力，达到减负增效目的。

实施过程改进反思

《义务教育课程方案和课程标准（2022年版）》秉承核心素养导向，提出加强课程的综合，注重关联，变革育人方式，突出实践这两条基本原则。

本案例按照《义务教育课程方案和课程标准（2022年版）》推进综合学习要求，针对全体学生，注重作业育人功能，通过对单元内容的梳理与整合，以结构化的任务、项目、问题为牵引，通过多样化的语文实践活动，推进深度阅读古典名著，促进学生核心素养的形成。

优点：

（1）注重素养导向功能。以"感受古典名著魅力"为主任务，以长周期、合作性、实践性、探究性和跨学科作业的设计突破常规作业的枯燥，通过作业应用，促进学生知识理解、方法掌握、能力发展和习惯形成。

（2）作业类型多样可选。阅读交流类作业——检索信息、演讲思辨；实践类作业——风筝制作、排演课本剧；探究类作业——梳理调研茶酒文化，形成报告，实现读写做一体化，分层分类作业满足不同水平、不同认知偏好学生的需求。

（3）注重数字化应用。借助学校"码行天下"平台，整理加工古典名著"悦读"活动生成性资源，形成名著"悦读"活动码书，师生家长扫码随时学习评价。促进学习方式的转变，丰富活动课程的内容。

例如，两次《西游记》悦读分享直播和学生解读"紧箍咒"的微视频被分享在"码行天下"，引起更大范围的再思考、再讨论，促进了名著阅读的多元互动，培养了学生阅读古典名著的持续兴趣，有助于打造整本书的深度阅读学习。

不足和改进：

（1）不同学习水平题量分布的科学性、切合性有待提高。

（2）加强数字化信息技术评价应用，以强化体验实践作业、合作开放性作业，推动跨学科作业应用。

（3）名著阅读综合作业思辨度不够。后期引导学生寻找感兴趣的阅读元素，提炼信息、关联重组阅读内容，理解文化内涵，形成思辨意识，感悟阅读方法。

例如，导读课教学生读回目解析名著要义，点读脍炙人口的情节，激发阅读兴趣。为推进长周期的名著精读思辨，设计"否定与超越"探究主题激活阅读力。例如，《西游记》推进课通过梳理悟空名号身份变化，联系故事情节，感受孙悟空的精神成长。关联学生"成长的烦恼"，引领学生自觉省察改变，促进精神成长。

2022年寒假开展两场"揭秘紧箍咒"线上深读交流会，定向解读"紧箍咒"文化密码。要求学生梳理整本书相关情节描写，在西天取经路线图上标注悟空离开唐僧次数。引导学生从时空角度、人物关系角度梳理内容，深度理解"紧箍咒"的象征意义，体会古典名著文化符号的内涵。

整本书阅读视域下，"走进四大名著"大单元综合性学习作业设计和应用，经历一年的教学实践探索和改进，取得一定效果。学生自主阅读古典名著，养成阅读思辨习惯，探究感兴趣话题，积累整本书阅读经验，丰富自我精神世界。

教学论文《古典名著"悦读"推进策略》获名师优课2022教学设计二等奖。

附件目录：

附件1：五下第二单元知识结构图（略）

附件2：五下第二单元创优作业（略）

附件3：《红楼春趣》一日作业设计说明（略）

附件4：名著单元学生作业+教师评改+综合展示（略）

附件5：《红楼梦》茶具研究报告——马亦凝小组（略）

附件6：《红楼梦》茶之水调查报告——姚奕小组（略）

附件7：五四班课本剧成果评价——默认报告（略）

附件8：2023年名著"悦读"码书（略）

附件9：获奖论文《古典名著"悦读"推进策略》（略）

"忙趁东风放纸鸢"跨学科主题学习课程规划表

姓名	高华 姬雨 蔡娜 夏聪	学校	西咸新区 沣西第一小学	年级	五年级
跨学科主题学习名称	"忙趁东风放纸鸢"跨学科主题学习案例 ——体验、感知、传承风筝文化				
跨学科主题学习涉及学科	涉及学科：语文、科学、美术、体育 　　风筝课程研发小组，语文认识风筝文化，科学侧重风筝制作，美术专攻风筝绘画，体育主打风筝运动的教学分工				
跨学科主题学习任务	阅读理解古典名著中的风筝意象，认识风筝文化；学会设计、制作风筝，培养学生手脑协调能力；指导学生体验风筝升空的空气动力学原理，锻炼解决问题的能力，同时获得文化体验				
跨学科主题学习目标	读《红楼梦》认识风筝文化；了解风筝类型和样式特征，完成骨架制作；欣赏风筝彩绘图，设计彩绘，寄寓美好的风筝图；掌握放飞风筝的技巧，体验放风筝乐趣，感受民俗文化				

课程实施规划		
学习主题任务	实践任务	课时
选题	"忙趁东风放纸鸢"跨学科主题学习 ——体验、感知、传承风筝文化	

续上表

课程实施规划		
学习主题任务	实践任务	课时
规划	设计意图：《义务教育语文课程标准（2022年版）》中指出：要增强课程资源意识，充分发挥自身优势，积极利用和开发各类课程资源。 　　我借助的资源是五年级下册第二单元"古典名著"单元，依托《红楼春趣》文本，设计"忙趁东风放纸鸢"跨学科主题学习。 　　活动前学生查阅资料了解风筝起源、历史、诗词、故事等，初步感受风筝文化；语文课阅读风筝相关情节，探究风筝意象，认识风筝文化；科学课设计、制作风筝骨架，认识骨架对称原理；美术课设计传统风筝图案，渗透审美教育；体育课放飞实验，了解空气动力学原理。激发学生对传统民俗文化的探究热情，深入体验、感知、传承"风筝文化"。 　　围绕"忙趁东风放纸鸢"开展学科融合性综合活动，学生自主探索、发现、操作、体验放风筝民俗活动，感受、理解、传承风筝文化。 　　研读美好寓意 　　设计美好造型 　　绘制美好图样 　　体验美好内涵	
实施	第一课堂： 　　以"《红楼梦》中的风筝"为学习情境，阅读相关情节，理解风筝样式寓意、探究风筝意象，认识风筝民俗文化，激发阅读古典名著的兴趣。 　　科学课了解骨架原理，学习制作风筝造型；美术课鉴赏、设计、绘制风筝图样； 　　体育课学习、研究放飞风筝的技术技巧。 第二课堂（附课题研究报告）： 　　国学社团：《红楼梦》茶文化小课题研究。 第三课堂： 　　"三月三上巳节放风筝"亲子活动，班级QQ群相册上传活动照附感言，感受传统活动魅力，体会民俗文化传承	

续上表

课程实施规划		
学习主题任务	实践任务	课时
总结	本案例创设"忙趁东风放纸鸢"学习情境，组合四个学科，设计开展"风筝文化"跨学科主题学习活动。强化学科融合课的综合性和实践性，注重德育为先，提升智育，落实体育美育和劳动教育，着力发展学生核心素养，增强学生对传统文化的认同和理解。	

附件1：

"忙趁东风放纸鸢"跨学科主题学习课时教学设计表

第一课时：《红楼梦》中的风筝	
学习任务	以"《红楼梦》中的风筝"为学习情境，阅读相关情节，理解风筝造型寓意、探究风筝意象，认识风筝民俗文化
学习目标	1. 群文阅读《红楼梦》风筝章节，感受风筝与人物命运的关联，理解风筝样式的寓意； 2. 探究《红楼梦》的风筝意象，认识风筝文化； 3. "猜谜式"阅读《红楼梦》，体会伏笔之妙，激发学生阅读兴趣
重点难点	重点：群文阅读风筝情节，感受风筝与人物命运的关联。 难点：1. 了解风筝样式的寓意和放风筝的民俗文化，感悟风筝意象，认识《红楼梦》以风筝为意象的作用； 2. 体会伏笔之妙，激发学生自主阅读《红楼梦》的兴趣
学情分析	五年级学生中阅读古典名著《红楼梦》的寥寥无几。课前让学生观看影视片，了解课本中的人物和情节。查阅资料了解《红楼梦》的文学地位、作者、创作背景、相关风筝情节。为学生学习"《红楼梦》中的风筝"做好铺垫。风筝，作为中国古代文学的重要意象，在《红楼梦》反复出现。聚焦"风筝"，引导学生探究风筝包含的意义、承载的情感，为激发学生课外自主阅读《红楼梦》的兴趣打下基础

续上表

教学过程			
任务1：了解风筝的历史文化			
设计意图	学生活动	教师组织	学业要求
借助网络资源，筛选、整合、多角度呈现对信息的解读	完成前置性学习：查阅有关风筝的起源、历史、故事、诗歌、骨架科学原理等资料，了解风筝文化	布置前置作业：查阅有关风筝的资料，设计完成风筝小报	经过收集资料，以"放飞风筝，放飞梦想"主题小报实物展现自己对风筝文化的初步认识
任务2：理解风筝造型寓意			
设计意图	学生活动	教师组织	学业要求
风筝，反复出现在《红楼梦》中，成为金陵十二钗命运的象征。引导学生关注风筝样式与人物命运的关联，认识风筝承载的情感作用	1. 连线，感受图案的祈吉盼福 宝玉：美人风筝 黛玉：美人风筝 宝钗：七个大雁 探春：软翅凤凰 宝琴：蝙蝠风筝 2. 小组交流发现 黛玉：美人风筝（如花似玉）； 宝琴：蝙蝠风筝（幸福绵延）； 宝钗：七个大雁（宝钗被抛弃）； 宝玉：美人风筝（追求美人） 探春：软翅凤凰（出身高贵，远嫁番王）。 埋下伏笔	1. 梳理第七十回中风筝与人物，感受放飞的美好心愿； 2. 反复看这些人和风筝，说说风筝造型与主人命运有什么关联？ 思考：风筝样式为人命运发展起何作用？	1. 理解风筝造型的寓意，感受大观园少男少女对美好生活的追求； 2. 感悟风筝样式与人物命运的关联

续上表

任务3：认识风筝意象			
设计意图	学生活动	教师组织	学业要求
引导探究名著中的重要意象——风筝，深入理解"风筝文化"。激发学生自主阅读《红楼梦》的兴趣	1. 交流：放风筝的两种意思：一是放飞，寄托美好愿望；二是放"晦气"，带走病根。 2. 阅读链接，小组探究：放风筝结果与人物命运的关系，认识埋伏笔的写法，让阅读有趣味。 拓展阅读小组探究：探春远嫁与"凤凰"风筝有什么关联？ 3. 总结认识风筝意象在《红楼梦》中的作用：用猜谜方法课外阅读《红楼梦》	1."放风筝"有哪两种意思？ 2. 讨论：风筝放不起来有何特殊含义？ 示阅读链接："黛玉病死，宝玉宝钗成亲"结局。第七十回放风筝有什么暗示？ 小结：埋下伏笔。 3. 交流：探春"凤凰"风筝又埋下怎样的伏笔？拓展阅读"探春远嫁"。 4. 小结：《红楼梦》借风筝意象，用伏笔写命运	1. 聚焦《红楼梦》中的风筝结局与人物命运走向的关联，研读风筝的含义，感悟风筝在《红楼梦》中的重要意象作用。 2. 运用阅读名著的猜谜方法，激发学生课外阅读《红楼梦》的兴趣

第二课时	
学习任务	了解风筝的起源，通过观察风筝不同的样式归纳总结风筝的基本组成，总结风筝的制作原理并尝试制作一个风筝
学习目标	1. 通过观察风筝不同的样式，能够归纳总结出风筝的基本组成结构。 2. 根据风筝的造型特点，总结风筝制作的主要原理。 3. 能选择合适的工具和材料，小组合作进行设计、扎制风筝。 4. 通过学习活动，培养学生勇于创新、敢于探索、乐于动手的习惯

续上表

重点 难点	重点：通过观察风筝不同的样式，归纳总结风筝的基本组成结构，并尝试制作一个风筝。 难点：根据风筝的造型特点，总结风筝的制作原理及制作方法
学情 分析	学生对风筝比较熟悉，无论是哪一个孩子，让他说一说自己见过或了解的风筝，他都能够说出很多，有了这些感性的材料和丰富的生活基础，再来探讨这个话题，学生会有较强的兴趣和获得知识的欲望，部分学生能主动地在课下收集资料，有一定的合作学习和探究学习的基本能力。针对学生的这一特点进行教学，会大大提升学生课堂学习的成效

教学过程

任务1：了解风筝的起源

设计意图	学生活动	教师组织	学业要求
唤起学生对我国传统文化的了解，激发学生对风筝制作的热情，增强学生的文化自信	课前，通过查找资料了解风筝的起源，课上分享、展示成果	帮助学生获取资料，指导、启发学生总结分享风筝的起源	能够查找资料，了解风筝的起源及知道风筝起源于中国，经鲁班对风筝进行改进，形成了如今的多线风筝

任务2：学习风筝的结构组成

设计意图	学生活动	教师组织	学业要求
学科融合，通过具化的风筝样式提高学生的观察、总结能力、小组合作能力等	观察大鱼、大螃蟹、翅子大凤凰风筝、大红蝙蝠风筝、一连七个的大雁风筝、美人风筝，小组讨论，从科学角度说出你的发现，思考风筝由什么结构组成	出示文中风筝图片，组织学生小组讨论，总结风筝的结构：骨架、尾巴、风筝面、提线、放飞线	能根据观察说出风筝的结构，在小组讨论后能知道风筝的组成：骨架、尾巴、风筝面、提线、放飞线

续上表

任务3：观察风筝的结构特点			
设计意图	学生活动	教师组织	学业要求
培养学生观察、分析能力，激发学生的学习兴趣	观察各种形状的风筝，分析风筝的结构特点	出示各种形状的风筝，让学生观察、分析风筝的结构特点	为保证在空中平稳的飞行，制作的过程中，一定要注意风筝的对称

任务4：设计风筝的结构及制作			
设计意图	学生活动	教师组织	学业要求
增强学生勇于探索、敢于创新的意识，提高学生的实际操作能力	根据学习的原理，设计属于自己的风筝形状，并选材、制作、测试、迭代更新	基本掌握风筝的制作方法后，迁移发散，让他们发挥聪明才智，设计、制作一个风筝，提示制作的要点：对称、绑结实、四边留余地、安全。测试、迭代更新	设计、制作、测试、迭代更新，完成一个结实、可飞行的风筝结构搭建

第三课时	
学习任务	了解风筝的起源，通过观察风筝不同时期的装饰风格，总结风筝的样式并尝试创作一个既结合传统元素又有创新的风筝
学习目标	1. 通过观察风筝不同时期的纹样，能够归纳总结出风筝的传统样式。 2. 根据风筝的造型特点，创作有特色的纹样及造型。 3. 小组合作进行设计、创作绘画风筝。 4. 通过学习活动，培养学生的审美能力以及热爱传统文化、勇于创新的精神

续上表

重点难点	重点：通过观察风筝不同时期的纹样，归纳总结风筝的纹样特征，并尝试创作绘画一个风筝上的纹样。 难点：根据风筝的造型特点，画出既有传统风格又有创新特色的风筝纹饰
学情分析	风筝是春天学生常见的玩具，学生都能够说出很多风筝的样式，在这些认知和生活基础上，学生会有较强的创作兴趣，但学生对风筝起源及风筝在不同时期的传统纹样了解不多。针对学生的这一特点进行教学，引导学生了解传统纹饰特点，明白传统纹饰的色彩、造型之美，在此基础上进行大胆创新，勇于创作

教学过程

任务1：了解风筝的起源

设计意图	学生活动	教师组织	学业要求
引发学生对传统纹饰的了解，激发学生对风筝创作绘画的热情，提高学生的审美能力	前置课程，查找资料，了解风筝的传统纹样有哪些，课上分享	引导学生收集资料，指导、启发学生总结风筝传统纹样的特点	查找资料，了解风筝的传统纹饰特点。传统的中国风筝，随处可见吉祥寓意："福寿双全、龙凤呈祥、百蝶闹春、鲤鱼跳龙门、麻姑献寿、百鸟朝凤、连年有鱼、四季平安等，无不表现人们对美好生活的向往和憧憬。要求以求福、长寿、喜庆、吉祥为主题进行创作

续上表

任务2：学习传统风筝的纹样、色彩特点			
设计意图	学生活动	教师组织	学业要求
学科融合，通过分析不同的风筝样式，提高学生审美能力、创作能力、小组合作能力等	观察不同时期的风筝，小组讨论，从美术角度说出不同时期风筝的纹饰在色彩、造型上有哪些相似与不同，思考不同结构的风筝适合绘画哪些纹饰及造型	展示《红楼梦》中风筝图片，组织学生讨论，总结风筝的造型、纹饰、色彩等特点	根据观察说出风筝的样式、纹饰特点，在小组讨论后能知道风筝根据骨架造型的不同可以赋予不同的造型及色彩

任务3：观察风筝的造型特点			
设计意图	学生活动	教师组织	学业要求
培养学生观察、分析的能力，激发学生的学习兴趣	观察各种形状的风筝，发挥创意，给不同造型的风筝画出有创意的纹样	出示各种形状的风筝，让学生观察、分析不同结构的风筝可以如何进行绘画创作	学生能够根据不同骨架结构发挥想象，绘画的过程中，能够结合传统来创意

任务4：设计风筝的绘画造型			
设计意图	学生活动	教师组织	学业要求
培养学生敢于创新的意识，提高学生的审美能力	根据学习的传统纹饰及自己风筝骨架的特点，设计绘画自己的风筝样式，选择合适的材料进行创作绘画	掌握风筝的基本绘画方法，引导学生创作风筝，提出创作要求：有创意、结合传统、有细节、色彩和谐	完成一个色彩和谐、有创意、可飞行的风筝

129

第四课时

学习任务	学会放风筝的正确方法，体会其中的乐趣，练习快速奔跑的能力；学会按一定的规则放风筝；学会与他人合作的团队意识
学习目标	1. 教会学生放风筝的正确方法，体会其中的乐趣，练习快速奔跑的能力。 2. 学会按一定的规则放风筝。 3. 培养学生一定的自我保护意识，培养学生与他人合作的团队意识。 4. 激发学生对大自然、对美好生活的向往
重点难点	重点：教会学生放风筝的正确方法，体会其中的乐趣。 难点：培养学生与他人合作的团队意识，激发学生对大自然、对美好生活的向往
学情分析	学生有了一定的奔跑能力，对放风筝这项活动也有一定的认识，对风筝也比较熟悉，对放风筝有着浓厚的兴趣。通过前面的课程也对风筝的制作等有了更深的了解，学生更愿意将自己亲手制作的风筝放飞。但是由于学生的积极性过高，所以自控能力会降低，容易造成安全隐患。需要教师进行正确引导，从而达到科学锻炼和提高学生对传统运动兴趣的目的

教学过程

任务1：热身准备

设计意图	学生活动	教师组织	学业要求
充分热身，为之后的活动做好准备，避免运动损伤	慢跑热身、做徒手操	口令清晰，组织有序	要求：队列整齐，动作标准，精神饱满，注意力集中

续上表

任务2：奔跑初体验			
设计意图	学生活动	教师组织	学业要求
培养学生探究问题、解决问题的能力，培养学生与他人沟通合作的能力，提高学生的团队意识	学生分为六个小组，通过不同方向的奔跑初次体验放飞风筝，然后讨论出往哪个方向奔跑可以正确放飞风筝。（引出迎风跑。）	教师讲清规则，学生听哨音统一行动。有效组织，强调安全	体验三次后，体会到迎风跑能更好地使风筝飞向天空

任务3：探究放飞技巧			
设计意图	学生活动	教师组织	学业要求
发展学生的奔跑能力。培养学生探究问题、解决问题的能力，培养学生与他人沟通合作的能力，提高学生的团队意识	小组成员进行依次放飞体验。观察并讨论：谁的风筝放得好？谁的风筝没有放起来，为什么没放起来？怎样才能让风筝飞上去？ 通过讨论—体验—再讨论—再体验的模式，让学生学会放飞风筝，发展学生的奔跑能力	组织学生进行安全奔跑和有效讨论。鼓励学生互相评价、互相鼓励。引导学生互相帮助，克服困难，积极解决问题，从而放飞风筝	积极参与小组讨论，认真观察，互相帮助，互相鼓励，努力完成老师的练习任务，解决放飞风筝过程中出现的问题

任务4：总结与放松			
设计意图	学生活动	教师组织	学业要求
总结经验，了解团队的意义，体验放飞乐趣和成就感。充分放松肌肉，科学锻炼	小组总结出放飞风筝的技巧。 和老师一起做放松操	带领学生进行放松操练习。总结学生本节课的表现，表扬及鼓励学生。引导学生在之后的生活中积极主动地合作探究	基本掌握放飞风筝的技巧，放飞自制风筝，积极主动参与练习与合作

附件 2：

"忙趁东风放纸鸢"跨学科主题学习学生活动手册

跨学科主题学习名称："忙趁东风放纸鸢"跨学科主题学习	
第一课时：《红楼梦》中的风筝	
导言	《红楼梦》中生僻词较多，人物关系复杂，学生阅读有难度。为达到激发学生阅读古典名著兴趣的目的，我们寻找学生的阅读兴趣点，聚焦于物象"风筝"。通过阅读《红楼梦》中风筝的相关章节，进行"风筝"意象解读。同时，通过美术、科学、体育学科融合教学，让学生感受放风筝这一民俗活动，认识风筝文化，激发学生课外自主阅读《红楼梦》的兴趣
核心问题	探究《红楼梦》风筝意象，认识风筝文化
学习目标	1. 群文阅读《红楼梦》第五回、第二十三回、第七十回风筝情节，感悟风筝与人物命运的关联，理解风筝样式的寓意； 2. 探究《红楼梦》中的风筝意象，认识风筝文化； 3. 激发学生自主阅读古典名著《红楼梦》的兴趣
学习内容	1. 文本学习：群文阅读《红楼梦》第五回、第二十三回、第七十回风筝情节； 2. 探究学习：小组研讨探究风筝意象，感悟风筝与人物命运的关联，理解风筝造型的寓意，认识文中风筝的意象； 3. 研讨交流：风筝小报展评，风筝图案设计稿交流会
过程引导	《红楼梦》人物关系复杂，读来艰涩。聚焦风筝意象解读，让阅读《红楼梦》更有趣，享受探究与发现的喜悦。 1. 前置学习阶段：借助网络资源，以风筝知识小报形式呈现对风筝文化的初步认识。注意筛选提炼信息、简明扼要地表达对信息的解读。 2. 群文阅读阶段：阅读第七十回，学生能理解风筝样式的美好寓意，感受大观园少男少女对美好生活的追求；风筝与命运关联感悟需要链接第五回、第二十三回情节，进行群文阅读比对感悟

续上表

过程引导	3. 自主探究阶段：聚焦《红楼梦》中风筝与人物命运走向的关联，研读风筝的含义，感悟风筝承载的情感。完成风筝和命运主题小报、风筝样式设计稿。 4. 交流分享阶段：小组策划设计活动方案、借助学校"码行天下"平台，分享"风筝文化"研学成果。 5. 拓展阅读阶段："猜谜式"阅读《红楼梦》中其他人物，体会伏笔之妙，享受阅读乐趣。 课后推荐学习资源：喜马拉雅《蒋勋细说红楼梦》
成果展示	前置作业："放飞风筝　放飞理想"小报     探究作业一："红楼人物与风筝"小报  

续上表

探究作业二：风筝样式设计稿

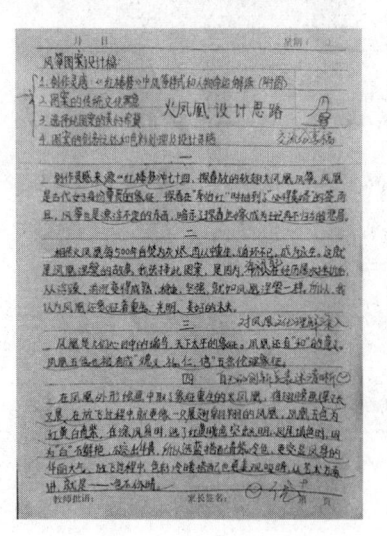

续上表

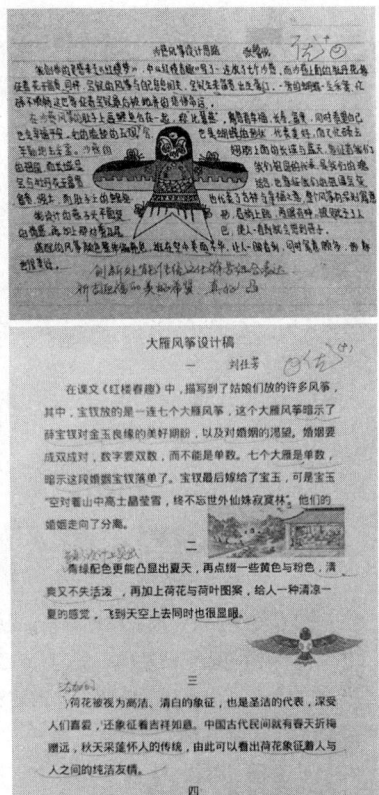

成果分享一：《红楼梦》悦读趣配音活动

"听我的名著配音"——宝钗之痛

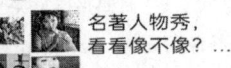

趣配音

名著人物秀，
看看像不像？…
共4张

成果分享二："红楼悦读"我展示

续上表

学习评价	教师评价对象是全体学生。评价内容包含学生学习过程中的学习态度、行为表现以及课堂学习阶段的达成度等。通过阅读、交流、探究、展示等方式，了解学生对风筝文化的认识程度，关注学情，及时调整教学策略。 通过阅读风筝相关情节，学生理解风筝的美好寓意，认识风筝文化。探究学习风筝意象的作用，激发学生阅读古典名著的兴趣

说明：

1. 一个案例就是完整的一课，如果案例需要多个课时，学生活动手册就需要分课时写。

2. 如某些内容来源于期刊、书籍、网站，务必加脚注注明参考文献。

附：茶文化课题研究报告截图（第二课堂：国学社团活动成果）

关于《红楼梦》"茶之水"的调查报告（姚奕小组）

一、问题提出

《红楼梦》对茶有很突出的描写,提到茶事的文字有260余处。茶道讲色、香、味、器、礼,水则是色、香、味三者的体现。泡茶的水有什么讲究,不同的水会泡出不同的味吗? 带着这些问题,我们小组开展了调查研究。

二、研究方法

1. 整理《红楼梦》关于茶的文字描写

2. 查阅茶之水文献资料

3. 调查采访专业人员

三、资料整理

对于经常喝茶的人来说,水的选择是极其重要的。苏庠的《十六汤品》记载："汤者,茶之司命也。"

1. 第二十三回宝玉写《四时即兴诗》关于品茶用水：炎夏时,采撷荷叶上的露珠,"琥珀杯倾荷露清,玻璃槛纳柳风凉"（夏天采集荷叶的露珠泡茶）。"却喜待儿试茗,扫将新雪及时烹"（冬天用扫来的新雪泡茶）。

2. 第四十一回《品茶栊翠庵》中讲到了泡茶的水,黛玉问妙玉："这也是旧年的雨水？"妙玉毫不客气地冷笑道："这是我五年前在玄墓蟠香寺住着,收的梅花上的雪,总舍不得吃。"

妙玉给贾母泡茶用的是旧年蠲的雨水,而给宝、黛、钗三人用的是梅花上的雪水。妙玉认为梅花雪水是上品,她说"总舍不得吃"。雨水是次品,"隔年蠲的雨水那有这样轻浮,如何吃得。"斥黛玉为俗人,尝不出水来。

《红楼梦》中采集夏露、冬雪泡茶,妙玉用雨水以及雪水煮茶是明清时期盛行的饮茶之道。

五、茶器图片

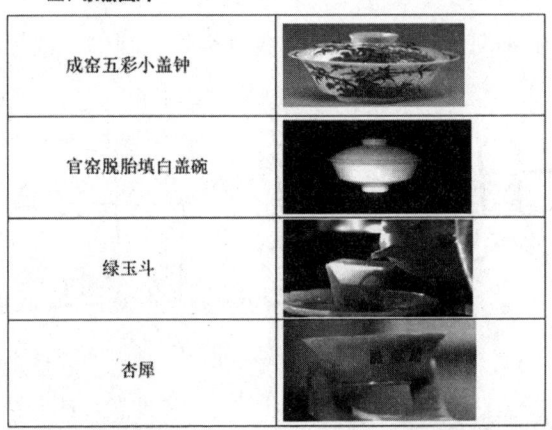

成窑五彩小盖钟	
官窑脱胎填白盖碗	
绿玉斗	
杏犀	

六、研究结论

古典名著《红楼梦》是一部百科全书,书中茶文化多有体现。《红楼梦》中的官宦人家对茶具尤为讲究,表现了雅致生活,另外表现了对喝茶的喜爱和讲究。

马亦凝小组
4月21日

跨学科主题学习名称:"忙趁东风放纸鸢"跨学科主题学习	
第二课时	
导言	了解历史、民俗,提高学生观察、总结能力,增强创新精神,培养学生的动手能力,制作完成风筝
核心问题	通过风筝的基本组成及结构特点,设计风筝的结构,并制作一个风筝
学习目标	1. 根据风筝的造型特点,设计风筝。 　　2. 能选择合适的工具和材料,小组合作设计、扎制风筝。 　　3. 让学生勇于创新、敢于探索、乐于动手
学习内容	根据风筝的基本组成结构小组,学生讨论科学地设计风筝,并制作风筝,知道注意事项
过程引导	制作风筝的步骤如下:要依据一定的比例大小,截取竹篾,并用细线将竹篾捆绑在一起做成骨架,然后用胶水粘牢(注意不要弄到手上!),再将骨架的边缘用线绳圈起来,在布上描痕,剪下风筝面。最后,用胶水将风筝面黏合在骨架上,注意不要留空隙;这样可以更好地利用风力

续上表

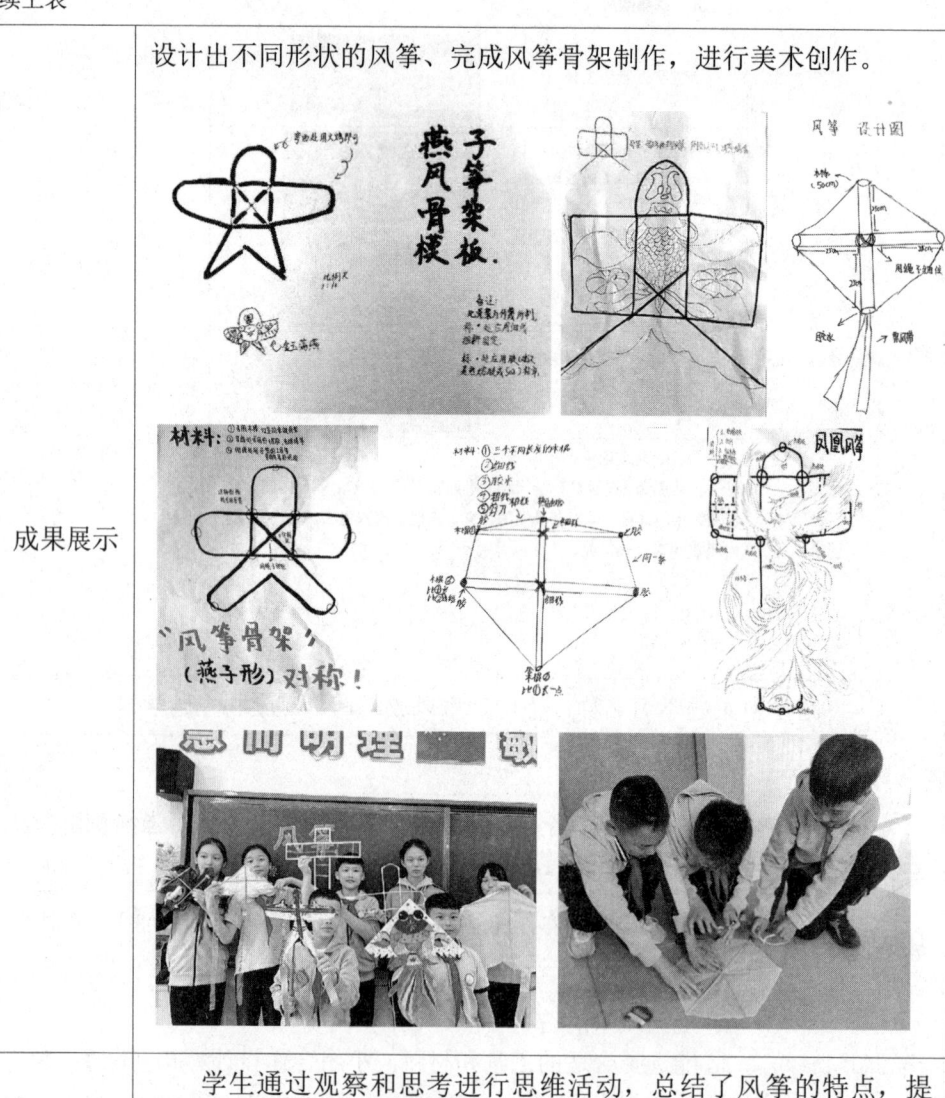

成果展示	设计出不同形状的风筝、完成风筝骨架制作，进行美术创作。
学习评价	学生通过观察和思考进行思维活动，总结了风筝的特点，提高了学生的观察力、想象力。教师通过制作风筝的形式来培养学生的动手操作能力和创新能力

跨学科主题学习名称："忙趁东风放纸鸢"跨学科主题学习	
第三课时	
导言	了解历史、民俗，提高学生创新、审美能力，增强创新精神，培养学生热爱传统文化的精神，绘画创作完成风筝

续上表

核心问题	通过了解风筝的传统纹饰特点，设计风筝的造型，并绘制一个风筝
学习目标	1. 根据风筝的骨架造型特点，绘制有特色的风筝。 2. 使用美术工具和材料，小组合作设计、绘画创作风筝。 3. 让学生能了解传统之美、勇于创新、乐于创作
学习内容	学生根据风筝的传统造型及纹样特点讨论如何创新，设计出有特色的风筝，大胆用色，绘制风筝上的纹样
过程引导	引导创作风筝步骤：依据传统风筝的纹样特点，结合自己风筝的样式，选取自己喜欢的纹样，然后用传统纹样进行大胆创新，在布上画下基本造型，最后用不同绘画材料上色绘制
成果展示	据科学课制作的风筝骨架，大胆创作，绘画不同纹样的风筝。
学习评价	学生通过观察和思考，了解传统风筝的样式特点，提高了观察力、审美力。教师通过绘画创作风筝激发学生对传统文化的热爱，培养学生的创新能力

跨学科主题学习名称："忙趁东风放纸鸢"跨学科主题学习	
第四课时	
导言	了解历史、民俗，发展学生奔跑的能力；提高学生思考问题、解决问题的能力，增强创新精神，培养学生热爱传统民俗文化，完成风筝的放飞
核心问题	通过实践体验与合作探究，解决试飞问题，体验放风筝的乐趣
学习目标	1. 学会放风筝的方法，体会其中的乐趣，练习快速奔跑的能力。 2. 学会迎风奔跑，调整奔跑速度与放线速度。 3. 培养学生自我保护意识，培养学生与他人合作的团队意识
学习内容	了解放风筝时的奔跑方向和奔跑速度与放风筝的关系，清楚规则，协调奔跑
过程引导	引导放飞风筝的步骤： 首先体验放飞自制风筝，了解风向与奔跑方向的关系；然后持风筝奔跑，了解奔跑速度与放线速度的关系；小组探究合作，齐心协力将风筝放飞起来
成果展示	
学习评价	通过实践体验与合作探究，完成风筝的试飞，体验放风筝的乐趣。遇到无法飞高或打转儿问题，小组探究解决问题，调整改进，提高解决问题的能力，增强创新精神，使学生热爱传统民俗活动，传承传统文化

粽香迎端午　汉服聚童彩

——五年级传统文化节日综合性学习课程案例

课程背景：

"粽香飘飘迎端午"活动课程是庆祝我国传统节日端午节的文化传承实践课程。农历五月初五的端午节，距今已经有两千多年的历史。端午节的习俗很讲究：挂钟馗像驱魔、挂艾叶菖蒲辟邪、赛龙舟、包粽子、吃粽子等，爱喝酒的人这一天也换成了雄黄酒。本课程正是挖掘这些历史文化资源，引导学生进行综合性学习。

在互联网、自媒体、全球经济文化共同体时代，让学生知道我们是谁、从哪里来，我们的祖先有哪些传统的文化，非常重要。本课程对传承我国传统的端午文化具有重要的意义，可让学生在浓浓的传统节日文化氛围浸润中感受我们祖先血脉中的文化自觉和文化自信。

根据新课程标准关于开展语文综合性学习的要求，我们开展"粽香迎端午　汉服聚童彩"综合性学习课程，理念是"实践参与，文化传承"，以丰富有趣的活动为载体，引领全校师生共同参与，让传统文化元素自然浸润学生心田，在弘扬与传承传统文化中培养学生的爱国情怀，弘扬社会主义核心价值观。

课程目标：

1. 了解端午来历、习俗，知道端午是祖国的传统节日，其文化内涵是爱国孝亲、驱邪避毒、乘龙发祥。

2. 了解爱国诗人屈原的事迹，感悟屈原的爱国情怀，学会朗诵端午相关的诗词歌赋，为祖国的传统文化感到骄傲和自豪。

3. 经历DIY粽子的过程，乐意与同伴分享。

课程内容：

本课程以"粽香迎端午"为主题，分三个板块开展活动。各班级可以依据活动开展情况做相应的调整。

（一）百科端午

学生通过查资料、办粘贴小报、手抄报了解和宣传端午的来历、习俗及文化内涵。

（二）文化端午

吟诵与端午相关的诗词歌赋，尤其是与屈原相关的内容，拉近学生和传统文化之间的距离。

（三）玩转端午

组织学生与家人一起经历DIY粽子的过程，并与同伴分享。

课程准备：

两周时间，学生课外分组收集整理资料、交流展示。

课程实施：

端午节一周，由学校德育处启动"粽香飘飘迎端午暨首届汉服节"活动，积极调动全校学生、老师、家长共同参与，全面接受一次传统文化的洗礼，促进学生成长为心怀祖国的新一代美少年。

课程启动：

利用周一晨会，学校进行启动仪式。

（一）百科端午——我眼中的端午

（1）利用课余时间，由班主任组织学生以小组为单位（4～6人为宜），通过上网查询、查阅资料等途径了解端午的来历、习俗及文化内涵，了解屈原及其爱国情怀。

（2）以小报的形式展示学习成果（剪贴报、手绘报或电脑制作小报，每班选5份上交）。

（二）玩转端午——粽子DIY

（1）利用课余时间，学生以小组为单位上网查询、学习粽子的制作方法。在老师指导下制作香囊、干花花束（学科融合综合性学习活动）。

（2）周五下午，学生在班上现场DIY粽子，制作中培养创新精神和实践能力，体会同伴合作互助的快乐。实物制作（白粽、馅料粽自选）。班主任做好组织，餐厅做好后勤服务（可邀请家长参加）。

（3）美味粽子同分享。班主任用雄黄酒在学生额头画上表示吉祥如意及驱虫辟邪意义的万字符，学生相互赠送手工香囊、粽扇、干花，分享中感悟师生情谊。

（4）粽子选美赛。班级自定标准，评选本班的"最美香囊、花束、香粽"，颁奖并上报年级组。每班5个名额。（建议：从造型、馅料、创意等方面评选最佳创意粽、最上镜粽子……)

（5）家庭共度端午佳节。学生将家里好的活动方式及时回传班主任，班主任收集后，挑选最有创意或推广价值的活动上报年级组。

（三）文化端午——诗人眼中的端午

（1）利用课余时间，学生和同伴、家长自由吟诵与端午（尤其是与屈原）相关的诗词歌赋。

（2）利用班会时间，班主任组织学生开展诗词歌赋诵读、接龙及讲述屈原故事等竞赛活动，为优胜者颁发奖状，并将获奖名单上报年级组（每班获奖人数比例为25%，班级自定竞赛内容及规则，提倡邀请家长参加）。年级组做好巡查及记录。

（3）借助学校"六一汉服节"，国学老师介绍汉服的特点、文化内涵，现场教授传统礼仪——揖礼，学生向老师行揖礼，老师回礼。

（4）推选吟诵《楚辞·九章·橘颂》学校展演，"我们的节日·飞花令"在新区活动现场展示。

活动小结：利用下一周的集会时间，由德育处对活动的开展情况做总结，表彰活动中的优秀班级。

激发孩子的成果意识，每一次习作完后都要进行修改和欣赏，最后形成每个人的习作集，选择好的作品进行投稿，让孩子体验作品发表的乐趣，获得成就感。

课程评价：

（1）展示性评价（小报、诗词歌赋竞赛及讲故事竞赛、粽子DIY）。

（2）激励性评价（班级上报的获奖名单和活动剪影通过学校广播站、学校LED屏滚动播出，学生活动中心依据班级上交的活动小结、学生小报、DIY粽子、香囊、干花的质量及巡查到的情况评选出优秀班级，在周一晨会中给予表扬）。

附：《粽香飘飘迎端午》课程实施检查记录表

班级	主题小报		DIY粽子、香囊、花束		班级活动开展情况		家庭活动	巡查情况	
	按时交	质量好	按时交	质量好	按时交	质量好	有创意或有推广价值	有组织	有秩序
数据									

课程综述：

语文学科活动"粽香飘飘迎端午暨首届汉服节"，传统文化渗透到各个环节，真正做到"浸润无声"。本次开展的探索端午揭秘屈原探究实践活动，是一次语文综合性学习的成功尝试。

（1）培养学生的问题意识，引导开发学习课题。端午选题就在学生身边，学生可以亲历、感受、观察和描述，由此派生出的问题学生易于操作，便于思索、提出问题，感受到生活中处处是语文。

（2）鼓励学生运用尝试——发现体验、合作探究，自主解决问题。教师只是活动的组织者、帮助者和欣赏者，让学生自己尝试发现，亲身体验、合作学习，自己解决想要解决的问题。

（3）运用自己喜欢的方式呈现学习成果。教师应充分发挥学生特长、张扬学生个性，给学生自信，丰富语文综合性学习的实践，使其在全面提高学生的语文素养方面发挥应有的作用。

（4）注重学习活动的个性化指导，体现"以人为本"新课程思想。学生以自己的兴趣选取学习内容，因而他们的学习目标呈现出多侧面、多层次、多水平的状况，关注点因人而定。整个活动中，教师对学生的关注复杂而细微，充分尊重每个学生的学习方式、独特个性的体现，帮助每个学生自主选择，运用其个性方式创造性学习，体现语文综合性学习中教师的辅助指导功能。

教学观点切磋（教学论文）

小学古诗教学难点与对策研究

摘要：古诗词是传统文化精粹，是小学语文的重点教学内容。由于社会对中国古代文化的重视程度不断提升，古诗文在小学语文教材中占比增加至50%。如何让学生体悟古诗的文化内涵与精神思想，成为小学语文教学新的难点，是广大语文教师面临的一大挑战。本文基于长期语文诗教学实践的积累和思考，为实现小学古诗教学的有效开展提供具体对策，仅供参考。

关键词：小学语文；古诗教法；应对策略

古诗是小学语文教学的重要资源。长久以来，教师对古诗教学有畏难情绪，缺乏对古诗教学方法的探索，古诗教学沿袭逐字逐句枯燥讲解的教学方法，忽视了体悟古诗的文化内涵与精神思想，伤害了学生对诗词学习的感受。学生无法体验诗词意境之美，诗教更是无从谈起。

古诗教学症结在于：诗词意境和学生情感无法打通，没有动真情的诵读。即使运用视频课件也难以激起学生的情感共鸣。有的只是训练出来的、夸张的表演式朗读。那么，如何突破古诗教学的难点？我在教法上做了一些探索。研读诗词背后的情感，探索教学方法策略，代入诗画意境，激发情感共鸣。

教学部编版三年级上册第17课古诗三首，我发现三首诗虽然都是写景诗，但后两首侧重以修辞手法描摹美景。李白的《望天门山》言语看似平实无奇，却散发着浪漫主义情怀。研读这首诗，我一直在思考用什么样的方式让学生自己读懂古诗，感受诗人追求梦想的人文精神。

我很清楚受众的特点是偏重具象思维的小学生。如何培养学生的独立思考意识，怎样激发学生的表达欲望，教学难点处又该借什么样的"东风"？下面从课堂结构的设计、自学层级的明晰、诵读要求的递进这三方面加以说明。

一、教学环节层进，沉潜学生心思

群聊画像：你对李白有什么样的了解？用一两句话表述。学生有说他是个豪

"语"我同行
——一线教师传统文化教育探索录

迈的诗人；有说诗仙；有说剑客；有说梦笔生花、铁杵成针的典故教师赞扬之后补充资料，强调查阅资料、提取信息，是一种很重要的学习方法！

读题预测：教师板书诗题。从字形的演变入手，将"望"字饱含的期待投放到初出蜀地的李白身上，为探究李白的情志埋下伏笔，让古诗阅读有了期待。齐读诗题后，说说自己想象中的天门山。学生根据"天门"二字感受到山势的高峻。猜读、预测的阅读方法得到了有效的训练。

画境赏析：简笔画这种简便易行的方式能有效引导学生走进诗歌画面意境。

《望天门山》以质朴的动词白描出最雄奇的想象。"断、开、回、出"出神入化，再现奇险灵秀的长江山水。天门山的峻拔、楚江的气势跃然眼前。"看似平常最奇崛"，手法之高妙令人拍案叫绝。无怪乎贺知章誉其为"谪仙人"，杜甫赞其诗"笔落惊风雨，诗成泣鬼神"。

如何让学生想象画面，进入情境，深度领会这四个动词，真正感受壮美的山河，感悟诗人的情志？教学中我发现简笔画的方式很好地解决了这个难点。

学生用简笔画勾勒出了天门山的险峻，但是对楚江水被迫回转，却没能注意到。这个"回"字借水势写山势，用得含蓄高明，很少有学生用水流的方向表现奔腾的江水被迫回转之态。点评环节，在简笔画的对比展评中，学生对这个"回"字有了深刻的解读。水流线条从横向到纵向回转的改变，证明学生们走进了画面，看到了在天门山的阻挡下，楚江的回旋澎湃。

学生笔下画面的自主修改真实呈现出他们对诗歌的理解程度。

品评用词：评选"最佳用词"，训练学生清楚地表达自己对诗句的解读和赏评。

写天门山最经典的"出"字，写出了扑入眼帘的天门山，带给顺江而下的李白的视觉冲击。通过替换"立"字比对，学生顿悟此字化静为动，将李白初闯世界的热情和憧憬蕴含在描写之中，可谓神来之笔。

写楚江水的"回"字比"开"字更具魅力，描摹出奔腾的楚江水被迫回转汹涌之态。以水势写山势，山水相映，长江山水的奇险灵秀毕现。

巧借简笔画和评选"最佳用词"的方式，有效地解决了引导学生想象诗歌画面、感悟诗歌意境的难点。

背景链接：写作背景真实反映诗人当时的处境，背景链接的适时适度，轻松助推学生感悟体会诗人情志。以往程序化的前置作者介绍，学生被灌输作者生平，毫无代入感，对诗文的深入理解帮助不大。建议在学生将文字转换为画面之后，切入写作背景介绍，让学生和诗人产生情感共鸣。

《望天门山》教学中，学生在"青山碧水、白帆红日"的热烈意象中，清楚地感受李白对壮丽河山的热爱。此时切入李白25岁出蜀地，"仗剑远游，济世安民"的资料，学生很容易体会到初出茅庐的李白满怀定国安民的抱负，为梦想独闯天下的豪情壮志。此后的诵读，学生才可能真正融入意境，用声音传达自己的理解。

代你发声：读写结合练笔可以这样设计："面对青山碧水、白帆红日，你若是李白，会说什么？"帮助打开学生思路，走进李白的内心世界，动情表达李白对未来的憧憬和对理想的追求。创设情境的师生合读，点燃学生情感。学生入境更深，诵读更有真情。

慧眼涂色：口述涂色，促进学生发挥想象、感悟意境。

说说你会如何为你的简笔画涂色。青山、碧水、红日、白帆，学生眼前的画面一下子有了色彩和光泽，他们感受到天道运行的伟大。特别值得一提的是，学生对孤帆的涂色从白色到橘色、红色、金色的改变，证明李白望天门山时内心涌动的独闯天地的情志被感悟。此时，学生"身入""心入""情入"诗词意境，审美中人格得以塑造。诗教如春风化雨，润物无声。

二、明晰自学层级，保障探究结果

1. 《义务教育语文课程标准（2022年版）》指出，语文课程必须根据学生身心发展的特点，积极倡导自主、合作、探究的学习方式。但要特别注意，对学生自主学习层级的清晰把控：独立自学、互助解疑、合作探究、展示交流，依次推进。

（1）自主学习：借注释插图，自己猜读诗意，不懂处标"？"。

（2）同桌互助：质疑解疑，画简笔画。

（3）小组交流：评选简笔画，说说据哪词勾画天门山景色特点。

互助解疑，一定是在独立思考的基础上进行，最后是群学交流。信息的融通、思维的碰撞，一定建立在独立潜心的学习基础上，思考才有深入的可能，思维才会有提升。否则，自学讨论只能是表面繁荣的伪讨论，是粉饰被动学习的花样。

2. 总结古诗学习方法，迁移自学《早发白帝城》，也是在推进自主学习层级。

《望天门山》是李白对理想的追求，《早发白帝城》是李白重见希望的惊喜。从李白25岁写的《望天门山》到58岁写的《早发白帝城》，我们看到李白为理想奋斗的一生。这组诗的比对学习无疑给学生打开了一扇了解李白真性情的窗。当然，教学要有主次之分，重点学习第一首诗后，学法迁移到第二首诗，也是顺势巧为。

三、读中体现训练层次，吟诵水到渠成

古诗词美妙的意境，需要反复诵读吟咏，沉潜其中才能深刻体会，但是每一次诵读都要有明确的要求和目标。

第一步：借助注释，自读正音顺句。

第二步：出示停顿，读出节奏，掌握七言诗的节奏规律。

第三步：摇头晃手，感受韵律，吟诵传情。

为提升古诗教学效果，实现对学生文学素养、审美能力的有效培养，可借助传统吟诵方式品味文字之妙、感受意境之美，以形式之美促内容之感悟。

没有吟诵基础的班级，重在欣赏、模仿。我们的吟诵教学环节分三步走。

第一步：欣赏吟诵，感知吟诵符号的提示作业（平长仄短入声促）；

第二步：模仿吟诵，感受声音传达的画面和韵律（开口音的昂扬）；

第三步：借助手势，集体吟诵，进入情境，完成背诵积累。

吟诵是通过声音感受和欣赏诗词，能够培养学生对诗词的直觉和感悟力，这种能力要反复实践才能形成。吟诵教学时可利用手势表现平仄和入声字，兼而表现诗词画面。

"天门中断楚江开"，两手左右平拉，掌心向下猛劈，再平推拉长。好似天门山被长江水撞击，劈成东西两半后又奔腾而去。"碧水东流至此回"，双手先顿两下推远，再顿两下右手，蜿蜒前行，手腕回旋。仿佛东流的长江水至天门山回旋的情景。"两岸青山相对出"，将两只胳膊相对后，高高平举推远，掌心相对猛然一顿。"孤帆一片日边来"，右手平铺渐远后，手掌竖立渐近，两手张开，拥抱青山绿水。学生借手势辅助吟诵，又创造性地表现诗词画面，兴趣盎然中熟读成诵。

传统文化回归的背景下提升古诗词教学的有效性，借助吟诵诗词方式品味文字之美、感受诗词意境之美，不失为突破难点的新教学策略，值得推广。

总而言之，古诗教学课堂要高效，就要注意教学策略：教学环节层进、自学层级明晰、读出训练层次。古诗要教得有感觉，就要研读诗歌背后的历史故事，灵活自如运用多种教学方法：群聊画像、读题预测、画境赏析、品评用词、背景链接、代你发声、慧眼涂色、吟诵传情，将学生代入诗画意境，激发情感共鸣，体悟古诗的文化内涵与精神思想。在日积月累的沉淀中，提升学生鉴赏古诗词的能力，培养学生的人文情怀。

节气文化传承与小学语文实践活动初探

摘要：二十四节气是华夏民族劳动人民生活经验的结晶，2016年被列入人类非物质文化遗产代表作名录。笔者从开发节气探索课、建设数字化资源、双线拓展学习空间三方面总结节气文化的传承探索。

关键词：二十四节气；小学语文；综合实践

习近平总书记说："中华优秀传统文化已经成为中华民族的基因，植根在中国人内心，潜移默化影响着中国人的思想方式和行为方式。"[1]中华优秀传统文化是中华民族的精神命脉，是涵养社会主义核心价值观的重要源泉。2018年教育部课标修订重点之一是加强中华优秀传统文化教育。

小学语文综合实践活动中，如何实现节气文化的体认和传承？

一、二十四节气概述，思考学习体验方式

中华优秀传统文化中，二十四节气是劳动人民的生活经验结晶，它引导我们科学的、有意趣的生活。

二十四节气是一部伟大的科学艺术生活大词典：

（1）鲜明的时季转换提示意义。八个反映季节变化（二分二至和四立），五个反映温度变化（小暑、大暑、处暑、小寒、大寒），七个反映降水变化（雨水、谷雨、白露、寒露、霜降、小雪、大雪），四个反映物候变化（惊蛰、清明、小满、芒种），公历不具备此优势。

（2）指导农业生产和日常生活。告诉人们踩着自然的节点，遵循自然规律生活。

（3）具有重要的文化认同价值。二十四节气是中华民族的原创文化，是文化认同的重要载体。

在国人的童年记忆中，节气就是冬至日母亲念叨的：冬至不吃饺子冻掉你耳朵；是立春前母亲常常在冬日里说的，"五九六九河边看柳，……九九加一九，耕牛遍地走"；我带过一届学生属鼠，有惊蛰出生的，这节气对老鼠来说有了灵动的寓意。有大名叫小满的，自然是小满节气出生的……节气文化，伴随我们成长，陪伴几代人的童年。

如何打破书本局限，挖掘校内外资源，开拓实践空间，与生活结合，在真实

情境中让学生以自己喜欢、擅长的方式体验、感悟节气文化的魅力？

二、结合真实情境，开发节气探索课

（1）2020年的春天让我们沉寂反思、敬畏自然。王阳明先生的一念花开、一念花寂，让我心有所动。我为什么不带领学生一起怦然心动地"沿河看柳"，体验花开花落，感悟四季轮转、天道运行的伟大？于是，我带领学生开始了二十四节气文化探究活动，感受节气文化的魅力。

（2）挖掘教材资源，寻春综合实践活动。语文新课标强调学习的体验感悟，受到情感熏陶，获得思想启迪，享受审美乐趣。惊蛰日前，结合课本第一单元的口语交际"找春天"和习作"我的植物朋友"，我们设计开展"庚子春色"之寻春、访春、描春的系列综合实践活动。学生和家长一起走出家门，在小区寻找最美春色，用手机记录物候变化，动手绘制植物名片，上传语文群相册交流共享。

学生融入自然，感受春天的美好、生命的蓬勃，感悟尊重、敬畏自然。满园春色对于生命的振奋远比学生习作的进步更让人欣慰。之后双线结合的综合活动为实施节气文化小课做足铺垫。节气文化小课活动一定要走出校门、走向自然、走向社会。

三、借助网络平台，建设数字化资源

1. 节气文化小课三阶段、三板块

我的二十四节气小课活动分三阶段进行：一是学生自主查阅二十四节气相关内容，二是班级群接龙报名制作节气宣讲视频，三是线上课堂展示、交流、点评。二十四节气小课内容不局限于物候知识，还融入地域民俗、饮食文化、诗词诵读。

节气宣讲实践中，我们不断摸索、应用、调整、改进，最终将宣讲文本定型为三个板块：物候、民俗、诗词。学生在完成节气文化小课视频任务中提高了查找、处理信息的能力，表达能力和自信心也不断提高。

后来，孩子们跟随节气的脚步，逐次亲历各个节气，感受自然变化、天道运行的伟大，体验节气知识、民俗文化，在实践中思考生命的意义，建立对自然的敬畏之心。

2. 码空间共享节气小课视频

新课标指出："积极利用网络资源平台拓展学习空间，丰富学习资源。提供多层面、多角度的阅读、表达和交流机会，促进师生在语文学习中的多元互动。"

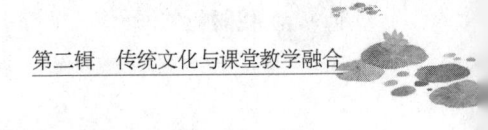

学校"码行天下"为我们提供了很好的交流平台。依时令制作的节气文化小课视频分享在"码行天下"平台，以二维码形式及时发布，便于师生家长随时观看，接受师生家长的评价。

我们的二十四节气课程资源整理为系列码书，与"名校＋"教育共同体的教师、学生以及家长共享学习资源，便于后续班级和师生参考。节气文化课程数字化资源，充分发挥信息技术在语文教学变革中的价值和功能，呈现出未来教育的样态。

四、亲子民俗体验，双线拓展学习空间

为使学生充分掌握二十四节气知识，感受中华优秀传统文化魅力，教师必须根据学生现有认知层次及基础能力设置主题活动和课堂拓展任务。同时，教师对主题活动进行层次化处理，采用阶梯式教学方法，指导学生由浅入深、层层递进地掌握相关知识，挖掘其中的精髓。[2]

学习过程中，我们开展线下节气家庭民俗体验活动：春分竖鸡蛋，清明放纸鸢，惊蛰晒花馍，谷雨斗春茶，立夏斗蛋……线上节气民俗晾晒展示。线下种植园实践劳动，线上平台展示劳动体验过程资料、感言。线上线下双线结合的语文实践性学习拓展了学生学习空间，让学生有了思考表达的成长机会；亲子体验活动、节气文化小课视频制作，让家长有了共同学习的经历和亲子体验的乐趣。

二十四节气文化活动带给我们启迪和深思，学习的终极目的是生命成长。真实情境下的传统文化综合性学习活动让我们的语文课堂更加开放，让学生走出封闭的空间，在广阔的天地里实践、探索、体验、创造……让学习获得增值，让学生有了自主成长的空间。

当然，教师要积极开发校本课程，将主题活动设置于学生现有认知层次及能力上，采用阶梯式教学方法。教师在实际教学过程中，采用寓教于乐的体验方式，实现游戏与教学的深度融合，设计多样的家庭亲子活动，进行多样化的过程评价，收获良好的教学效果。促使学生由浅入深地进行积极的生命体验，推动家庭对传统文化蕴含的智慧精神的体认传承。

参考文献
[1]《光明日报》（2018年7月12日第6版）
[2]左士军."二十四节气"在小学语文课程中的传统文化教育实践思考[J].小学生（中旬刊），2022（2）.

审美教育视域下构筑生命化的古诗教学课堂

摘要：《义务教育语文课程标准（2011年版）》提出要提高学生的审美情趣，笔者在审美教育视域下以课例探索诵读法、解析法、补白法、品析法以及"1+X"等古诗教学方法引导学生感受、赏析、品味古诗之美，提升古诗教学的有效性，激发学生对生命的感发。

关键词：小学语文；古诗教学；审美教育；生命课堂

诗以言志，诗以情发。情感共鸣是心灵的涵养化育。以"兴发感动"为核心诗词学理论的叶嘉莹先生认为，诗歌的要素就在于感发生命，因此评价一首诗歌的重要标准，当以其所传达的感发生命之质量及其所传达的效果之优劣作为根本依据[1]。有幸参加教育部和国家语委举办的"迦陵杯·诗教中国"诗词讲解大赛。一路走来，对此有深刻感悟。一堂好的古诗教学应以追求学生体悟、感怀生命之美为标准。

在近一个月的磨课中，《望天门山》的教案反复琢磨修改。希望通过引导学生自主诵读古诗，在声音中感受诗歌的韵律之美；"借助关键词语理解句意"的方法，想象画面，感受意境美；体会感悟李白热烈、豪迈的家国情怀情。

结合《望天门山》教学重难点及三年级学生认知特点，对标"诵读中体验情感理解内容"的强调，整节课在教学设计上强化了古诗的诵读，力求以读代入、以读促悟，让学生眼中有画面，心中有情感，努力追求"兴发感动　涵养化育"之古诗教学境界。

一、指导诵读涵泳，传递韵律之美

古诗教学要肯花时间引导学生学会读、唱、吟，特别是教师的示范，能够对学生起到很好的导向作用。初读时教师指导学生正确、有节奏地练读。教师示范有节奏、有韵律地读诗，让学生在聆听中发现"平长仄短韵悠长"的吟诵规则，感受诗歌的韵律美。通过练读、指名读、范读、应和读等多种形式的实践感受诗歌的韵律美。通过练读、指名读、范读、应和读等多形式的实践，在声音中建构对诗文内容的印象，初步感受诗人传递的情绪。迁移自读《早发白帝城》，在音声之美中引导想象画面，感悟情志。

让人欣慰的是，随着对诗句语言的理解，学生读得有板有眼且开始倾听音声

之美，从声音中感受诗歌的节奏、韵味、画面甚至情绪。结课时，在欣赏书画的同时，师生伴随古琴曲共同吟咏，在多重审美体验中，学生涵泳诗情、兴发感动，也在表达着感动。

二、借助字源解析，感知汉字魅力

（1）字源导课，引发思考。开课以甲骨"望"字形猜字意导课，联系有关"望"的古诗，发现"望"字背后对美的追寻和欣喜、盼望，激发学生的学习愿望。建立感悟诗情，探究诗心的意识。

（2）字源解诗，感受音画。抓表现天门山水特点的关键词，品味古诗意境。引导学生追溯字源，观察小篆"断"和金文"回"的字形，想象天门山峭拔对峙，楚江奔腾回旋的画面。反复诵念体会"断、回"平、仄声中传递的峭拔、回旋的画面，打通了字音和字意的联结。引导学生在涵泳中体会汉字音、形、意，对于美景立体生动地呈现，感受文字背后的情绪，实现对汉字内涵的挖掘和延展。

（3）象形文字，品词入境。课中以任务驱动方式促进学生抓关键词，理解李白笔下天门山的特点，交流印象深刻的画面。适时链接文献资料、实景图片，帮助学生清晰感知天门山对峙如门的特点，感受李白夸张神奇的想象力，体会诗人对祖国壮美河山的热爱。板书设计老师以彩色象形文字呈现学生脑海中的天门山水图，既给学生展现了汉字的神奇魅力，也强化了景物的色彩美、外形美，更促进学生在愉悦的审美体验中感悟诗人积极豪迈的精神。

三、建构主题阅读，感怀生命之美

本着整合单元内容、提高教学有效性的原则，笔者设计以"家国情怀"为主题的"1+X"组诗教学形式：精读《望天门山》，指导正确吟诵，读法迁移自学感悟《早发白帝城》，课下拓展自读《独坐敬亭山》，引导学生感悟李白一生自强不息、积极进取的精神世界。

（1）主题组诗教学，调整突出主次。教材选编的精读诗《望天门山》和语文园地"日积月累"中的《早发白帝城》，初期教学主次不明，课堂负担重，后期教学做了相应调整。加强第一首诗的自主诵读体味：在有节奏诵读的基础上，注重引导学生体会押韵、感悟平长仄短的韵律、音声之美。读法迁移《早发白帝城》，关注学生对入声字"一日""不"和韵尾的反复吟诵，感受音韵中传递的急切情绪即止。第二首诗以读代讲，课堂结构清晰了许多，教学重点更突出。

（2）"1+X"梯度教学，培育家国情怀。以《望天门山》为拓展阅读的"基点"，按家国情关联为"情怀"主题教学，实现"精读一首，带读一组"的教学格局，串联李白自强不息奋斗的一生，让学生走近诗人，感悟李白积极豪迈的精神。再引导学生联系现实生活中和李白一样胸怀济世安民理想、自强不息奋斗的人物，学生列举：抗洪战士、医护人员、志愿服务者等，教育学生传承奋进精神，服务社会。这些为学生课后自学领会李白《独坐敬亭山》在大自然中寻求安慰的旷世孤独，感受李白的精神成长做足铺垫。"1+X"主题阅读以人文性为线索，兼顾语文知识、能力、思维发展、价值取向等。主题诗阅读密度强、容量大，能有效促进学生精神成长。

四、迭现美好情境，蓄酿生命感动

叶嘉莹先生认为，若想要对一个作者有公平客观的评价，需要先对其感受之内容及写作之技巧有彻底深入的了解，更需要对时代社会背景也有清楚的认识，如此才能对一位诗人做出比较全面而公允的评价[2]。

（1）以诗解诗，背景悟情：李白不同时期诗歌创作的背景故事串讲，能够帮助学生了解青年李白胸怀报国安民壮志，感悟诗人在天地间审视思考，汲取精神力量积极奋进。正式录课前再次修改，添加《上李邕》"大鹏一日同风起"及《行路难》"直挂云帆济沧海"，以诗解诗，简洁高效。诗歌背景故事的链接，呈现李白渴望实现抱负的情怀，促进学生对李白乐观豪迈精神的认识。

（2）紧扣诗眼，想象补白：一切景语皆情语，景物是传情言志的意象。以"李白张眼远望，望见……"补白训练，加强学生对"望"字背后情绪的解读。学生投入积极的思维和情感活动，从李白眼前的画面一直说到李白心中的画面。既深化了语言的理解运用，又受到思想启迪。学生的情感与诗歌兴发的情志融通，又上升到人文层面的价值认知，同时为课下自读《独坐敬亭山》做好了情感理解的铺垫。无论是文献资料、背景故事的适时链接，还是实景图片配合以诗解诗，抑或想象补白等手段的综合使用，都是为了很好地打通、融合学生和诗人的情感，激发学生对李白昂扬进取生命的感发。

五、破解语言密码，唤醒审美觉知

（1）品析动词，还原诗歌意蕴。古诗用词凝练却往往"看似平常最奇崛"。《望天门山》李白对动词的锤炼颇见功夫，神奇的想象和无尽的情韵越是细品越是佩服。"两岸青山相对出"中的"出"字，赋予天门山出门迎客的热情，却真实表现诗人初出茅庐，憧憬未来的热切。教学中注意点拨学生认识这是舟中人顺流而下，快速接近天门山的真实错觉，更是诗人主观情绪的充分表达，从而引导学生进一步感受李白乐观豪迈的进取精神，领略诗仙积极浪漫的诗风。

（2）比对意象，感悟诗人情志。意象是客观物象与诗人主观情感的统一体，承载了诗人的思想感情。由于文化传承，诗词中的意象大多有了约定俗成的象征意义。笔者认为，小学古诗词教学不用回避意象体味的教学环节。教学"孤帆"启发联想时，学生说仿佛看到李白乘船顺流独闯天地，老师应该及时联系比对《早发白帝城》中的"轻舟"，引导学生理解诗词中"帆、舟"是理想之船的象征，进而感动于诗人心怀济世安民的家国情怀，矢志不渝。古诗教学讲求兴发感动，学生的情绪与诗人的情感能融通到什么程度，取决于语文教师个人的文化素养和是否怀有一颗兴发感动的温软诗心。我们要在古诗教学实践中不断探索发现，锤炼自己的真功夫。

叶嘉莹先生说兴发感动的质量是诗歌学习评赏的主要标准。回望"诗教中国"诗词讲解大赛路程，反观自己的教学行为，希望像叶先生那样以自己之真诚感受与学生之生命成长互相观照，真正做到"兴发感动、涵养育化"。

参考文献
[1] 叶嘉莹. 我的诗词道路[M]. 石家庄：河北教育出版社，1997.
[2] 叶嘉莹. 迦陵论词丛稿[M]. 石家庄：河北教育出版社，1997.

传统文化回归背景下的小学语文综合实践活动探究

摘要：语文综合实践活动是新课改的亮点。本文对传统文化回归背景下开展小学语文综合实践活动、拓展渗透传统文化形式的策略进行阐述，提升学生核心素养，坚定文化自信。

关键词：小学语文；传统文化教育；综合实践活动

《义务教育语文课程标准（2022 年版）》要求学生具备良好的人文素养和科学素养，具备创新精神、合作意识和开放的视野。《义务教育语文课程标准（2022 年版）》指出：语文是一门实践性很强的学科，在大量的语文综合实践活动中，培养学生的语文实践能力，提高语文综合素质[1]。

语文综合实践活动是语文学科教学与综合实践活动相结合的新形式，是新课改亮点。语文教学的广阔天地藏着丰富的自然、社会、人文等多种语文实践活动资源。我们要创造尽可能多的实践机会让学生学语文、用语文，提高语文素养。

2018 年教育部课标修订重点之一是加强中华优秀传统文化教育。如何打破书本局限，挖掘校内外资源，开拓语文实践空间，渗透优秀传统文化，让学生以喜欢、擅长的方式学习加强文化自信？

一、紧密结合教材，找准活动途径

语文综合活动充分体现了学习内容的丰富性、学习途径的多样性、学习过程的实践性、学习目标的综合性等特点。只要拥有一双慧眼，我们就会在现有的语文教材中找到加强传统文化教育的资源、培养学生语文能力的契机。

1. 结合口语交际、习作，开展主题探究活动

三下第二单元主题是传统节日，配合主题以及习作任务，我们开展了"十大传统节日探究"活动。学生要完成活动任务，需借助网络资源，收集、占有、运用信息，还需要小组合作，创新表达形式。

"十大传统节日"主题实践活动分三阶段进行：

第一阶段：小组成员分工完成"十大传统节日"汇总表格及思维导图。

第二阶段：各组接龙报名完成十大传统节日小视频。网课前播放、评价节目

民俗和文化内涵展现的程度。

第三阶段：结合自身生活体验，完成传统节日习作。

实践过程中，思维导图是热身，是对信息的整理；宣讲视频是对查找资料的运用，习作是总结和深化。活动渐次推进，加强学生自主学习的应用和创新，对传统节日文化系列实践活动产生了效果和持续影响。

通过传说、民俗、诗词，学生感受传统节日注重家庭伦理观念、向往与人之间的亲近与和谐、承载人们美好的希望和祝福，认识到传统节日蕴含中国人特殊的情感内涵和文化价值需求。学生对传统节日中的民族感情和文化价值需求有了系统了解与体验表达。

2. 借助阅读链接，开展比较阅读

阅读本身就是一种实践活动，借助课后的阅读链接，扩展阅读篇目，引导学生比较阅读，交流分享，读写绘结合，让阅读走向深入。

例如，教学四上《精卫填海》后，让学生拓展阅读《山海经》，比较"中国神话故事"和"希腊神话故事"关于火种不同来源和面对洪水的不同做法，探究东西方文化差异，感悟神话中蕴含的执着坚毅、舍我其谁的民族精神。

围绕单元主题，开展"我心中的中国神话"活动，环节为：情节分享—角色解读—精神感悟—创作续编。准备过程，学生读《开天辟地》《女娲补天》《精卫填海》《愚公移山》《神农尝百草》等神话故事，分享精彩情节、交流人物形象，感悟人类远古时代征服自然、支配自然的渴望。《精卫填海》续写交流，学生想象补白细节，表达对祖先征服自然、造福苍生精神的感佩。

此外，语文学科与美术学科融合教学。语文课内外学生阅读《山海经》，美术课学生手绘创作《山海经》中的神兽，感受上古神话的神奇，惊叹物种的丰富。

3. 课本剧排演，放飞学生潜能

融趣味性、实践性和开放性为一体的课本剧排演能够激发学生的创造欲和探究欲，培养学生的合作交际能力。

《西门豹治邺》课本剧排演活动中，学生以组为单位，分工协作：编剧、导演、主演、群演、化妆、剧务等一应俱全。学生自己改编剧本，挑选喜欢的角色，制作道具，排练表演，切磋演技……其间学生对古代服饰、乡土文化、官绅阶层也有做初步探究。

排演中，语文课堂在校园各角落落地开花。排演场地成为放飞学生潜能的空间。汇报表演中学生观众欣赏、点评，收获创作、探索、反思、成长，学习获得增值。

教师要加强排演过程的指导。课本剧筹备中，教师场外巡视，关注学困生的参与情况，协调学生分工，给每个学生参与机会。对每个小组的进度，教师要及时提出合理化建议，便于学生及时修正，达到最好的活动效果。

4. 结合不同题材文本，开展相应体验活动

（1）鼓励进行体验活动。学习三年级下册说明文《纸的发明》，学生实践造纸过程，体验自制纸张的乐趣。学生有感悟收获："捣烂成浆，纸才会更薄。""古人用的纸比我用的纸粗糙很多，我要珍惜。"真可谓实践出真知。

（2）鼓励为诗文配图。比如，为画面感强的《乡下人家》《暮江吟》《题西林壁》配画，交流评比，上传班级相册展示。以画笔呈现自己理解的文字画面，激发学生的审美体验乐趣。

（3）创编诗歌单元文集。四上三单元是诗歌主题单元，倡导学生行款摘抄喜欢的现代诗或誊抄配图自创诗歌，以小组为单位汇编《我们的诗集》。封面、前言、目录、封底，皆由组内自由领取任务，分工协作完成。班级评比、展示优秀小组诗集。

5. 借助《小学生必背75首古诗》开展古诗进阶活动

第一阶段：开播班级电台。寒暑假，同学在《小学生必背75首古诗》中自选古诗，班级电台播讲故事背后的故事。

第二阶段：推出古诗挑战赛。借助网络平台测评系统，组织古诗挑战赛，通过背诵、答题促进学生对古诗的理解和识记。

第三阶段：课前5分钟训练。推出"古诗赏析我来讲"系列课前演讲活动，按四季诗、爱国诗、边塞诗、送别诗、田园诗分类进行古诗赏析演讲活动。课前演讲，学生将输入的信息进行精加工，自主建构知识，再表达呈现出来。

古诗进阶活动允许学生的差异表现，只要认真准备，有意识地大声解说，无论脱稿与否，无论自信或羞怯都报以掌声。经过多轮课前演讲实践活动，学生积累经验、调整状态，公众面前更自信自然、更有感染力地表达对古诗词的理解、欣赏，甚至理性地评判、辨析。

古诗进阶活动唤醒了诗词对人心的感召。中华古诗词蕴含的心系苍生的家国情怀、传递的悲悯生命的忧患意识、表现的自强不息的民族精神和坚贞不屈的民族气节，积淀在学生心底，塑造着学生品格。

二、打破时空界限，挖掘校外资源

2020年的线上教学让教育者意识到要开拓学习空间，建设立体学习维度。打破局限书本、课堂局限，充分挖掘校内外资源，凭借地理人文优势，线上线下结合开展传统文化综合实践活动。

1. 学校码平台共享，国学经典系列课程

在中华优秀传统文化中，二十四节气是华夏民族劳动人民的生活经验结晶，

充分体现了中国人尊重自然、顺应自然的理念。二十四节气具有重要的文化认同价值，它引导我们科学的、有意趣的生活。2016年二十四节气被正式列入联合国教科文组织人类非物质遗产代表作名录。

王阳明先生说"你来看花，此花颜色一时明白起来，便知此花不在你的心外"。一念花开、一念花寂，让人顿悟。带领学生走出斗室，一起怦然心动地"沿河看柳"，聆听鸟鸣蛙噪，感受四季轮转，感悟天道运行。庚子年春节，我带领学生开始了二十四节气文化探究实践活动，感受节气文化的魅力。

二十四节气文化小课活动分三阶段进行：①疫情期间学生自主查阅二十四节气相关内容；②群里接龙报名制作节气宣讲视频；③线上课堂展示、交流、点评。

在完成节气文化小课视频任务中，学生提高了查找、处理信息的能力，表达力和自信心不断提升。宣讲实践中，我们不断摸索、调整改进，最终将宣讲文本定型为三个板块：物候、民俗、诗词。

2020年的春天很长，学生跟随节气的脚步，亲历立春到谷雨六个节气，感受自然的变化、天道运行的伟大，体验节气知识、民俗文化，在实践中思考生命的意义，建立对自然的敬畏之心。

之后，依时令制作的节气文化小课视频，及时上传班级语文学习群，供大家学习评议。2021年陆续上传学校的"码行天下"平台，分享到润行课程体系下，以二维码形式与全校学生以及家长共享学习资源，可以反复回看。帮助后续班级和学生观摩学习，以求有更好的呈现。也帮助教师不断审视，积累综合实践活动经验。

探究活动的反思。节气文化活动中，有能力、有才艺的学生充分发挥了自己的特长，提升了核心素养，但我们期待所有的孩子都大胆地参与活动。我们应更多地设计亲子共读、共讲活动，让家长多一些积极参与，推动整个家庭对传统文化的认知，引导人们有意趣的生活。

我们后续在学校码平台推出《拜师敬师》礼仪小课、《大学》官韵吟诵系列、《楚辞·九章·橘颂》吟诵课等国学经典系列课程，推动传统文化对全体学生心灵人格的浸润。

2. 线上线下结合，读写实践共进

（1）线上共读交流，线下汇报总结

我们成立了8个线上读书小组，每周五共读小组开展线上共读交流活动，推进共读进程和深度。"中国古代神话故事"导读课在线上课堂推出后，学生每天自主阅读，线上共读时间以视频或语音的形式交流阅读感受，周末展示阅读成果：上传朗读语音、自制的神话人物名片、手绘读书小报。线上读书交流活动学生互动积极，收获颇丰。

线下教学进行"中国古代神话故事"的阅读总结课，分组交流收获，班级呈现亮点。

我的发现：神话故事蕴含着民族品格，如《夸父逐日》《女娲补天》《后羿射日》《鲧禹治水》的爱民精神；《盘古开天》《燧人取火》《仓颉造字》的创造精神；《刑天舞干戚》《精卫填海》《愚公移山》的抗争精神；《盘古开天》《神农尝草》的牺牲奉献精神[2]。

我的感悟：神话世界和人类世界一样，有感情、有性格、有追求、有理想，真实记录着我们的祖先在人类幼年时的美好幻想和奋斗足迹。

我的收获：我学习运用神话中的想象，创造自己的神话世界，表达真善美的愿望。

我的经验：我经常运用以下方法阅读：前后联系对比读；边读边勾画批注；制作人物名片；摘录笔记；仿写文段……

学校期末公布各年级下学期推荐书目，引导学生海量阅读。我们有重点地引导学生利用假期线上共读交流经典名著《山海经》《三国演义》等。学生自主报名制作PPT，线下独立进行导读课、推进课、总结课的分享，并以展评手抄小报、人物形象评析、续写改编故事等形式汇报，有效达成自强不息、厚德载物民族精神的感染和传承。

（2）线上漂流日记，线下汇编文集

组织8个线上学习小组，写漂流日记——《两地书》。

雁寄鸿书、鱼传尺素，中国的书信文化独树一帜。在精美的笺纸上书写优美感人文字的信札是东方独有的文化。书信文化里体现的国人的谦卑、温良、仁爱、忠勇等优秀品质，是当代社会需要培养的。

"我们同行两地书"线上习作活动如同一扇窗，开启了学生对外部世界的审视和思考。学生用书信向医护人员表达最诚挚的敬意，用书信对武汉小朋友嘘寒问暖、述说感同身受；用书信记录自己的思考探问……一封封书信承载着学生最真挚的情感，表达了孩子们对生活的关注和思考，回响着生命拔节的声音。

线下我们收集整理年级优秀书信汇编为《隔空不隔爱——"话"说榜样，书信传情》在年级传阅，百余篇书信习作刊登在"少年家国信""小学生优秀作文"等各大公众号平台。

（3）线上亲子体验，线下劳动实践

寒假，线上推出节气家庭民俗体验活动：惊蛰晒花馍，春分竖鸡蛋，清明放纸鸢，谷雨斗春茶，立夏斗蛋……学生和家长共同体验节气文化的科学与情趣。

开学后，线下开展种植园亲子实践劳动。师生学习使用农具，感悟工具发明弥补人力的智慧。家长感慨学生五谷不分，赞赏亲近自然、劳动增智的校外种植园活动。

线上线下的语文实践活动拓展了学生的学习空间，让学生有了思考表达的成长机会；让家长有了共同学习的经历、亲子体验的乐趣和进步成长的感慨。

3. 校内外结合，突破空间限制

（1）家庭——自然

语文新课标强调学习的体验感悟，受到情感熏陶，获得思想启迪，享受审美乐趣。语文实践活动一定要走出校门，走向自然，走向社会。

在三下第一单元的口语交际"找春天"和习作"我的植物朋友"中，我们设计开展"庚子春色"之寻春、访春、晒春系列综合实践活动，邀请家长参与。

活动一：寻找最美春色。用手机记录自己眼中的最美植物，上传至班级QQ群"我眼中的春天"相册。

活动二：手绘植物名片。名称、花期、诗词，上传照片，口述喜欢理由，全方位了解植物。

活动三：晒活动成果。学习《荷花》第二、第四段仿写喜爱的植物静态和动态；惊蛰组织亲子晒花馍活动，大人孩子把春色、祝福呈现在案上盘中。

因为有了前置任务，学生和家长一起寻找最美春色，用手机记录物候变化，动手制作植物名片。居家隔离两月，学生再次融入自然，感受春天的美好、生命的蓬勃，感受季节轮转、天道运行不息。

有了感同身受，有了范文引路，学生习作动静结合、描写细致，联想丰富，感悟生命的勃发，情感真挚。对新春的祝福，对美好生活的追求，感染每一个人。寻春活动对生命的振奋比学生习作的进步更让人欣慰。

（2）校内——校外

由于地域文化的不同，每个地区都有属于自己的风俗习惯、传统文化。对学生而言，家乡文化更有亲切感[3]。我们学校在西周发源地的沣河边，沣河两岸曾是西周故都，这里也是诗经文化的发源地。我们和雅班以古诗吟诵为特色，凭借沣河的地理人文优势，线上线下相结合进行《诗经》的吟诵教学。《诗经·鹿鸣》2020年参加建校五周年的宣传片；《诗经·木瓜》参加第二届全国中华经典诗词诵读写大赛，进入陕西省决赛。

陆续学习国学经典《大学》《楚辞》重点篇目、传统节日诗词的吟诵。《橘颂》情景剧在端午节作为压轴在学校诗词大赛展示；吟诵《水调歌头·明月几时有》中秋节在新区文化主题活动和新区汉听大赛中展示；《大学》情景剧在"名校＋教育联合体"新春读书节，展示国子监官韵版吟诵；活动中学生进退有节、自信大方，传统吟诵调给大家震撼。

我们倡导节假日家庭亲子校外吟诵，《诗经·蒹葭》由学校爱好吟诵的家庭组合带吟诵成员在沣河边诗经里展示，诗经文化慢慢影响更多的家庭和社区。

线上线下的语文实践活动拓展学生学习空间，有效渗透中华传统文化，带给学生思想启迪和审美乐趣，潜移默化地影响学生的思想方式和行为方式，坚定学生的文化自信，显现传承意识的增强。

三、建构立体评价，关注体验创新

综合实践活动评价要坚持三原则：方向性原则、公正性原则、指导性原则。综合实践活动要对每一个参与者有评价，评价坚持三结合：学生自评和互评相结合；师评和生评相结合、过程性评价和结果性评价相结合的方法。

评价人除了参与者，小组负责人也要评价。评价参与活动的态度、在团队贡献的力量、是否积极实践等。教师通过评价呈现的学习成果，关注过程的体验感悟；关注知识技能的综合应用；关注实践过程的创新性；注重结果的独特性[4]。

通过多层级的评价，让参与学生收获肯定，明确不足，找到差距，利于以后综合时间活动更好地开展。

语文综合实践活动课让我们的语文课堂更加开放。它让学生走出封闭的空间，在广阔的天地里实践、探索、体验、创造……让学习获得增值。

语文综合实践活动使课程发生质的变化，教师有了创造的新空间，帮助学生积极参与、体验学习活动，让学生变得更想学、更会学、学得更有意义。

结语

在传统文化和回归背景下，在小学语文教学中进行传统文化的渗透，成为时代发展和学生核心素养发展的必然要求。教师通过传统文化渗透形式的拓展以及综合实践活动的开展，加强中华传统文化教育，坚定学生的文化自信，实现学生传统文化传承意识和素养的提升。

参考文献

[1]《义务教育语文课程标准（2011年版）》北京师范大学，2012.1.

[2]袁珂.中国古代神话[M].北京：中华书局，1960.

[3]张雾明.浅谈传统文化在初中语文教学中的渗透策略[J].语文课内外·D刊（学术刊），2021，1118（10）：49-51.

[4]李丹昭.开展语文综合实践活动课的策略探索[J].课程教育研究·学法教法研究，2016（6）：256.

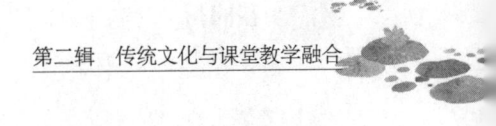

三维架构定向解读　古典名著"悦读"推进策略

——以《西游记》整本书阅读教学为例

摘要：《义务教育语文课程标准（2022年版）》设置"整本书阅读"的拓展型学习任务群，综合运用多种方法阅读整本书，积累阅读经验，提高整体认知能力，丰富精神世界。笔者从前置阅读、推进阅读、分享研讨三个维度建构支架，引导小学生在自主阅读活动中保持好奇心，树立思辨意识，提升对古典文学名著的深度阅读能力。

关键词：小学语文；古典名著；推进策略

统编版小学语文教材，从五年级开始插入中国古典四大名著选段，然而由于受自身认知水平的影响，很多小学生对整本的名著阅读兴致不高。古典名著阅读教学成为当前小学高年级语文教学中的重要内容。

温儒敏老师说："我们需要经典，因为经典作品积淀了人类的智慧，可以不断启示人们对文化价值的理解，这是经典所以能够生生不息传世的原因。"[1]阅读经典需要沉下心来，需要磨性子，这是一个漫长的涵养过程。

如何让学生保持求知欲，喜欢阅读，指导小学生阅读古典名著"整本书"？笔者以《西游记》阅读为例，从前置阅读、推进阅读、定向解读三个维度，阐释古典文学名著的"悦读"推进策略。

一、前置阅读：多层激趣，开启名著阅读

阅读古典名著根据开展活动的需要，合理推荐利用适宜的学习资源，如相关音频、视频作品等，激发学生阅读兴趣，丰富学生阅读体验，拓展阅读视野。[2]

（1）跨媒介阅读，唤醒阅读期待。新课标重视不同媒介阅读在学生阅读能力提升上的重要性。在移动互联网发达的今天，教师应因势利导，指导学生在课外进行跨媒介阅读。在即将进入五年级下册古典名著单元学习的寒假，笔者制订了学生名著阅读计划。前置学习要求学生假期跨媒介阅读《西游记》，唤醒阅读期待，激发深入了解名著的兴趣。

（2）重组内容，提升阅读趣味。整本书阅读耗时久，学生通读后对内容把握混沌无序。通过引导学生在名著中寻找感兴趣的阅读元素，提炼关键信息，重

组阅读内容。比如，画师徒四人西天取经的路线图，标注遭遇的八十一难、悟空名称身份的变化，标注孙悟空几次离开唐僧。在掌握整本书内容的基础上，引导学生从空间角度、人物关系角度梳理内容，形成新的理解，激活阅读动力。

（3）自主规划，激活阅读动力。为推动学生假期自主阅读中国古典名著，笔者让学生自主搜索素材，鼓励学生说说作者创作的背景，加深学生对小说的理解。开展"我喜欢的名著人物"线上学习小组交流会。要求根据精彩情节评说感兴趣的人物形象。引领学生读思结合，把自己的情感和感悟投射到作品中，与名著对话，激发阅读积极性。

二、推进阅读：策略提炼，助推名著深读

整本书阅读，以学生自主阅读活动为主，但要引导学生了解阅读的多种策略，运用浏览、略读、精读等不同阅读方法；了解主要内容，关注整体与局部、局部与局部之间的关系。[3]

（一）善用策略，阅读走向纵深

（1）善用泛读，让阅读有效。第三学段阅读理解重点是把握课文主要内容，体会思想感情，领悟基本表达方法。除继续加强精读和略读能力的培养，还要重视浏览能力的习得。作为略读课文《石猴出世》课堂教学要抓住阅读提示，指导学生泛读感受故事情节、人物形象，从而感受古典名著的魅力激发阅读名著兴趣。同样，阅读其他章节学生亦可运用泛读快速抓取情节、感受人物形象。

（2）勤用精读，让阅读有品。精读是全神贯注地默读，是逐句逐节、咬文嚼字的阅读方法。内容与语言的高度融合是经典的魅力所在，精读中能够建立学生对古典名著思想内涵和文学魅力的认知，增强学生的审美能力和鉴赏能力。《石猴出世》要求学生在精读中认知石猴形象，激发进一步阅读的兴趣。教学中，教师引导学生细读描写石猴自由天性的语句，体会其语言节奏和韵律。三字、四字短句以跳跃的节奏让石猴跃动眼前，一个敢为人先、机智友善的猴子活灵活现。如果精读基础打不好，就会影响学生对整本书的阅读兴趣，阅读难以推进。

（3）巧用联读，让阅读延展。温儒敏说"整本书阅读，功夫在课外"。一定要把语文课堂教学延伸到课外，和学生的语文生活联系起来。[4] 课堂教学完成名著选文的阅读，学生掌握阅读的多种策略后，一定要进行名著内容的延伸阅读实践。《石猴出世》引导学生带着好奇心到原著中探寻猴王未来。运用浏览、猜读、跳读、群读等方法，课外"连滚带爬"地读，主动读完整本名著。

（二）回目解析，读出名著要义

小学生的认知能力是有限的，时间与精力也受限。学生初次阅读古典名著未必一定要面面俱到、平均用力。教师带领学生通过梳理回目了解主要内容，关注整体与局部、局部与局部之间的关系，推荐经典情节，读出名著要义。

《西游记》一百回可分四部分，又包含若干小故事，这些小故事可独立成篇。

部分	回目	主要内容
第一部分	前七回	美猴王出世、求仙得道、大闹"三界"
第二部分	第八回至第十二回	如来说法、观音访僧、魏徵斩龙、唐僧出世，交代取经的缘由和筹备
第三部分	第十三回至第九十九回	唐僧收悟空为徒、收服八戒、沙僧、师徒四人斩妖除魔，遇八十一难，到达西天，取得真经
第四部分	第一百回	师徒四人取经回到东土，成为真佛

第三部分组团取经是主体，通过降妖除魔表达战胜心魔成长的主题。这部分有很多脍炙人口、引人入胜的情节。如果从原著抽出就是独立的短篇或中篇小说，我们推荐学生课外细读。这样连篇成章，读出整体与局部、局部与局部的关系，思考名著要义。推荐如下："心猿归正，六贼无踪""三藏不忘本，四圣试禅心""三打白骨精""大战红孩儿""车迟国斗法""子母河受孕""西凉国女王招婿""真假美猴王""三借芭蕉扇""盘丝洞遇蜘蛛精"等。

三、定向解读：聚焦关键，品读名著价值

中国古典名著不仅有语言的魅力，还有丰厚的文化底蕴。在中小学阶段开展整本书阅读，恰当限定阅读的角度和理解的范畴，将问题讨论聚焦在特定范围内，不仅是必要的而且是必须的。这与学生的认知水平相关，也与阅读的教学功能相关。[5]

围绕《西游记》成长主题，笔者设计"否定与超越"主题阅读探究活动，在略览整体、精读局部、聚焦关键、深悟内核的进阶阅读中深挖文化符号的象征意义，体会名著文化内涵。以作业交流、师生对话、小组研读等多种方式分享阅读心得。通过思辨，引导学生与"成长的烦恼"关联，感受传统价值观，引领学生自觉省察改变，促进精神成长。

（一）探究法号、封号，思辨感悟文本内涵

通过关注法号、封号关联师徒四人的成长史。交流中，学生认识到《西游记》是历险记，也是反思记，更是人精神的成长史。

【探究作业】你知道唐僧师徒四人的法号及由来？你有什么发现？

唐僧，法号玄奘。唐僧俗姓陈，为金山寺和尚拯救，取名江流，等到年长，落发为僧，法名玄奘。

孙悟空，法号悟空。孙悟空拜师，菩提祖师看他是个猢狲，取孙姓，在弟子中排悟字辈，取名"孙悟空"。

猪八戒，法号悟能。被观音菩萨赐法号悟能，被唐僧收为二徒弟，唐僧给他起了"八戒"。

沙悟净，法号悟能，是观音菩萨在劝化他时给取的。

我的发现：唐僧师徒四人都是戴罪之身，在自救或等待解救，四人取法号意味着他们选择以求取真经的办法将功补过。

【拓展作业】唐僧师徒修得正果的封号及你的感悟。

唐僧——旃檀功德佛　　　孙悟空——斗战胜佛

猪八戒——净坛使者　　　沙和尚——金身罗汉

白龙马——八部天龙马

我的感悟：唐僧师徒从取得法号到获得封号的过程，是翻山越岭、斩妖除魔的取经过程，也是在艰苦困苦中脱胎换骨、境界提升的过程。

我的感悟：封号是唐僧师徒成功的标志，也是成人的标志。

（二）探秘名号变化，追随悟空心路历程

孙悟空大胆反抗、降妖除魔的形象深受学生喜爱。因此，笔者展开"与悟空一起成长——寻找自己、完善自己"的主题交流，引领精神成长。

1. 交流：探讨悟空的名号、身份的变化

石猴——东胜神洲傲来国花果山

美猴王——发现水帘洞　　　孙悟空——拜师学艺

弼马温——大闹蟠桃会期间　　齐天大圣——花果山上

孙行者——西天取经路上　　　斗战胜佛——修成正果

师：悟空的名号、身份发生了怎样的变化？同学们悟出什么？

生：猴—王—圣—佛，这是悟空的成长过程。

师：这一过程折射出他怎样的心路成长历程？

生：这是悟空战胜困难、自我修炼的过程。

生：这是悟空自我超越，走向成熟的过程。

2. 研读：成长路上"教、练"

（1）搜索：成长导师

孙悟空的一路成长，离不开各位师父的引领教导。我们细翻《西游记》，探寻师父们对他的完善和引领。

166

师傅	传道授业	进阶作用
菩提祖师	起名"悟空",半夜三更密授机宜,为其量身定做"筋斗云",教授本领七十二般变化、长生大法	释迦牟尼第一弟子,"解空第一"。传授神通,使之脱胎换骨成为强者
观音菩萨	点化悟空皈依佛门,赐三根救命毫毛。缓和师徒矛盾,教悟空与人相处。教授生存法则:妖精该打死;人罪滔天也得活	悟空一遇困难就找观世音,亦师亦友
唐僧	观音点化下搭救悟空出五指山,取名行者。西行大业中始终引导规范劝孙悟空,教导慈悲为怀,行善好施,引领走上正途	悟空磕头师父,带领其磨炼人间是非磨难,使之成为善者
太上老君	大闹天宫擒下悟空,八卦炉炼成不坏之身和火眼金睛	道统大佬,看似无意用心很深,成就神通晋级
乌巢禅师	禅师:"西天路途虽远,终须有到之日,却只是魔障难消。"传授《多心经》,让悟空心灵产生蜕变,达到知行合一境界	栖身鸟窝禅师,传授《多心经》助其悟道,破灭"心猿",成为圣者

（2）辨识：妖魔鬼怪

《西游记》最大的艺术特色是以天马行空的想象和极度夸张,创造神异奇幻的境界。吴承恩将取经路上的千难万险化为妖魔鬼怪的形象,以降妖伏魔故事歌颂战斗精神。妖魔分两大类:一是地上修炼成精的,二是和天神沾亲带故的。

妖怪	主要特点	结局
金角大王、银角大王、狮猁怪、独角兕王青牛怪	武力高强,偷天上仙人宝贝却有恃无恐;在人间荼害生灵,吃唐僧肉求长生不老	天上妖魔鬼怪、和天神沾亲带故的被收编
黑熊怪、红孩儿	如黑熊怪成为菩萨的守山大神,红孩儿做了菩萨的善财童子	地上妖魔鬼怪有背景的,保全性命
白骨精、犀牛精、黄狮精、蟒蛇精	没有后台,修为一般,又为非作歹	地上修炼成精的,不幸被孙悟空打死

《西游记》充满浪漫主义色彩但不乏现实主义成分。吴承恩在《禹鼎志》序中称:"吾书名为志怪,盖不专明鬼,时纪人间变异,亦微有鉴戒寓焉。"由此看作者写妖怪是有所暗喻,看似"极幻"实则"极真"。

3.讨论：本事"缩水"原因

师：取经路上孙悟空实现妖—人—佛的转变,为何本事却"缩水"？

生：孙悟空变聪明了,遇事总要求助神仙帮忙,不再打打杀杀闯祸。

生："缩水"的本事其实是孙悟空心智的提升,心性的修炼。成长就是寻找自我、完善自我的过程。

师：否定、超越，悟空从情绪型人成长为思想型人，最终成为智慧型斗战胜佛。

交流分享中，学生反观自己的成长也是一路犯错，认识到只有像孙悟空一样面对错误、真诚修正才能有成长。孙悟空脱胎换骨的经历所蕴含的驱除心魔、修炼心性的传统文化精神促进了学生精神的成长。

（三）解密紧箍咒，感受文明对成长作用

【探索解密】梳理唐僧念紧箍咒的情节，思考紧箍咒到底是什么。

梳理与紧箍咒相关情节，你会发现唐僧念紧箍咒的次数越来越少，第五十八回后唐僧没有再念紧箍咒。紧箍咒对孙悟空有什么作用？

章节	回目	紧箍咒情节	定心 收心
第十四回	心猿归正 六贼无踪	观音授意唐僧为孙悟空戴紧箍咒，念咒两次	自由心、不敬心
第二十七回	尸魔三戏唐三藏 圣僧恨逐美猴王	三打白骨精，三次念咒	放纵心、逞能心
第三十九回	一粒金丹天上得 三年故主世间生	唐僧责令悟空救乌鸡国国王，念咒一次 辨真假唐僧念咒一次	自私心
第五十六回	神狂诛草寇 道昧放心猿	打杀强盗，念咒一次	不善心、放纵心
第五十八回	二心搅乱大乾坤 一体难修真寂灭	辨真假孙悟空念咒一次	二心

生：紧箍咒是一种警戒，惩罚犯错的孙悟空，堵住取经悔退之路。

生：紧箍咒是规则、是纪律，观音菩萨给孙悟空戴一个"紧箍咒"，就是要强迫他接受文明教育，根除身上的野性，使他能修得正果，融入文明社会。

师：观音告诉唐僧，紧箍咒叫"定心真言"，唐僧用紧箍咒收孙悟空的自由心、不敬心、放纵心、逞能心、不善心、二心等，所以说紧箍咒是定心收心。

【探索解密】孙悟空为什么多次要求唐僧、观音、如来念松箍儿咒？

章节	回目	松箍咒情节	细节描写
第二十七回	尸魔三戏唐三藏 圣僧恨逐美猴王	二打白骨精被念紧箍咒二十遍，唐僧要赶悟空，悟空寻求"松箍咒"	又想起唐僧，止不住腮边泪坠，停运住步，良久方去

续上表

章节	回目	松箍咒情节	细节描写
第五十七回	真行者落伽山诉苦 假猴王水帘洞誊文	唐僧念紧箍咒十余遍，行者翻跟头、竖蜻蜓。再三驱赶孙悟空。孙悟空见观音泪如泉涌放声大哭诉苦，让她念"松箍儿咒"，回水帘洞。观音说如来没给"松箍儿咒"。悟空要上西天找如来，被拦住	行者噙泪叩头道："纵是弟子不善，也当将功折罪，不该这般遣我。万望菩萨舍大慈悲，将《松箍儿咒》念念，退下金箍，交还与你，放我仍往水帘洞逃生去吧。"
第五十八回	二心搅乱大乾坤 一体难修真寂灭	打杀六耳猕猴，孙悟空缠着如来念"松箍儿咒"，想还俗脱离佛门。如来叫观音送悟空回去，好生保护唐僧，功成归极乐，汝亦坐莲台	菩萨道"唐僧，前日打你的乃'假行者'六耳猕猴也。幸如来知识，已被悟空打死。你今须是收留悟空，一路上魔障未消必得他保你，才得到灵山见佛取经，再休嗔怪。"
第一百回	神狂诛草寇 道昧放心猿	孙悟空成佛的时候，让唐僧念"松箍儿咒"	唐僧道："当时只为你难管，故以此法制之。今已成佛，自然去矣，岂有还在你头上之理！"

悟空对紧箍咒一直心存畏惧，第二十七回、第五十七回、第五十八回悟空向唐僧、观音、如来求松箍咒。直到第一百回悟空向唐僧问起松箍咒，伴随他的金箍为何突然消失？

生：松箍咒是孙悟空反对束缚的诉求。却一再被告知无解。在紧箍咒的约束下孙悟空不断被惩戒，不断自我否定、超越。

生：所谓"解铃还须系铃人！"孙悟空修心成佛，能做到"从心所欲不逾矩"，头上自然没了紧箍。

生：紧箍咒是自省的象征。孙悟空自我反思完善、修炼心性，紧箍咒长到孙悟空心里，金箍自动消失了。

【交流研讨】孙悟空成佛后是否感谢紧箍咒？

师：西天取经路上悟空猴性消失，人性修炼，最终成佛，有人说紧箍咒成就了孙悟空，孙悟空成佛后会不会感谢那个曾经带给他无数痛苦恐惧的紧箍咒？

生：孙悟空会感谢紧箍咒。成佛的悟空学会换一种思维方式理性看待事物，感念帮助他一路成长的人和事。

生：紧箍咒本来就是一种心咒，孙悟空在西行路上不断否定自己、超越自我，懂得了自我约束，最终修炼成斗战胜佛。

师：斗战胜佛不是战胜他人而是战胜自己，修炼成佛后这紧箍圈自然套不住

169

他，消失于无形。

师：请同学们推荐一个阅读《西游记》的切入点，说明定向解读的理由。

笔者尝试对《西游记》的文化符号进行定向解读以实现内容重构。在泛读、精读、探究的沉浸阅读中，感受神魔小说的魅力，探寻悟空的心路历程，感悟文化符号的象征意义。"紧箍咒"符号探究中，通过梳理情节、提取紧箍咒信息，比较阅读中学生感受文明教化在孙悟空身上的作用，体会其蕴含的文化价值，推动整本书的深度"悦"读。

"否定与超越"主题阅读活动中，学生在《西游记》天马行空的想象世界寻找镜像反观自己，对应现实生活的影子引发对人生的思考。让阅读融入生命，与文本深度对话，揣摩文化内涵，提升审美能力，让阅读走向深刻。

总之，古典名著阅读中通过目标明确的读前引领，扎实有效地课内阅读指导和深读推进，聚焦关键的读后分享研讨，三维架构定向解读，激发学生阅读古典名著原著的兴趣，提升阅读思辨力，丰富精神世界，提升传统文化素养。

参考文献

[1][4]温儒敏.温儒敏语文讲习录[M].杭州：浙江人民出版社，2019.

[2][3]中华人民共和国教育部.义务教育语文课程标准（2022年版）[S]北京：北京师范大学出版社，2022.

[5]余党绪.走向理性与清明——整本书阅读之思辨读写[M].上海：上海教育出版社，2019.

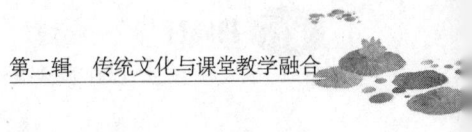

同课异构视角下的小学古诗教学

——以一位教师三个版本的《望天门山》为例

摘要：同课异构的教学模式在校本教研中广泛运用，得到积极反响。笔者对自己执教的《望天门山》三个版本的课例比对分析，总结小学古诗教学策略：涵泳品味意蕴，体会诗情画意；创设学习情境，调动思维积极；借助数字资源，培养审美情趣；推荐学习资源，促进学生发展。

关键词：同课异构；小学古诗教学；教学策略

同课异构是指选同一教学内容，根据学生实际、现有教学条件和教师自身特点进行不同的教学设计。"同"指同一篇课文，同一个授课内容，基本一致的教学目标；"异"指学生不同，教师不同，教学方法、教学手段不同[1]。同课异构是教师总结教学经验，提高教师自身素质和专业修养的一条有效途径。

小学古诗教学如何创新提效？笔者对自己执教的《望天门山》三个版本课例比对分析，在同和不同的教学设计实施中深化对古诗教学的认识。《望天门山》是部编版三年级上册自然风光单元的一首古诗。抓住"借助关键词理解一段话意思"单元训练要素，感受壮丽山河，品味语言情志。

1.0 版本《望天门山》是 12 分钟的微型课，获 2020 年 7 月第二届"诗教中国"诗词讲解大赛优秀奖。本课例以体会音韵美、意境美、情怀美为教学目标，引导学生在平仄声韵诵读中感受雄奇景色，链接背景了解李白独闯天地的积极豪迈。教师引读《上李邕》《行路难》经典诗句，简述李白 25 岁作《望天门山》、59 岁作《早发白帝城》、61 岁作《独坐敬亭山》的背景故事，让学生感悟李白为实现报国理想、积极奋斗的人生。寻找现实中像李白一样自强不息的榜样，引导学生知行合一，服务社会。

2.0 版本《望天门山》是 40 分钟的常态课，是 2021 年 11 月在陕西省西咸新区"古诗主题"教学研讨活动上的观摩课。本课采用"1+X"组诗教学，让学生感受祖国壮美河山。指导学生诵读，迁移自读语文园地《早发白帝城》，体会音韵中的乐观情绪。抓关键词"断、回"，以字源析意法引导学生观察字形，关联生活事物，理解诗意。反复诵读想象画面，入情入境。联读《行路难》诗句，感悟家国情，师生合作读拓展美景诗句，倡导在诗词中遨游美景、领略诗情，实现梯度教学。

3.0版本《望天门山》以"字源析意、涵泳诗情"为创新点，突出"以字解诗"品味汉字内涵的15分钟微型课，是2022年陕西省第二届课堂教学创新大赛的获奖课。对标"真实语境感受汉字音形义联系"，创设"字遇见诗"学习情境，以字源析意法、情境教学法引导学生涵泳探究，体会诗情画意，感受汉字文化内涵。"断、回"教扶放环节，激发学生的积极性和创造性，提高学生自主学习能力，助推单元要素落实。关键词"断"重点引导学生观形析意、读音想象、诗句入境的三步学法；小组自学"回"，关联生活事物，想象江水激荡的画面，感受对壮美河山的热爱。诗眼补白，回"望"美景、"望"穿诗心，紧扣单元主题，感受豪迈情，兼顾语言思维发展和精神成长，突破教学难点。

以上三个版本的《望天门山》以诗歌内容为基点，通过诵读培养学生学习诗词的兴趣，引导学生把握诗歌节奏、韵律，涵泳诗人情志，在沉浸式审美体验中兴发感动，认识诗文蕴含的思想智慧。符合新课标关于重视"诵读"，抓"关键词"的理解，逐步提高赏析诗词能力的要求。遵循学生的认知规律和古诗独有的特点教学，探究古诗的文化内涵。

一直以来，古诗教学重视词语释义和背诵，忽视诵读和体验。然而，没有诵读，学生就无法掌握节奏、韵律、平仄等古诗词的音律美；没有情境创设，忽略学生主动意会的过程，诗词内在情感、文化内涵，学生无法体验认同。三个课例比对分析的意义在于对小学古诗词"涵泳情志"教学方法的认识，在于对教师提升自身专业素养的启示。

一、对小学古诗课堂教学的认识

1. 指导诵读，体味音韵

小学语文教学基本任务是培养学生正确理解和运用祖国语言文字的能力。选择恰当的诵读方式利于培养学生对中国传统文化的理解和传承。

诵读是加深理解文本、学会语言表达的重要手段。新课标对学生诵读要求随学段提升不断提高。三个版本的《望天门山》的共同点是通过教师范读、师生应和读等方式，引导学生在诵读中想象画面、体会诗人情绪。1.0版本和2.0版本课例中，出示标记平仄入声符号的《早发白帝城》，让学生用迁移诵读法自主练习，学生在教师指导下很快掌握。这个环节符合新课标第二学段"在诵读中体验情感，展开想象。领悟诗文大意"[2]的要求，也提高了课堂实效性。

2. 探究字词，理解内涵

《义务教育语文课程标准（2022年版）》，对第二学段学生的阅读要求为"能联系上下文，理解词句意思，体会课文中关键词句表达情意的作用"。[3]

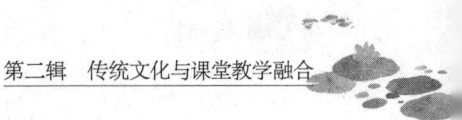

古人作诗讲究炼字，因此有"平生性僻耽佳句，语不惊人死不休"的创作体验。古诗教学更应重视抓关键词语，帮助学生准确、快速理解古诗主旨。

如2.0版本《望天门山》品味字词教学环节：找同义词替换"出"，比对替代词"立、看"，体会"出"化静为动，表达诗人自信豪迈情的妙处。又如，1.0版本开课即抓诗眼"望"教学。观察甲骨文"望"的字形，猜是哪个字？学生从睁大的眼睛和脚下踩石头，推测登高远看之意，判断"望"字。教师进一步引导：想象看天门山的心情，引发学生思考诗人有何期盼，思考能否改为"看天门山"。帮助学生建立感悟诗情、探究诗心的意识。

3. 展开想象，感悟情志

想象是人脑对储存的表象进行加工，形成新形象的心理过程。发展想象力，能为发展学生创造力打好基础。古典诗词常用表现力强的词语塑造文学形象。当诗词中的文字转化成动态画面呈现在脑海中，学生就会在汉字形音义的联系中，感悟诗歌内在情感和蕴含的志向。

3.0版本的《望天门山》，突出关键词"断、回"的教学。教师用字源析意法，引导学生通过观察字形、展开想象，猜出是"断""回"。指导学生诵读中体会，"断"字仄声中传递的果决感和"回"字平声传递的回旋状帮助学生"感知汉字形、音、义之间的联系"。引导学生说出眼前画面后出示照片，建立汉字与生活事物、行为的关联，感受汉字文化内涵。接着引导学生想象江水声，再播放楚江奔腾的动态视频，引发学生的视听共鸣。此时教师创设情境"面对大自然的鬼斧神工，李白不禁高声赞叹：天门中断——"师生激情应和诵读，学生被李白的豪迈感染。

二、对教师提升专业素养的要求

1. 掌握格律基本知识，提高自身诗词素养

《尚书·舜典》："诗言志，歌咏言。声依永，律和声。"吟诵始于周朝，一直是古诗文学习方式之一。[4]基于对中华优秀传统文化教育的重视，吟诵这一传统教学方式逐渐被重视。温儒敏教授说："中小学校在开展古诗文教学时，应该少一些朗读，多一些吟诵。""古诗词教学注重让学生感受音韵之美、汉语之美。"[5]叶嘉莹先生说："如果你会吟诵，你内心的感动，就会伴随你所熟悉的那个吟诵的声音跑出来。"[6]

要让学生热爱古诗词，真正对古诗诵读感兴趣，教师首先应加强对格律知识和吟诵的学习。三个版本的《望天门山》课堂教学，教师均注重引导学生诵读，在"平长仄短入促韵悠长"中感受格律诗的音韵美，沉潜涵泳，咀嚼滋味。小学阶段积累诗词吟诵体验感悟，了解格律知识，会为其后续诗词创作打下基础。

2. 尊重学生主体地位，重视诗词诵读体验

古诗词教学难点在于入情入境，产生共鸣。教师应指导学生有韵律、反复诵读，用心倾听学生对音韵的感受；着力引导学生在音韵诵读中再现景象并充分表达，保护学生想象力和个体觉知；根据小学生认知特点可通过彩绘象形字板书、吟唱音频示范、诗书画欣赏等多重审美体验充分启发学生感知古诗语言美、意境美。

3. 增强数字化意识，用数字资源优化教学

数字时代，教师有效开展教学，要重视获取、加工、使用数字资源，以优化、创新教学活动，有效解决教学问题。3.0版本《望天门山》开课播放纪录片《"字"从遇见你》激发学生探究热情，结课推荐汉字、吟诵码资源符合新课标"利用无时不有、无处不在的语文学习资源，引导学生关注社会生活等相关经验，增强各种场合学语文的意识"的要求。本课例应用数字资源展现汉字文化内涵，促情境中感知体验，帮助学生快乐学古诗。学习延伸课外，满足个性化需求，促进学生发展。

同课异构视角下三个版本的《望天门山》教学实践探索，深化对古诗教学的认识，增强古诗教学实效性：涵泳品味意蕴，体会诗情画意；创设学习情境，调动思维积极；借助数字资源，培养审美情趣；推荐学习资源，促进学生发展。运用以上策略教学古诗，让学生真正感受古诗韵律美，体会古诗内涵美。

参考文献

[1]冯志明."同课异构"模式下信息技术学科"差异性教学"的实践探究[J].新课程·上旬，2013（12）：187.

[2]中华人民共和国教育部.义务教育语文课程标准（2022年版）[S].北京：北京师范大学出版社，2022：10.

[3]中华人民共和国教育部.义务教育语文课程标准（2022年版）[S].北京：北京师范大学出版社，2022：9.

[4]先秦诸子.尚书[M].北京：北京图书馆出版社，2001：10.

[5]温儒敏.温儒敏语文讲习录[M].杭州：浙江人民出版社，2019：184.

[6]叶嘉莹.迦陵各种诗文吟诵全集[M].桂林：广西师范大学出版社，2021：219.

第三辑
和雅国学吟诵社辑录

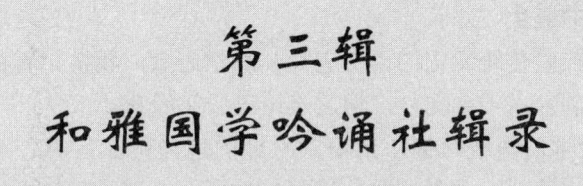

我与和雅吟诵社的故事

"君子有三乐。读书声出金石,飘飘意远,一乐也!"

——清·曾国藩

一、吟诵社的诞生

笔者是一个热爱传统文化的语文老师。教学之余,我常带着我的学生诵读蒙学经典《笠翁对韵》《千字文》,学习《论语》等经典。

2017年笔者学习传统吟诵,认识到吟诵的魅力是在音声之美中,营造韵味悠长的意境,传递情感,引人沉醉。每每兴之所至,课堂教学古诗时,我脱口而出的吟诵让学生目光灼灼。古诗词吟诵激发了学生的学习热情,也激活了我的古诗文课堂。吟诵对于传承优秀诗文的独特魅力让我思考如何以固定的时间、多样的形式持续推动学生学习古诗文的热情。

2018年教育部课标修订重点是加强中华优秀传统文化教育。传统文化回归坚定了我成立古诗词吟诵社团的想法。在学校领导的关怀支持下,和雅吟诵社诞生了。吟诵社采用线上线下相结合的方式开展学习,为学生提供涵养生命的吟诵课程,推动学生对中华优秀传统文化的热爱与学习。

2020年线上教学期间,每周日七点的腾讯直播间,我带领学生吟诵《诗经》《楚辞》的经典篇章。复课后我们温习吟诵篇目、教习古代礼仪动作,面对面的口传心授让学生学习古诗文的热情空前高涨。

六一联欢会上,学生现场吟诵《诗经·卫风·木瓜》的视频被家长在微信朋友圈转发刷屏。学校五周年宣传片中,师生在孔子塑像前举行拜师礼、吟诵《诗经·小雅·鹿鸣》的镜头成为美好的回忆。端午节前持续两周的《楚辞·九章·橘颂》吟诵活动,让学生感受到传统节日承载的美好希望和祝福,认识到传统节日蕴含的国人文化价值需求。

二、吟诵情景剧

吟诵情景剧最能激发学生的创造表达能力、舞台表演能力以及合作交际能力,颇受学生喜爱。

教师教授吟诵调,师生讨论情景剧本。吟诵社活动中,老师和学生分享即兴创作的想法,激发了更多的创意,培养了学生的创新能力。

小组长组织学员自主排练，展演道具、催台由志愿者学员担任。吟诵社提供了理想的社交环境，培养了学生的自信，甚至发展成为至关重要的领导能力。

吟诵社的学习、排练、展演等富有创造性的学习形式提高了学生的参与度，让学生沉浸其中、学有所得。

吟诵社活动中，有能力、有才艺的学生充分发挥特长，提升了核心素养。吟诵展演活动吸引了很多有兴趣的同学，为吸引更广泛的人群参与吟诵学习，和雅吟诵社借助学校"码行天下"平台上传吟诵教学短视频，推广普及古诗文吟诵。

为推动家庭对传统文化的认知，我们大力倡导传统节日亲子吟诵采风活动，《诗经·蒹葭》是爱好吟诵的五个家庭组合在沣河边"诗经里"展示时现场录制的视频，参加"陕西省博物馆教育联盟"历史文化讲述公益活动作品征集，宣传西周诗经文化。

三、特色吟诵课程

由于地域文化的不同，每个地区都有属于自己的风俗习惯、传统文化。对学生而言，家乡文化更有亲切感。我们学校地处西周故都的沣河边，这里也是诗经文化的发源地。和雅吟诵社凭借沣河的地理人文优势，开发了以《诗经》为主的国学经典系列吟诵课程，逐渐发展为以古诗词传统吟诵为特色的社团。《诗经·鹿鸣》2020年参加建校五周年的宣传片；《诗经·木瓜》参加第二届全国中华经典诗词诵读大赛，进入陕西省决赛。

几年来和雅吟诵社陆续学习国学经典《大学》《楚辞》《中庸》重点篇目、传统节日系列诗词吟诵。《橘颂》情景剧在端午节作为压轴节目在学校诗词大赛中展示；《水调歌头·明月几时有》吟诵中秋节在新区文化主题活动和新区汉听大赛中展示；《大学》情景剧在"名校+教育联合体"新春读书节上展示国子监官韵版吟诵；活动中，学生进退有节、自信大方，官韵十足的传统吟诵给大家以震撼。

吟诵社活动中，教师更关注学生学习过程的体验、感悟和创造。学校"码行天下"平台呈现的正是学生学习的过程和成果，让参与的学生收获肯定，明确不足，给学生赋能、让学习获得增值。

2020年，笔者陆续上传吟诵视频到学校"码行天下"润行课程体系，以二维码形式与全校学生以及家长共享资源。学生回家扫码即可反复观摩学习，也帮助社团教师、成员不断审视、积累吟诵社活动经验。我们后续在学校码平台推出《拜师敬师》礼仪小课、《大学》官韵吟诵系列、《橘颂》吟诵课等国学经典系列课程，推动优秀传统文化对家庭和社区的辐射影响作用。

线上线下结合的吟诵社活动拓展了学生的学习视野和学习空间，有效传承了中华优秀传统文化，带来了思想启迪和审美乐趣，潜移默化地影响了学生的思想方式和行为方式。

附：

和雅吟诵社吟诵成果

1.2019年9月10日，孔子广场组织学生进行拜师礼和开卷礼，参加校庆五周年宣传片录制；

2.2020年7月，指导沣西一小和雅吟诵团的吟诵作品《诗经·卫风·木瓜》《诗经·小雅·鹿鸣》参加第二届"迦陵杯·诗教中国"中华经典诵读大赛，《木瓜》入围陕西赛区；

3.2020年9月，辅导和雅吟诵团吟诵《水调歌头·明月几时有》，参加西咸新区"月满中秋·情聚西咸"主题实践活动；

4.2020年11月，《水调歌头·明月几时有》吟诵应邀在沣西新城"汉字听写大赛"颁奖大会展演；

5.2021年4月，组织吟诵社团成员在沣河录制《诗经·蒹葭》，参加"陕西省博物馆教育联盟"历史文化讲述公益活动作品征集，宣传西周诗经文化；

6.2021年6月，沣西一小和雅吟诵团的情景剧吟诵作品《橘颂》，作为压轴节目在学校古诗词大赛展演；

7.2021年7月，沣西一小和雅吟诵团的吟诵作品《大学》参加第三届"迦陵杯·诗教中国"中华经典诵读大赛入陕西赛区；

8.2021年9月，和雅吟诵团吟诵情景剧《大学》，在第二届"向着明亮那方"沣西一小、沣西三小"名校+"教育共同体读书节展演；

9.2022年2月，和雅吟诵社的吟诵作品《春江花月夜》，在沣西一小、沣西三小"名校+"教育共同体第三届教育教学创新年会展示；

10.2023年5月、2022年11月，和雅吟诵社《诗经·秦风·蒹葭》吟诵及国学知识小讲堂，在西咸新区首届中小学"中华经典诵写讲诗词大会"及学校"白露节气课程"展演，获得赞誉；

11.2023年1月，和雅吟诵社王鑫迪宇同学参加沣西一小、沣西三小"名校+"教育共同体第四届教育教学创新年会，做《码行天下 码上吟诵》的学生主题分享，并做唐调《中庸》吟诵的现场展示；

12.2023年6月，和雅吟诵社集体吟诵作品《水调歌头·明月几时有》参加西安市第五届中华经典诵写讲大赛选拔赛。

《诗经·蒹葭》吟诵串词 + 《诗经》微讲堂

主持人：白露，一个富有诗意的节气。六年级和雅吟诵社的同学们为大家献上《诗经·蒹葭》吟诵以及《诗经》微讲堂。

敲黑板1：蒹葭是荻（dí）苇、芦苇的合称，长在水边。
敲黑板2：白露是秋天的露水，瞬息消亡，象征美好的事物。
甲：王国维评《蒹葭》"其辞脱口而出，无矫揉妆束之态"，可见单纯之美。
齐诵：《诗经·秦风·蒹葭》
蒹葭苍苍，白露为霜。所谓伊人，在水一方。溯洄从之，道阻且长。溯游从之，宛在水中央。
蒹葭萋萋，白露未晞。所谓伊人，在水之湄。溯洄从之，道阻且跻。溯游从之，宛在水中坻。
蒹葭采采，白露未已。所谓伊人，在水之涘。溯洄从之，道阻且右。溯游从之，宛在水中沚。
乙：是啊！"苍苍、凄凄、采采"，蒹葭的颜色由青到白，深秋的气息越浓。
丙：这是诗经常见的比兴笔法，烘托歌唱者的寂寞。
乙：白露"为霜、未晞、未已"的时间流逝，衬托寻伊人的急切。
丁："长、跻、右"和"央、坻（chí）、沚（zhǐ）"的方位变化，表达可望而不可即的惆怅。
戊：从《诗经》到《楚辞》，再到历代文学作品，香草美人象征诗人对美好品格和崇高理想的追求。
甲：孔子评说"《诗》三百，一言以蔽之，曰：'思无邪'"，就是赞扬《诗经》思想纯正。
戊：同学们如果喜欢，请扫"码行天下"国学经典吟诵系列小课。

2023年6月28日

《大学》经一章吟诵情景剧

众生鱼贯上台（古琴背景音乐）

1. 师徒二人，学诵大学第一章。（普通话吟诵）

弟子：夫子，何谓"大学"？

师："大学"是讲治国安邦的大学问。

众徒：哦！？

2. 师：吾今日所讲谓之《大学》乃《礼记》之一篇，朱子挑选改造，作为四书之首推广。诸生皆当敬听，万不可懈怠半分。

众徒：谨遵先生教诲。

行上课礼（拱、拜、兴、礼成）

3. 众弟子朗诵（大学之道在明明德……）。

弟子：先生，请问此句何意也？

师：大学的宗旨在于弘扬高尚光明的德行，在于使民众自新，在于使人的道德达到最高境界。

众弟子：哦！

师：明明德、亲民、止于至善，是大学的三纲。

众弟子：哦——在明明德，在亲民，在止于至善，乃大学之道也！

4. 弟子：先生，可有下文？

先生：你听（众生接龙朗诵：知止而后有定……）。

弟子：先生，请问此乃何意也？

师：知道目标方能意志坚定，意志坚定方能镇静不躁，镇静不躁才能心安理得，心安理得才能思虑周详，思虑周详才能有所收获。

众生：每样东西都有根本和末枝，每件事情都有起始和终结。

弟子：知道先后顺序，就与大学的宗旨不远了啊。

师（捋髯点头）：孺子可教也！

5. 师：《大学》八条目，汝可知晓？

众徒：格物致知、诚意正心、修身齐家、治国平天下。

6. 师：致知在格物，此句怎解？

一弟子：苏子诗云（吟诵）"横看成岭侧成峰，远近高低各不同"。想要彻底认识事物就必须从各方面观察，才能认识根本。"格物致知"对学生是鞭策，学生定当努力为之。

师：善哉！融会贯通，知行合一。善学者也！

7. 师：众弟子，《大学》经一章，可否通晓？

众生：学生通晓，谢过先生。

师：吾今日所讲，诸生定要习而诵之。既为求知，更为养志。他日，必成大器也。

众生：谨遵先生教诲。

8. 弟子：国子监官韵吟诵《大学》经一章。

众生：吟诵《大学》经一章……

9. 师：入大学之门，行大学之道。诸生须博文约礼，知行合一。

众徒：谨遵先生教诲——博文约礼，知行合一。

下课礼（拱、拜、兴、礼成，退台）

《大学》情景剧吟诵展示

《橘颂》吟诵情景剧

使用教材：吟诵社团自编教材《楚辞·九章·橘颂》情景剧。

指导思想：

2014年教育部《完善中华优秀传统文化教育指导纲要》指出加强中华优秀传统文化教育的基本原则之一是坚持课堂教育与实践教育相结合，注重发挥课外活动和社会实践的重要作用。

2017年9月颁布的《中小学综合实践活动课实时指导纲要》强调综合实践活动课程的重要地位。

因此，学校组织专门吟诵社团，开展中华传统文化的实践活动课。

一、活动意义

经过调查发现，传统文化融入小学教学存在教师对传统文化的教育理念认识不到位，实际教学中偏知识传递学习，轻精神内涵体悟的现象比较普遍；传统文化教育拓展融合路径单一，课程实施僵化。因此，开发国学经典篇目吟诵教学、转向体验式的实践课程、探索传统文化融入语文实践活动的路径策略，使传统文化在小学教育中更好地传承与创新。

二、实施原则

1. 突出学科综合性、实践性，帮助学生在实践当中求知探索。培养学生合作、探索精神，提升学生核心素养；

2. 增强传承意识，坚定民族自信，培育民族精神，提升学生的传统文化素养。

三、责任分工

吟诵社辅导老师教授文本吟诵，指导训练难点。

吟诵社小组长组织自主编排，辅导员巡视辅助。

展演时道具、催台由年级教师及志愿家长担任。

四、活动过程

《楚辞·九章·橘颂》吟诵情景剧排练教案

活动内容：第二课堂活动课国学经典《橘颂》吟诵表演排练

活动目标：

1. 培养学生的活动组织能力、创造表达能力和舞台表演能力；

2. 培养学生合作探究学习的精神，进而提高学生的综合素质；

3. 加深学生对国学经典篇目《橘颂》及战国历史的了解，感受屈原的爱国情，增强与传统文化的亲近感，多方位汲取传统文化营养。

教学重点：教学目标1。

教学难点：教学目标2、3。

教学方法：任务驱动法、讨论法、教授法、情境教学法。

教学准备：PPT课件、《橘颂》台词稿。

第一课时

教学目标：

1. 交流背景故事，了解《橘颂》大意、思想情感。

2. 组内确定角色，情景剧初次对稿。

教学重点：交流背景故事，了解《橘颂》大意、思想情感。

教学难点：组内确定角色，情景剧初次对稿。

教学过程：

一、理解《橘颂》大意，学习吟诵调

1. 交流对屈原的了解，介绍背景故事。

2. PPT诵读《橘颂》，了解大意，感悟思想情感。

3. 教师教授《橘颂》吟诵调，现场练习录制视频，上传学校码平台。学生回家扫码，加强练习。

二、确定角色及负责的吟诵段落

1. 角色划分——屈原、婵娟、群众演员熟悉角色。

2. 群众演员组成品字形三小组，每组九位，选出组长，由组长负责带领组员练习《橘颂》吟诵调。

3. 初次对稿，体验情景，把握角色。

4. 背诵各自的台词。

第二课时

教学目标：

1. 二次对台词，要求声音洪亮，吐字清晰。

2. 调整确定角色、师生创作编排动作。

3. 角色吟诵表演。

教学重点：二次对台词，要求声音洪亮，吐字清晰。

教学难点：调整确定角色、师生创作编排动作；角色吟诵表演。

教学过程：

一、合演前分块练习检查

1. 屈原、婵娟二次对台词，声音洪亮清晰，传达故事背景。

2. 组内检查：群众演员流利背诵自己负责的台词和吟诵词，不忘词、不抢词。

3. 带动作吟诵，组内对练，相互指正帮助。

4. 教师巡回检查吟诵调，纠正易错吟诵音。

5. 主演揣摩人物心理，以有张力的表情传达角色，饱满情绪。

二、合练指导，拍摄排练视频

1. 屈原表情愁苦，动作缓慢。婵娟语言关切，动作恭敬细腻。

2. 群众演员跟随屈原、婵娟的对话做出相应的表情。

3. 吟诵《橘颂》时，群众演员表情庄重，传达对屈原爱国心的敬重。配合《橘颂》内容做整齐划一的扬手挥袖、拱手作揖礼等动作。

4. 配合背景音乐，掐点训练，熟悉场景转换的停顿。

5. 复习揖礼标准动作：拱、拜、兴、礼成。

三、上传视频到码平台，回家对照练习

上传《橘颂》徐健顺教授吟诵视频。

四、准备服装道具、头饰，端午节展演

准备汉服、橘子实物、PPT 背景图。

附：

《九章·橘颂》台词

婵娟：先生快歇息歇息吧。您一心为国却遭到奸臣的陷害，还被大王疏远，你干吗还要如此为国操劳？

屈平：婵娟呢，你看这是我楚国的橘树，是天地间最美好的树，只有在我楚国，它才枝繁叶茂，结出又大又甜的橘子。要是把它移植到淮北去，它就是又小又苦的枳了。

　　齐诵：《九章·橘颂》

　　屈平吟：前4句。
　　齐吟：接4句。

　　屈平：多么可爱的橘树啊，你心怀志向，独立不迁；你胸怀开阔，没有私欲。
　　齐：你俗世独立，绝不随波逐流；你谨慎自重，从无过失。
　　屈平：你的品行可与天地相合。
　　齐：你的品行可与天地相合。

　　屈平吟：嗟尔幼志……岂不可喜兮。
　　齐吟：深固难徙……横而不流兮。
　　屈平吟：闭心自慎，不终失过兮。
　　齐吟：秉德无私，参天地兮。

　　屈平：在这万物凋零的寒冬，我要与你做长久的友人。你善良美丽，从不放纵，你枝干坚挺，文理清晰。你虽然年轻却足以做我的师长。你的品行堪比伯夷。
　　齐吟：原岁并谢……梗其有理兮。

屈平吟：年岁虽少……置以为像兮。
齐吟：年岁虽少……置以为像兮。行比伯夷，置以为像兮。

《屈原投江》排练剧本

第一幕 （楚国宫殿）

楚王坐在中央，宫女、侍卫站两边，众大臣站堂前。

旁白：战国时期，中原大地狼烟滚滚。楚国是南方大国，楚怀王执政时，有屈原佐政。屈原主张改革，经常遭人排挤。

楚王：现今，我们国家不论政治、军事、经济各方面都落后于其他国家，就连寡人的钱袋都空空如也，你有什么好说的？

屈原：（侧身立，手拿扇子）大王要国家富强，同秦国抗衡，就要实施改革。还要同其他诸侯国，尤其是齐国结成联盟。

楚王：好，就由你去做了。

屈原：（弯腰）谢大王！

（众朝臣退去，剩下两个奸臣。）

第二幕（楚国宫殿外）

（宫女放下扇子、蹲下，侍卫站前挡着楚王，象征在宫殿外）

奸臣：（面向台前，不满的样子）屈原搞法律改革，会损害到我们贵族的利益的。

荆尚：（自言自语）嗯，是啊！让我想想有什么计策可以害他！

第三幕（楚王宫殿内）

（宫女站起来，侍卫站两边，楚王居中，象征宫殿内）

荆尚：（侧身立，手拿象笏，奸人样子）大王呀大王，你知不知道，屈原泄露国家机密，还中伤大王，说您心里有鬼，所以楚国搞不好。

楚王：（大怒）屈原，你太过分了！

第四幕（楚王宫殿内和外）

（楚王坐中间，宫女侍卫两边站立，大臣站堂前）

旁白：屈原主张改革得罪很多人，常被人排挤，但不肯同流合污。秦国收买楚王身边的小人，要楚国取消联齐抗秦，改同秦国结盟。

屈原：大王，秦国野心很大，信不过，千万不可取消同齐国结盟。

楚王：（动怒）屈原，我是大王还是你是大王？你还是去耕田算了，有多远就走多远。

（宫女放下扇子并蹲下，卫士站前挡着楚王，象征在宫殿外）

屈原：（极度失望伤心，高举双手）天呀（跌倒在地）！我如此忠心，大王，您居然不相信我，我只有离开！

第五幕（咸阳囚室）

（秦国狱卒手拿枪，两边儿站）

旁白：楚国取消与齐国结盟，秦国多次攻打楚国，并引诱楚王去秦国会盟，结果楚怀王被秦国囚禁。

楚王：（在囚室，坐在地上，自怨自艾）都是寡人不好，偏信小人。早知道就应该听屈原的。（捶打自己胸口）

旁白：三年后楚怀王死在秦国。（楚怀王慢慢倒下，象征死去）

第六幕（汨罗江边）

旁白：楚怀王客死在秦，楚国几近亡国，屈原伤心欲绝；而朝廷以"上乱朝政，下扰民心"的罪名流放屈原。

屈原：（形容枯槁，颜色憔悴）长太息以掩涕兮，哀民生之多艰。

渔父：（慢慢走上前）这不是三闾大夫吗？您怎么会到这儿来了呢？

屈原：我是被流放到这儿的。

渔父：你有一片忠君爱国之心，怎么会被流放呢？

屈原：举世混浊而我独清，众人皆醉而我独醒。（极度无奈）

渔父：我听说，圣人是能够适应任何世道的，您为什么不随波逐流，今朝有酒今朝醉呢？

屈原：渔父啊，有谁愿意在洗完澡后，再穿上肮脏的衣服和戴上沾满灰尘的帽子呢！我宁愿葬身鱼腹，也不愿同流合污！（悲愤抱石跳江）

渔父：（凄怆地）三闾大夫，三闾大夫……

第七幕（长江边）

百姓甲：屈原忠心爱国，我们不如包一些粽子给他吧……

众平民：（和议）好呀。

百姓乙：我们还要划龙舟，吓走水怪！

众平民：好呀！

旁白：人们为纪念屈原的爱国精神，每年端午节吃粽子、划龙舟。

第四辑
传统文化教学融合研究

课题研究　教师专业发展必经之路

　　课题研究，是每一位教师专业发展的方向。

　　随着教师专业发展的不断推进，"教师成为研究者"成为现实。教师教学科研一般从研究教育教学中的小问题开始，从写教学反思、教育随笔入手，进而写教育教学论文，逐步走向课题研究。课题研究是教师教学科研走向高级阶段的表现。在教师专业发展日益受重视的今天，教师从事教学科研是必然的。

　　课题研究，是教师专业发展必经之路。能够申请到课题、主持课题、完成课题，是教师具备较高教学、科研能力和水平的标志。但是，还一部分教师徘徊在课题研究之外，或者只是参与到他人课题里，没有真正主持过课题。虽然做课题有一定的难度，只要掌握课题研究的方法技能，只要不断探索实践，每位教师都可以走上课题研究之路。

　　中小学教师课题以教学研究为主，以应用研究居多。教师首先要解决自己教育教学中遇到的问题与困惑，改变目前的困难处境，这样的课题研究才有真正价值。应用研究要走"学习、借鉴、融合、创新"之路，要结合具体的教育实际研究，才能走出创新之路。

　　提升课题研究能力，成为教师专业发展中的一个重要问题。以下是笔者主持完成陕西省"十四五"规划课题"中华传统文化与小学语文实践综合活动融合的研究"的开题、中期和结题报告，希望能够给大家借鉴和帮助。

2023 年 7 月 26 日

陕西省教育科学规划课题

中华传统文化与小学语文综合实践活动融合的研究

课题批准号　SGH21Y0936

开题报告

2022年2月26日

开题报告要点

（一）题目：中华传统文化与小学语文综合实践活动融合的研究

（二）研究内容

（1）根据学情和语文教学要求，针对综合实践活动促进学生认知领域、情感领域、基本技能，尤其是综合素养的发展进行目标规定，建立综合实践活动的目标体系。

（2）根据教材内容和学生活动目标，汉字解读、经典诗文诵读、古典名著阅读、民俗体验探究、诗文创作表达五方面，探索弘扬传统文化的策略。精心设计综合实践活动内容，初步形成相对完整的语文综合实践活动课程。

（3）根据学生身心特点及活动目标要求，探索融合传统文化的小学语文实践活动形式，最终形成切实可行的教学模式。

（三）研究方法

（1）文献研究法。查阅、梳理国内外相关文献，寻找本课题实施的理论依据及可借鉴的优秀经验，启迪课题组成员的思想，开阔研究思路。

（2）调查研究法。问卷调查为主，访谈为辅，在定量研究基础上做出定性分析。问卷难以把握的地方做访谈，收集师生对课题研究的意见建议，寻找着力点和突破口。

（3）行动研究法。对语文教学传统文化意识淡薄、学生语文素养退化的现状进行反思与研究，通过设计开展与传统文化融合的综合实践活动，增强教师的教科研意识和能力。

（4）案例研究法。研究学生个体传统文化素养的发展变化，总结出共性规律。

（5）实践反思研究。实践中不断探索、反思、总结经验，撰写总结报告。

（四）组织

略。

（五）分工

略。

（六）进度

第一阶段：准备阶段（2021年8月—2021年12月）

（1）成立课题实验小组，开展理论方法培训。

（2）收集整理传统文化与语文实践活动融合现状的资料，撰写文献综述，形成理论支持。

（3）整理课题申报相关资料，完成课题立项申报。

（4）拟定课题研究阶段计划，明确研究目的和意义、目标及任务。

第二阶段：研究阶段（2021年12月—2023年6月）

（1）确定调查对象、设计问卷调查和访谈提纲，以座谈会、书面调查形式开展前期调查，补充有关数据，为研究提供重要依据。

（2）课题研究方案按学期分为三阶段实施，实验教师制订个人课题研究阶段推进计划，重视中期阶段总结。在实践中不断探索发现、交流做法、反思总结，逐渐形成典型经验。

（3）每学期安排线上线下专家培训讲座，组织实验教师参与校外教学观摩研讨会，参加优秀教学设计、教学案例、教学论文评选活动。

（4）有计划地组织学生开展，传统文化主题的综合实践系列活动，如经典文化小报展评、经典文化展演、传统节日民俗体验等。

（5）利用学校广播播放经典诗词吟诵音频，晨会为实验班提供吟诵展示平台。

（6）课题组每学期对课题研究工作进行阶段计划、总结，撰写阶段性总结报告。

第三阶段：总结阶段（2023年6月—2023年8月）

（1）收集总结的材料，组织教师撰写结题报告。

（2）举行教学研讨课、示范课。

（3）教师论文、教学设计、教学案例汇编。

（4）完成"中华传统文化与小学语文综合实践活动融合的研究"的结题报告。

（5）成果提交鉴定。

（七）经费分配

类别	金额（3万元）	开支明细
资料费	0.5	研究过程中发生的资料收集、录入、复印、图书等费用
数据采集费	0.25	项目研究过程中发生的问卷调查、数据跟踪采集、案例分析等费用
差旅费	0.5	项目研究过程中开展国内调研活动所发生的交通费、食宿费及其他费用
会议费	0.5	组织开展学术研讨、咨询以及协调项目或课题等活动而召开小型会议的费用

续上表

类别	金额(3万元)	开支明细
印刷费	1	项目研究过程中发生的项目研究成果的打印费、印刷费和研究成果结集出版费
其他支出	0.25	项目研究过程中发生的支付给临时聘请的咨询专家的费用，支付给直接参与项目研究的在校研究生和其他课题组临时聘用人员等的劳务性费用等

（八）预期成果

主要阶段性成果				
	（起止时间）	阶段成果名称	成果形式	负责人
1	2023-06-01 至 2023-08-31	总结阶段	报告、论文、其他	高华、冯某
2	2021-12-31 至 2023-06-30	研究阶段	报告、论文、其他	高华、孙某
3	2021-08-01 至 2021-12-30	准备阶段	立项报告、其他	高华、黄某

最终研究成果			
完成时间	最终成果名称	成果形式	负责人
2023-08-31	我们身边的传统文化	报告、论文、学生作品集	高华
2023-08-31	传统文化回归背景下小学语文综合实践活动的有效开展	论文合集	高华
2023-08-31	中华传统文化与小学语文综合实践活动融合的研究结题	报告、论文	高华

课题主持人签名：

年　　月　　日

专家评议要点

中华优秀传统文化作为中华民族的基因受到国家高度重视。小学教育工作和中华传统文化结合，能激发师生对中华优秀传统文化的历史自豪感，使其形成对社会主义核心价值观的共识和价值认同，是我们必须秉承的教学义务以及教学责任。

根据国内外研究现状的述评,"中华传统文化与小学语文综合实践活动融合的研究"选题有意义,核心概念界定准确,对挖掘、梳理、部编版小学语文教材中的传统文化元素,开发系列的探究体验实践课,探索中华传统文化与小学语文综合实践活动融合的切入点和可行路径有研究价值。

针对本课题的研究目标、研究内容、研究假设和创新之处提出意见和建议:

(1)在传统文化回归背景下,课题研究成员要结合当前教师对传统文化的教育理念认识不到位,小学语文教学课堂对学生学科思维和实践能力的培养重视不够,传统文化教育依赖于课本、局限在校园,拓展融合路径单一,课程实施僵化的问题以问题意识推动课题研究,增强教师传统文化教育意识,使传统文化在语文课程中得到更好的传承创新。树立与学生同进步、共成长的理念,提升传统文化素养,增强教科研能力,形成特有教学风格。

(2)部编版教材蕴含的传统文化元素,对学生的兴趣、爱好、理想产生潜移默化的影响,可提升学生的传统文化素养,增强文化传承意识。本课题立足挖掘部编版教材的传统文化因素,规划传统文化教育内容,转向体验式的实践课程,探索中华传统文化与小学语文综合实践活动融合的切入点。如何创造性地使用教材,开发教材中传统文化元素的内容,需要扎实研究。

(3)课题研究根据学情,针对学生兴趣,尊重学生的认知特点和个性特点,设计体验式的实践活动,吸引学生全员参与、全程体验。注意评价的过程性及评价形式的多样性,激发学习兴趣和创造灵感。多样化记录学生成长,促进体验传统文化魅力。切实培养小学生的传统文化素养,使传统文化在语文课程中得到更好的传承创新。

(4)开展传统文化与语文综合实践活动融合的课题研究,课题研究教师要注重学生学习方式的转变和学生多元立体的思维发展,培养学生合作、探索的精神,提升语文核心素养。

(5)教材中传统文化元素呈散点式分布,如何合理开发教材,增加传统文化学习载体,提升学生的传统文化素养,传承和发展传统文化?

(6)微空间背景下,如何加强微空间传统文化平台建设,打通"线上"与"线下"教学通道,跨越课内外学习空间,促进小学生对优秀传统文化的认同?利用好微空间展示呈现教师和学生的阶段成果,尤其是教师的微课视频、学生的演讲视频、课本剧视频及学生绘本、手抄报、实践单等作品集,让微空间成为传统文化传播的重要场域。

研究调整

（侧重说明对照课题申请书、根据评议专家意见所做的研究计划调整。）

（1）传统文化回归背景下，以问题意识推动课题研究，提升师生的传统文化素养。根据2014年教育部《完善中华优秀传统文化教育指导纲要》，课题研究中我们本着改革教学理念进行课堂革命的宗旨，对照教学大纲，设计以体验探究传统文化为主题的综合实践活动。在学生的语文学科思维培养和实际运用能力提高上发力，探索传统文化融入小学语文实践活动的可行路径及融合方式策略，使传统文化在小学语文课程中更好地传承与创新，提升教师和学生的传统文化素养，增强教科研能力。

（2）关于梳理教材中传统文化元素内容，建构传统文化主题的系列活动课程。我们重点围绕统编教材各册的单元主题，梳理传统文化元素，开发汉字溯源解读、经典诗文诵读、古典名著阅读、民俗体验探究、诗文创作表达五方面的专题内容，建构传统文化主题的系列活动框架，初步形成相对完整的传统文化体验之旅活动课程。以语文学科为主，多科联动，开发主题项目式学习活动，开发评价工具，探索融合路径、策略。

（3）尊重学生的认知特点和兴趣点，关注过程性评价，促进体验传统文化魅力。

课题研究针对学生的认知特点和兴趣，本着将单调的学科学习游戏化、生活化的原则，设计开展难度适宜、主题多元、浸润式实践活动。利用喜闻乐见的信息平台，多样化记录学生成长。注意评价的过程性及评价形式的多样性，激发学习兴趣和创造灵感。多角度感受传统文化的魅力，润泽儿童心灵，让学生用人文视角观照世界。

（4）课题研究注重学生学习方式的转变与核心素养的发展。课题组成员引导学生发现身边的传统文化，指导学生将感兴趣的传统文化话题变为项目式学习活动。以问题驱动学生利用网络等手段收集材料，实践活动中，教师激发学生的调研欲望，倡导小组合作开展自主实际调研，全方位、多角度地加深文化体验，辩证地看待传统文化的传承和发展问题，在实践中发展学生的核心素养。

（5）合理开发教材，增加传统文化学习载体，传承发展传统文化。传统文化体验活动中，教师激发学生的调研欲望，了解身边事物传统文化，增加传统文化学习载体，合理引进与日常生活息息相关的传统文化经典，引导学生与典故、成语、诗文等语言材料密切接触，促进文化意趣的渗透，开阔文化视野，充分感受传统文化的内涵与魅力，提升审美鉴赏创造力，丰富文化积淀，增强文化自信，做传承文化的小使者。

（6）借力微空间促进小学生对优秀传统文化的认同，加强微空间传统文化平台建设。充分借助微信、微视频、码空间等平台，研发以优秀传统文化为核心的教学"云课堂"，上传形式多元、内容新颖的系列优质国学微课。让学生接触、参与制作更为丰富的传统文化资源，让微空间成为传统文化传播的重要场域。

评议专家组签名：

年　　月　　日

陕西省教育科学规划课题

中华传统文化与小学语文综合实践活动融合的研究

课题批准号 SGH21Y0936

中期报告

2023年2月6日

中期报告要点

《义务教育语文课程标准（2022年版）》（以下简称2022年版新课标）指出"热爱中华文化，继承和弘扬中华优秀传统文化，初步了解和借鉴人类文明优秀成果，具有比较开阔的文化视野和一定的文化底蕴"。部编版教材更重视传统文化，增加传统文化篇目，整个小学传统文化的篇目占所有选篇的30%，增幅达到80%。

"与传统文化融合的综合实践活动"是在生活情境中体验、理解、传承优秀传统文化的活动课程，是对语文课堂知识的延伸，是对现行语文教材教学的补充。与传统文化融合的综合实践活动强调学习方式的融合，突出自主性，尊重学生的兴趣爱好，注重指导学生在实践中探索、感受、理解、传承民族的思维方式、价值观念、审美情趣等深层文化。

本课题研究过程注重提升学生的核心素养，提升对传统文化的认同感、自豪感，增加文化自信；加强教师传统文化教育观念，增强教科研意识能力，创造性使用教材，积极开发课程资源，提升教师传统文化素养。

一、研究工作主要进展

（一）加强自我研修

课题组成员围绕小学语文"优秀传统文化与综合性活动融合"进行专题学习。首先进行课标深入研读，对总体目标和学段目标加强学习，明确课标对小学"综合性学习活动"的要求，确保在活动实施过程避免方向性错误。加强对教材"传统文化"课程内容的梳理分析。

（1）研读教材。梳理分析教材传统文化呈现内容和形式，为设计综合实践活动做准备。

中华优秀传统文化在小学语文教材中的呈现形式

一年级上册 五行元素 《声律启蒙》《笠翁对韵》	二年级上册 民俗文化知识	
一年级下册 《三字经》	二年级下册 二十四节气常识	三年级下册 古代技术成就、具体工艺
三年级下册 神话故事（文言文）	三年级上册 传统节日习俗文化	四年级上册 传统游戏（习作）

续上表

五年级下册 走进古典名著	四年级上册 历史人物故事 古代常识	五年级下册 中国历史文化遗迹（习作）
	五年级上册 民间故事	六年级上册 《伯牙鼓琴》《书戴嵩画牛》
	五年级下册 遨游汉字王国	
	六年级上册 聊聊书法	
	六年级下册 传统节日民俗民风	

中华优秀传统文化在小学语文教材中的呈现内容一览表

板块	内容	篇数
识字	《天地人》《金木水火土》《对韵歌》（一上）《姓氏歌》《古对今》《人之初》（一下）等韵文识字	8篇
课文	《静夜思》（一下）等70首古诗词、《曹冲称象》（二上）等6篇人物故事、《揠苗助长》（二下）等4篇寓言故事、《赵州桥》（三下）等6篇说明性文章、《盘古开天地》（四上）等3篇古代神话、《牛郎织女》（五上）等5篇民间故事、《草船借箭》（五下）等4篇古典小说、《杨氏之子》（五下）等15篇文言文、《伯牙鼓琴》（六上）等2篇文言文、《北京的春节》（六下）等5篇散文	118篇
日积月累	《悯农》（一上）等41首古诗词、"一年之计在于春，一日之计在于晨"（一上）等50条俗语、"春回大地"（一下）等84条成语、"不知则问，不能则学"（一下）等50条经典名句、"十二生肖"（二下）等10条古代常识	23首（条）
口语交际	"讲讲历史人物故事"（四上）、"讲民间故事"（五上）、"聊聊书法"（六上）	3次
习作	"中国的世界文化遗产"（五下）、"家乡的风俗"（六下）	2次
综合性学习	"中华传统节日"（三下）、"遨游汉字王国"（五下）	2次
快乐读书吧	"小故事大道理——读读中国古代寓言"（三下）、"很久很久以前——读读中国古代神话"（四上）、"从前有座山——读读中国民间故事"（五上）、"读古典名著，品百味人生"（五下）	4次
单元导语	"苟利国家生死以，岂因祸福避趋之"（五下第四单元）等	9次

（2）研读文献。课题组成员加强对文献的研读，提高自身理论素养。借助中国知网查阅相关文献，共36篇。内容涉及：传统文化与小学语文综合实践活动融合的现状调查及有效策略研究，综合实践活动课程的教学设计、个案研究等，提高成员对此领域研究内容的认识，加强实践操作性。

（3）研读专著。加强专著研读，提高对"中华优秀传统文化与小学语文综合实践活动融合"领域课程的整体把握，团队成员先后阅读了徐健顺著《普通话吟诵教程》《温儒敏语文讲习录》、余党绪著《整本书阅读之思辨读写》以及PBL项目式学习的相关书籍，专著的阅读不仅推动了课题的研究，也推进了教师对融合实践的整体认识，部分教师已经能够从课程的相互适应取向走向课程的创新取向。

（4）坚持"请进来走出去"。课题组成员每学期进行专题培训，请专家入校对课程进行专业培训和指导。

（二）着力实践研究

1. 提高课题组教师对研究课程价值的认识

在研究的过程中，教师表现出对"综合实践活动"认识还不够深入，对研究价值认识不足导致活动前准备不足，综合实践活动方向不明，学习效果评价单一。

2. 加强对"综合实践活动"课程的开发探索

一年级"好玩的汉字"活动。从音、形、义探秘，让学生充分感受汉字的文化内涵和传承魅力。

通过字理识字法，引导学生探寻字义本源，析字，理解字意，感受古人智慧，激发学习兴趣。课堂内外开展"寻找好玩的汉字"活动，以字形关联生活经验，渗透造字法知识，增强汉字教学效果。课后推荐学习资源《字从遇见你》，了解汉字渊源和文化内涵。指导书写感受汉字笔画的穿插、避让关系，渗透为人处世的道理。多角度对学生进行传统文化教育渗透。

二年级"感受四季之美"活动。以体验、宣讲形式探秘节气文化内涵，让学生感受农耕文明。

发挥跨学科学习的整体育人优势，活动前引导学生拓展学习资源，活动中增强跨学科学习的综合性和开放性，通过绘制小报、物候模型、美食制作、吟诵展演，将节气文化转换为丰富的物化展品。评价以学生在各类探究活动中的表现，及学习成果为依据。

三年级"姓名中的文化密码"活动。活动前，让学生搜索自己姓氏的渊源，收集整理相关资料。课堂上学生交流自己姓名中汉字的美好寓意；梳理探究古人名与字之间的关联，了解复杂的古人的姓名字号，了解姓名寄寓的高雅情怀和承载的文化内涵，积累古代文化常识。课后使用不同字体书写姓名，尝试给自己取字；小报绘制自己喜欢的古代名人的姓名字号。

四年级"中国传统节日"活动。化身传统节日小使者，向周围人介绍中国传统节日。

学生围绕驱动问题自主学习，探究过程中，学生以学习小组为单位，选择感兴趣的传统节日，通过查阅资料、了解探究、宣传推广等多种方式开展深度学习实践。学生通过制作节日手抄报、美食、手工、宣传小视频等形式，充分感受传统文化的魅力。开展探究活动，让学生深入了解传统节日，记录过节的体验感受，借助评价表从资料整理运用、探究过程协作、成果呈现等方面对各小组进行评议。

五年级"走进四大名著"综合实践活动。聚焦单元主题，创设"感受名著魅力"学习情境，通过自主阅读、拓展探究、创意表达三个维度，激发学生阅读古典名著的热情，发展核心素养。活动前提供资源、搭建支架，让学生有清晰的学习路径。开展基础型、拓展型、探究型、开放型活动，突出趣味性、针对性、体验性、延展性，为每个学生提供自由探索的空间。"古典人物模仿秀"之人物造型秀、经典配音征集；"名著中的人文符号"之茶意、酒语调查报告；"经典故事我改编"之课本剧表演，不同类型、维度的活动，既尊重学生的个性差异，又发挥学生特长。不同层次学生在自主、合作的学习活动中有发现、有体验、有探究，评价激励学生改进、整理、总结，过程中学生获得成功体验，增强学生对传统文化的认同感。

六年级"走进京剧，品味国粹"项目式学习活动。项目探究过程中，学生以学习小组为单位，选择感兴趣的学习内容，了解京剧发展、探究京剧表演方式、分析京剧脸谱与京剧人物的关系、化身舞台人物，体验唱念做打。通过查找资料、走访调研、欣赏探究、宣传推广等方式，学生了解京剧知识、体验京剧文化、增强学生对传统文化的认同与理解，成为戏剧文化的实践宣讲员。本次项目式学习效果良好成绩显著。

3. 加强专家对课程设计的指导

在整个课题实施过程中，2022年9月，教师在暑期集中和自学的基础上，参加西安市龚健辉"名师+"研修共同体举办的"新课标"专题培训；2023年2月3日，邀请贾玲院长进行新课标和项目式学习专家解读培训，加强对课程实施的指导。

席建中巡视员在课题推进会上指出挖掘部编版教材，建构传统文化探究主题的实践活动课程框架；开展课题研究，注重学生学习方式的转变和思维的发展，确保设计开展难度适宜、主题多元、浸润式的实践活动，激发兴趣和创造力，加深文化体验，感受传统文化的魅力，提升学生的传统文化素养。

4. 加强对课程实施的评价

过程性资料共享"码行天下"，记录学生活动中的成长收获，积累形成系列活动码书。课题实施的过程中，注重多角度、多样化、全过程的评价。展示中以公众点赞、留言、微信转载、问卷星问卷等形式接受评价，多元化主体科学衡量评价学生，让学生感受肯定与鼓励。

（三）注重资料积累

《义务教育语文课程标准（2022年版）》关于课程资源的开发与利用指出："从核心素养形成和发展的内在规律出发，紧密结合语文教材内容，选择有利于组织和实施综合性语文实践活动的优质资源，构建开放多元的教学资源体系；体现课程资源在文化传承方面的作用，充分发挥其促进学生发展的价值。"

课题研究过程中，我们始终强调课题与教学实际相结合，边学边研、边研边教。同时，在研究过程中增强资料积累意识。利用现代信息技术推进资源建设，整理、优化课程资源库，持续更新课程资源，通过课题资源动态建设促进教师专业发展。

二、阶段性成果

（一）形成部分精品课题研究成果

研究过程形成省级精品教学课例3例；获奖微课4节（国家级2节，市级2节）；省市获奖教学设计3篇、省市获奖教学论文9篇、开展活动数次，形成三大主题的课题研究成果系列码书。随着后续研究的不断深入，教学成果不断丰富，形成每学期定期开展的特色综合活动。

（二）提升教师对传统文化课程的设计力

研究初期迎接全新的挑战。教师的课题研究经验不足，对课题理解不深，不能考虑学生的发展需要，合理整合教学资源，思考多种创新形式进行设计。实践中，教师主动学习、参与研究过程、主动研讨，逐渐形成对综合实践活动课的驾驭能力。在课题研究中，通过梳理部编版教材优秀传统文化元素呈现的内容，分析呈现形式，开发主题项目式综合实践活动。完成"寻找好玩的汉字""感受四季之美""生肖文化之虎年说虎""中国传统节日""走进四大名著""走进京剧品味国粹"等活动。进行了《示儿》《从军行》《夜宿山寺》等古诗的教学研讨，形成古诗教学范式，对《望天门山》进行课堂教学创新的探索。

（三）提升学生对传统文化的认同感

新课标指出，要让学生认识中华文化的丰厚博大，汲取民族文化智慧，对学生终身发展产生奠基作用。课题研究过程中，首先提升学生对中华优秀传统文化的认同度。从之前有了解、感兴趣，到对传统文化活动的热情参与、广泛宣传，说明学生对传统文化的诚挚认同。其次活动实施过程中，学生通过体验探索加深对传统文化的理解，感受到传统文化中蕴藏的民族智慧，增强文化自信，最终促进学生对优秀传统文化的继承和弘扬。

三、主要创新点

2022年版新课标关于课程资源的开发利用，提出："从核心素养形成和发展的内在规律出发，紧密结合语文教材内容，选择有利于组织和实施综合性语文实践活动的优质资源，构建开放多元的教学资源体系；体现课程资源在文化传承方面的作用，充分发挥其促进学生发展的价值。"

（1）在实施过程中，能够挖掘部编版教材传统文化元素，紧扣课程标准与教学目标，切合学段学生的身心特点，实践探索建构传统文化主题的学科活动课程系列。

（2）实施中坚持开发国学经典吟诵社团课程，形成特色社团课；在后期实施过程借助学校节气文化学科融合项目式学习活动，让优秀传统文化的人文内涵惠及每一位学生。

（3）借助学校"码行天下"信息技术平台形成系列活动码书，以公众号、微信、问卷星形式，多样化记录学生成长，科学衡量评价学生。

四、存在问题

（一）综合实践活动融合传统文化未成体系

经过一年的探索，形成了部分精品课，但是限于教师的传统文化素养缺乏、课程整合力度不够，没有形成系列和主题。课程探索研究亟待专家进一步指导和教师实践的积累。

（二）综合实践活动融合传统文化深度不够

教师对传统文化元素的挖掘和对学生实践能力的重视不够，设计开展综合实践活动的经验有限，实施过程中难免流于形式。这表现在部分课例缺乏活力，学生受益少。

（三）课题组教师自身课程领导力不足

课题组教师自身是否具备相应的课程理论知识，是否掌握一定的教育教学理念和智慧，是否具备高度的课程资源意识，都影响课程领导力的提升。这需要课题组教师积极开展自主学习，转变课程观念，明确课程设置取向。

五、下一步计划

（1）每学期每个年段一次的传统文化融合活动课程展，借助"码行天下"平台记录学生综合活动全过程。使全校学生接触更丰富的传统文化资源，主动参与到传统文化学习活动中。

（2）完善综合实践活动课程体系的构建。上传形式多元、内容丰富的系列节气文化宣讲视频、国学经典吟诵微课、古诗文吟诵范例等，由点到线再到面，整理完善全学段活动课程资料，制作活动课程的系列码书资料共享，实现评价的数字化、过程化。

（3）加强课题组教师的教学观摩、课题研讨活动。加强学校专家团队的专业指导，秉承反思心态投身课题研究。除开展学生活动外，每位组员每学期至少参加一次"传统文化教学展评"活动。发挥骨干、特长教师的作用，分享优秀实践活动全过程展、优秀教学课及案例。

（4）重视利用码资源平台推进资源建设，整理优化、持续更新课程资源。通过探索课题资源的开发和利用促进教师专业发展。研究教学中如何高效使用课题成果码书。探索高效使用的课堂教学模式。对过程中不足的问题，在专家指导下修改完善，增强实效性。

可预期成果

（1）教师有可实施的教学设计参考，形成传统文化与综合实践活动融合的教学案例。

（2）形成系列综合实践活动"码书"手册，为后续的活动开展以及课题研究提供支撑材料。

（3）形成相关课例展示、活动案例、研究报告与论文。

课题主持人签名：
年　　月　　日

主要阶段性成果及影响

2022版新课标指出："从核心素养形成和发展的内在规律出发，紧密结合语文教材内容，选择有利于组织和实施综合性语文实践活动的优质资源，构建开放多元的教学资源体系；体现课程资源在文化传承方面的作用，充分发挥其促进学生发展的价值。"在课题研究中，我们形成阶段性成果，不断构建教学资源。

一、阶段性成果作品

（1）教学课例、教学设计类

教学微课2例获全国优秀奖；《古诗教学策略》现场分享，专题讲座《传统文化回归背景下的古诗教学策略》；教学课例2例共享陕西省扶智教育平台；市级"古诗教学研讨"活动观摩课1例；市级中小学特色课堂精品课1例。教学设计共完成作品4篇，其中2项获得国家级奖项，2项设计获得市级奖项。节气微课 2 项获得国家级微课奖项。

（2）教学论文登载共完成作品 5 篇，1 篇发表在全国微信平台。

（3）教学论文获奖共 9 篇，6 篇获省级一、二等奖，3 篇获市级一等奖。

二、阶段性成果影响

2022 年版语文新课标指出："综合考虑教材内容和学生情况，设计不同类型的学习任务，依托学习任务整合学习情境、学习内容、学习资源，安排连贯的语文实践活动。"课题组教师利用无时不有、无处不在的教材和生活中的学习资源与实践机会，创设传统文化学习情境，建设开放的学习空间，激发学生探究、体验的兴趣和热情。

一年级"好玩的汉字"活动。从音、形、义探秘，让学生充分感受汉字的文化内涵和传承魅力。

通过字理识字法，引导学生探寻字义本源，析字、理解字意，感受古人智慧，激发学习兴趣。课堂内外开展"寻找好玩的汉字"活动，以字形关联生活经验，渗透造字法知识，增强汉字教学效果。课后推荐学习资源《字从遇见你》，了解汉字渊源和文化内涵。指导书写感受汉字笔画的穿插、避让关系，渗透为人处世的道理。多角度对学生进行传统文化教育渗透。

二年级"感受四季之美"活动。以体验、宣讲形式探秘节气文化内涵，让学生感受农耕文明。

发挥跨学科学习的整体育人优势，活动前引导学生拓展学习资源，活动中增强跨学科学习的综合性和开放性，通过绘制小报、物候模型、美食制作、吟诵展演，将节气文化转换为丰富的物化展品。评价以学生在各类探究活动中的表现及学习成果为依据。

三年级"姓名中的文化密码"活动。活动前，让学生搜索自己姓氏渊源，收集整理相关资料。课堂上学生交流自己姓名中汉字的美好寓意；梳理探究古人名与字之间的关联，了解复杂的古人的姓名字号，了解姓名寄寓的高雅情怀和承载的文化内涵，积累古代文化常识。课后使用不同字体书写姓名，给自己取字，制作名签牌；小报绘制自己喜欢的古代名人的姓名字号。

三年级"生肖文化之虎年说虎"活动，以说虎、画虎、演虎系列活动，探索生肖文化内涵。

四年级"中国传统节日"活动。化身传统节日小使者，向周围人介绍中国传统节日。

学生围绕驱动问题自主学习，探究过程中学生以学习小组为单位，选择感兴趣的传统节日，通过查阅资料、了解探究、宣传推广等多种方式开展深度学习实践。学生通过制作节日手抄报、手工、简报等形式，充分感受传统文化的魅力。开展探究活动，让学生深入了解传统节日，记录过节的体验感受，借助评价表从资料整理运用、探究过程协作、成果呈现等方面对各小组进行评议。

五年级"走进四大名著"综合实践活动。聚焦单元主题，创设"感受名著魅力"学习情境，通过自主阅读、拓展探究、创意表达三个维度，激发学生阅读古典名著的热情，发展核心素养。活动前提供资源、搭建支架，让学生有清晰的学习路径。开展基础型、拓展型、探究型、开放型活动，突出趣味性、针对性、体验性、延展性，为每个学生提供自由探索的空间。"古典人物模仿秀"之人物造型秀、经典配音征集；"名著中的人文符号"之茶意、酒语调查报告；"经典故事我改编"之课本剧表演，不同类型、维度的活动，既尊重学生的个性差异，又发挥学生特长。不同层次学生在自主、合作的学习活动中有发现、有体验、有探究，评价激励学生改进、整理、总结，过程中学生获得成功体验，增强学生对传统文化的认同感。

六年级"走进京剧，品味国粹"项目式学习活动。项目探究过程中，学生以学习小组为单位，选择感兴趣的学习内容，了解京剧发展、探究京剧表演方式、分析京剧脸谱与京剧人物的关系、化身舞台人物，体验唱念做打。通过查找资料、走访调研、欣赏探究、宣传推广等方式，学生了解京剧知识、体验京剧文化、增强学生对传统文化的认同与理解，成为戏剧文化的实践宣讲员。

总之，教师应创造性地使用教材，积极开发课程资源。课内外结合，跨学科学习、学习方式融合，指导学生在生活情境中体验、探索、理解、传承民族思维方式、审美情趣，增强文化自信，提升学生核心素养。过程性成果在"码行天下"平台共享，影响范围广、效果显著。

专家评估要点

（侧重于过程性评价，检查前期课题研究计划落实情况，进行可持续性评价，调整研究计划建议等，限1000字左右。）

2023年2月3日，席建中巡视员以及龚健辉校长对课题组目前所研究课题的课程开发与实践研究进行中期的评估和指导。经过对课题汇报课的指导以及聆听课题的中期汇报，专家组对课题提出以下指导意见。

第一，明确小学语文综合与实践活动以及基于国家课程项目式学习的区别与联系。可以按照项目式学习的方式进行，因为项目式学习和综合实践课程之间有一定的联系和共性。同时，经过专家组的解惑，明晰了综合实践课侧重于活动，而项目式学习课侧重于知识点的学习与掌握，项目式学习比综合实践活动的程度更进一步。

第二，专家组在此课题方面给予切实可行的意见和建议。整个小学阶段我们应有一整套综合实践活动教学设计方案，除教材上有的，可以自己开发一些新的综合实践类课程。基于综合实践，阐述课程目标、课程内容、学生活动以及评价方式，综合实践活动的开展形式要有具体的要求与流程。项目式学习要求，每个环节都要完整。同时注重信息技术的应用和创新。借助我校"码行天下"云平台进行学生作品记录和展示。

第三，此课题实施下，能够测量出教师和学生能力得到了怎样的发展，总结在课题推进下进行了哪些教师活动。例如，学习新课标、学习知网上面的优秀论文及文献等，要有具体的记录。对学习过程的记录要具体翔实，要有具体的培训内容。

第四，可以通过问卷调查、家长的评价反馈等作为课程效果的材料支撑。

第五，对于目前课题进行中存在的问题寻找切实的解决方法。将综合实践课程与项目式学习融合在一起，通过此课题的实施，学生哪些方面能力得到发展，可通过数据的变化说明学生的变化。

通过专家的进一步指导，对于课题下一步实施我们有了明确的改进方向，课题组成员将在专家的指导下进一步完善课题资料，为后续结题做好充足准备。

评议专家组签名：

年　　月　　日

重要变更

（侧重说明对照课题申请书、开题报告和专家意见所做的研究计划调整，限1000字左右。）

本次课题修改根据评议专家评审意见进行的调整，具体体现在以下方面。

一、课程实施形式更多样

原来为：就教材挖掘传统文化元素的综合实践活动课进行课堂教学的展示。

更改为：除常规课堂教学展示，课题组还将综合实践活动尝试按项目式学习方式进行。

二、课程内容更丰富

原来为：研究整理部编版小学语文12册中的传统文化元素的综合实践活动

课内容。

更改为：研究整理部编版小学语文 12 册中传统文化元素的综合实践活动课及研究过程中课题组老师们共同开发的一些新的综合实践活动课。

三、研究结果呈现方式

原来为：在大量实践研究的基础上，形成三类成果集：

（1）形成《传统文化与小学语文"综合实践活动"课程教学案例集》；

（2）形成《传统文化与小学语文"综合实践活动"课程研究论文集》；

（3）形成《传统文化与小学语文"综合实践活动"课程研究报告》。

现在为：在大量实践研究的基础上，形成三类成果集和系列"码书手册"资源。

（一）成果集

（1）形成《传统文化与小学语文"综合实践活动"课程教学案例集》；

（2）形成《传统文化与小学语文"综合实践活动"课程研究论文集》；

（3）形成《传统文化与小学语文"综合实践活动"课程研究报告》。

（二）二维码资源

（1）在本校"码行天下"创建"传统文化与小学语文综合实践活动课程专区"，学生回家可以扫码观课程；

（2）课题组成员将研究成果做成"码书手册"，分享给同行教师观摩学习。

四、课程研究助力因素

原来为：课题组成员为主要研究人员

现在为：将过全学段学生问卷调查、学生家长的评价反馈等作为课程效果的支撑力量。

课题主持人签名：

年　月　日

课题主持人所在单位科研管理部门审核意见

负责人签名：

公章：

年　月　日

陕西省教育科学规划课题

中华传统文化与小学语文综合实践活动融合的研究

课题批准号　SGH21Y0936

结题报告

2023年6月28日

基本情况

<table>
<tr><td rowspan="2">提交鉴定的成果</td><td>成果主件（成果总报告、最终成果简介）</td><td>"中华传统文化与小学语文综合实践活动融合的研究"课题的课题研究报告，从课题研究背景、课题研究的意义、概念界定、课题研究目标、课题研究内容、课题研究方法、课题研究的步骤与过程、课题研究结果八个方面阐述了课题研究的整个过程，形成了课题研究的理论成果："综合与实践"活动的实施流程，"综合与实践"活动课程的基本框架，梳理了课题组成员的实践成果</td></tr>
<tr><td>成果附件（论文、专著、咨询报告、调研报告等）</td><td>1. "传统文化综合实践"课程论文集；
2. 古诗主题教学研讨课活动教学设计；
3. "传统文化综合实践"学科活动资料；
4. 二十四节气项目式融合课程案例汇编；
5. "传统文化综合实践"课程反思随笔；
6. 相关培训心得；
7. 相关获奖证书；
8. 课题过程性资料；
9. "传统文化综合实践"码书</td></tr>
<tr><td colspan="2">原计划成果形式</td><td>研究报告、论文、其他</td></tr>
<tr><td colspan="2">原计划完成时间</td><td>2023 年 8 月 31 日</td></tr>
<tr><td colspan="2">通信地址</td><td colspan="3">西咸新区沣西新城同德路与统一路西南角</td><td>邮编</td><td>××××××</td></tr>
<tr><td colspan="2">联系电话</td><td>××××××××××</td><td>电子信箱</td><td>××××××××××</td></tr>
</table>

课题组主要成员名单

姓名	工作单位	职务和职称	承担任务
高华	××××××××××	年级组长 高级教师	负责课题申请、制订课题方案、撰写研究报告、国学经典系列活动码书资源的生成
×××	××××××××××	年级组长 一级教师	负责课题实施的监督与调整
×××	××××××××××	教研组长 二级教师	负责主持教师培训、课题研讨活动等

续上表

姓名	工作单位	职务和职称	承担任务
××	××××××××××	教研组长 二级教师	进行课堂教学展示，提供研究案例
×××	××××××××××	教研组长 二级教师	负责课题实施、重大会议、展示活动资料的留存保管与整理，进行课堂教学的展示
×××	××××××××××	教师 二级教师	课堂教学展示，提供研究案例，论文、教学案例的汇编
××	××××××××××	教师 二级教师	课堂教学展示，提供研究案例，论文、教学案例的汇编
×××	××××××××××	教师 二级教师	进行课堂教学展示，提供研究案例，整理国学系列码书
×××	××××××××××	教师 二级教师	进行课堂教学展示，提供研究的案例，进行资料打印装订

工作报告

（不超过 2000 字，可另附页）

课题组全体成员紧紧围绕课题方案中所确定的研究内容、目标、方法开展了一系列的理论学习和实践探索研究，通过实实在在的学习与实践研究，已取得明显进展，课题研究取得一定成果。在课题研究中，有 18 人次获省市级奖励。

一、课题研究的主要过程和活动

（一）领导重视、成立机构、明确责任、全员参与

为使课题组"中华传统文化与小学语文综合实践活动融合的研究"的研究工作能够顺利开展，使课题研究走向规范化、科学化，学校将本课题研究作为重点工作来抓，成立课题研究领导小组。课题研究小组成员名单及分工如下：

组长：负责统筹课题研究全局，指导课题开展工作，撰写课题研究方案及课题总报告。

组员：进行教学设计，上研究课，做总结。

（二）做好课题研究活动前期工作

1. 准备阶段（2021 年 8 月—2021 年 12 月）

（1）8 月成立课题实验组，明确工作目标和工作任务；

（2）进行文献综述写作培训，课题组成员查阅课题研究现状资料，撰写文

献综述，形成理论支持；

（3）对课题研究进行论证，确定实验方案和试验计划；

（4）9月课题组成员参加课题论证会，9月9日课题申报通过省教科院审核；

（5）开展理论方法培训。参加苏忱教授的"一线教师如何做科研"课题培训，从课题的概念、特点、程序、教师开展科研活动的功能和作用、当前教育改革的热点问题等多方面带领教师领略科研全貌，为课题研究奠定基础。

2. 实施阶段（2022年1月—2023年6月）

（1）开始试验阶段（2022年1月—2022年6月）

①确立实验对象，开展调查及访谈。了解学生在"传统文化实践活动"存在的问题、教师课题研究的困惑，为研究提供依据。

②教育教学理论和教育研究方法的培训。根据课题需要进行校内培训，10月张文兰教授团队进行大单元项目式学习指导，指导教师进行大单元备课。

③制订课题活动计划，确定隔周星期二下午为课题活动时间。

④进行课题开题工作。2021年9月14日进行课题开题报告会，邀请陕西省教育厅席建中副巡视员进行课题指导。

（2）中期实践阶段（2022年6月—2022年12月）

①开展各类研究活动。立足挖掘教材的传统文化因素，寻找传统文化融入小学语文实践活动的可行路径，开展难度适宜、主题多元、浸润式的实践活动。组织观摩课研讨、案例分析，进行理论学习，调整改进融合策略，通过科研促进教研，形成"传统文化综合实践活动"案例6个。

②张文兰教授团队进行大单元项目式学习指导10余次，指导教师大单元备课。

③实验教师进行中期课题总结，实践中不断探索发现、交流做法、反思总结，逐渐形成典型经验。

（3）后期实践阶段（2023年1月—2023年6月）

①形成"传统文化综合实践活动"基本模式，有计划地开展传统文化学科融合的综合性学习活动，如二十四节气全学科学习活动展示等。按计划进行研讨活动，探索好的融合方式及策略，构建多维度的探究体验式实践课程，更好地传承优秀传统文化，提升学生核心素养。

②2023年1月召开课题中期总结会，进行成果梳理，问题修正。陕西省教育厅巡视员席建中督学进行线上课题指导；2月召开课题中期推进会，组织学习教育部长怀进鹏在世界数字教育大会的讲话《二维码教育教学应用》，有意识利用信息技术平台建设课题资源，不断丰富更新数字化课题资源。

③组织教师参加教学设计、教学案例、教学论文评选、教育年会分享活动，撰写课题总结报告。讨论课题实施情况，对存在问题进行案例修正。

④2023年6月由西安市教育科学研究院贾玲院长进行语文教师教学素养提升和实践能力发展专项培训。

3. 总结交流阶段（2023年6月—2023年8月）

（1）处理总结材料，整理研究结果；

（2）召开专题研讨会，进行成果展示；

（3）撰写课题研究结题报告；

（4）进行结题成果鉴定。

二、课题研究计划执行情况

课题按计划扎实开展。课题组针对课题研究中的问题拟定课题实施方案与计划，保证课题有序进行。在课题研究过程中，课题组认真做了以下几方面工作：

（1）课题组成员加强自身的理论学习，部分课题组成员经历课题研究从无到有的过程，部分成员承担市级、区级小课题的主持人，并顺利完成课题。

（2）为保证课题研究时间，隔周二全体课题组成员进行课题研讨，学校邀请专家进行课题工作指导，充分保证课题工作的完成。

（3）多形式、多渠道开展课题研究。通过古诗主题公开课、赛教活动，进行"传统文化综合实践活动"研讨，积极推动传统文化主题项目式学习活动的尝试。

（4）课题组成员积极参与培训，两年参与培训活动达26人次。

（5）课题组成员研究过程形成省级精品教学课例3例；获奖微课4节（国家级2节，市级2节）；省市级获奖教学设计3篇、省市级获奖教学论文9篇；开展学科活动、项目式学习12次，每学期进行传统文化综合性学习活动展，形成四大主题系列活动码书。

（6）和雅吟诵社学习国学经典吟诵，借助每学期综合素质展示、教育集团、省市区活动、学校"码行天下"进行传统文化活动展示交流，积累课程资源。

（7）课题研究过程中遇到新冠肺炎疫情。2022年12月停课不停学期间，召开线上课题中期推进会，课题组成员提交课题前期总结和中期计划，推动科研进程。实践研究的基础上，整理汇编和雅吟诵社实践活动视频资料、开发语文综合性学习活动、节气项目式学科融合学习。

重要的阶段研究成果

序号	作者	成果形式	字数	完成时间	出版单位或发表刊物、期号
1	高华	《小学古诗教学难点对策研究》	3548	2020.12	《中小学教育》2020年第33期 CN11-4299/G4
2	高华	《小学语文线上学习的路径探索》	2589	2021.2	《中小学教育》2021年第6期 11-4299/G4
3	高华	《探索"后疫情时代"小学生在线学习的新样态》	2636	2021.7	《语文课内外》2021年第12期 CN51-1649/G4 P337
4	高华	《传统文化回归背景下的古诗教学探索》	2587	2021.7	《语文课内外》2021年第14期 CN51-1649/G4 P387
5	高华	《传统文化背景下语文综合实践活动探索》	6310	2021.12	《新教育·综合》2021年第11期 CN46-1069/G4 下载量：127
6	高华	《"诗教中国"诗词讲解大赛回观》案例分析	2939	2020.12	"诗教中国"诗词诵读微信平台
7	××	《唐诗中的"驴"意象》	7709	2020.12	西安教科所论文三等奖
8	高华	《小学古诗教法策略初探》	3302	2020.12	西安教科所论文一等奖
9	××	《题西林壁》教学设计	3981	2020.12	全国小学名师优课一等奖
10	高华	《李白山水诗的色彩》群文阅读教学设计	2994	2021.6	西安市教科所论文一等奖
11	高华	《枫桥夜泊》教学设计	2260	2022.4	名师优课2022全国教学设计二等奖
12	高华	《小学古诗教学审美教育策略例谈》	3302	2022.5	名师优课2022全国教育教学优秀论文一等奖
13	高华	《读懂一颗寂寞坚守的心》古诗教学设计	4671	2022.6	名师优课2022年全国教学设计一等奖
14	高华	《"走进四大名著"大单元综合作业设计》	7717	2022.6	西咸新区优秀作业设计案例优秀奖
15	××	《浅谈小学低段写字方法》	3657	2022.12	陕西省第十六届教科研论文一等奖
16	××	《牵着学生诗海泛舟》	3206	2022.12	陕西省第十六届教科研论文一等奖
17	××	《作业也能这样设计》	2002	2022.12	陕西省第十六届教科研论文二等奖
18	××	《作业设计助力学生核心素养的成长》	1961	2022.12	陕西省第十六届教科研论文二等奖
19	高华	《文以化人正心修身》	3773	2022.12	陕西省第十六届教科研论文二等奖

续上表

序号	作者	成果形式	字数	完成时间	出版单位或发表刊物、期号
20	高华	《节气文化传承与语文实践活动融合研究》	2702	2022.12	陕西省第十六届教科研论文二等奖
21	高华	《三维架构，推进古典名著"悦读"策略》	6437	2023.1	名师优课2022年全国教学论文二等奖
22	××	《传统文化实践活动与小学语文教学的融合》	2858	2023.4	"沣西一小名校+"教育集团
23	高华	《中国传统文化码书》	69码	2023.4	"名校+"教育集团印制
24	高华	《"忙趁东风放纸鸢"学科融合活动案例》	3556	2023.5	西安市学科融合设计优秀案例
25	××	《浅谈如何培养小学生的课堂兴趣》	2761	2023.5	2022年西安市教育教学科研论文一等奖
26	高华	《审美教育视域下的古诗课堂》	3354	2023.5	2022年西安市教育教学科研论文一等奖
27	高华	《与〈道德经〉的相遇》	1500	2023.6	《教师报》4版 2023.6 刊
28	高华	俞陛云《诗境浅说》书评	2121	2023.6	第四届"诗中国"诗词讲解大赛半决赛参赛作品

研究总报告

（不少于6000字，可另附页）

一、课题研究背景

（1）《义务教育语文课程标准（2022年版）》指出：把立德树人作为语文教学的根本任务，体认和传承中华优秀传统文化，积淀深厚的文化底蕴，增强文化自信。本课题明确定位培育、践行社会主义核心价值观。立足挖掘教材的传统文化因素，选择利于组织和实施综合性语文实践活动的优质资源，构建开放多元的教学资源体系，体现课程资源在文化传承方面的作用。探索好的融合方式及策略，构建多维度的探究浸润式实践课程，获得多样的文化体验，更好地体认和传承中华优秀传统文化，发展学生核心素养。

综合实践活动主要包括主题活动和项目学习等。

（2）教师在科研实践中遇到困难，不能很好地完成课程探索和实施。例如，教师对研究价值认识不足导致活动准备不足，综合实践活动方向不明，学习效果评价单一；国学经典吟诵课程建设中，需发挥教师自身潜力积极开发吟诵课程资源，教师有畏难情绪导致不能很好地达成目标。实施过程中，多数学生能体验传统文化魅力，少数学生走过场，不能在合作中深入探究、感受传统文化内涵。如何在综合性学习中提高活动的实效性？诸多疑问形成该领域实施过程中的问题，解决课题组教师的问题迫在眉睫。

（3）2022年版新课标对提升教师信息素养有具体要求：合理利用网络资源，探索语文教学和信息技术深度融合的方式方法，提高语文教学效益，增强课程育人效果。由于部分教师传统文化素养不足，课程资源意识不强，对该领域课程创新意识不够，没有自己的深入思考和推进策略。研究中成员认识到，好的学科教育要进行数字化资源建设，运用丰富的课程资源促进学习方式的转变，让学生经历探究体验的过程，形成传统文化素养，促进学生核心素养的发展。

二、课题研究的意义

（一）理论价值

通过对专业领域内容的学习，丰富教师的教育教学理论，积累相关研究经验。课题组教师阅读《教师如何做课题》《课程的力量》《普通话吟诵教程》《温儒敏语文讲习录》《整本书阅读之思辨读写》以及PBL项目式学习相关书籍，丰富教育教学理论。中国知网研读相关文献，对课题研究和推进起到指导作用。

（二）现实价值

（1）认识、理解中华优秀传统文化蕴含的思想和智慧，坚定民族文化自信，培育民族精神，提升中华优秀传统文化修养。

（2）对学生来说，本课题研究必然改变学生的学习方式，发展学生的核心素养。学生学习传统文化的兴趣浓厚，有利于增强民族文化的认同感，促进民族精神的培育，坚定学生的文化自信。

（3）对教师来说，促使教师创造性使用和开发教材资源，增强问题意识和设计实践能力，提升教科研能力；增强教师传统文化教育观念，提升其传统文化素养，形成教师特有的教学风格。

（三）推广价值

本研究形成的丰富的案例能够为同行提供经验借鉴，也是教育教学交流的契机。诗文传统吟诵学习活动和节气课程项目式学习的尝试为日后研究奠定基础，也为教育集团校际交流学习提供宝贵经验。

三、概念界定

（1）综合实践活动：从学生的真实生活和发展需要出发，从生活情境中发现问题，转化为活动主题，通过探究、体验、制作等方式培养学生综合素质的跨学科实践性课程。

语文综合实践活动是学生在参与实践性的活动课程中，综合运用语文知识去发现问题、理解问题、解决问题，在实践中求知探索。语文综合实践活动是对语文课堂知识的延伸，强调学科的综合性、实践性，注重帮助学生不断建构新知的过程。

（2）中华传统文化：中华传统文化主要指华夏人民的精神创造活动及其成果，具有历史性和遗传性。它影响我们的思维方式、价值观念、审美情趣、道德风尚等深层文化的社会心理、行为习惯以及语言、文字等非意识形态层面的文化知识。需要说明的是，本课题中特指中华优秀传统文化。

（3）语文核心素养：学生发展核心素养简称核心素养，主要指学生应具备的、能适应终身发展和社会发展需要的必备品格与关键能力。语文核心素养是一种以语文能力为核心的综合素养，包括"语言建构与运用""思维发展与提升""审美鉴赏与创造""文化传承与理解"四方面。

四、课题研究目标

（1）通过本课题研究，梳理分析部编版语文教材中"中华传统文化"内容与教学元素，深入挖掘传统文化教育因素，探索融合传统文化实践活动类型，形成"主题式综合实践"体系与实施方法。

（2）通过本课题研究，增强教师传统文化教育观念，通过开发课程资源，增强教科研能力，提升教师传统文化素养，形成教师特有的教学风格。

（3）通过本课题研究，改变学生的学习方式，发展其核心素养。使学生热爱、弘扬中华优秀传统文化，具有比较开阔的文化视野和一定的文化底蕴，坚定学生文化自信，培育民族精神。

五、课题研究内容

结合部编版小学语文教材，在国家课程基础上进行探索实践。

（1）结合各年段学生的年龄特点，对于三种类型的课程进行设计与开发。结合部编版教材教学内容进行课程设计，对教材中的传统文化元素进行梳理、分析与课程开发，做到能落实、有推进、立体评价，人人获得发展。

（2）形成"传统文化综合性实践活动"的课程体系，以国学经典诗文吟诵、节气项目式学习、古典名著悦读三个系列为课程架构，形成有计划、能落实的课程体系。

（3）对于三种类型的活动课程进行方案设计的研究，形成相对成熟的活动教学模式，为后续内容的开发做好铺垫。

六、课题研究方法

1. 文献研究

查阅、梳理有关传统文化与综合实践活动融合的相关文献，寻找本课题实施的理论依据、提炼可借鉴的优秀经验，形成边研究、边学习的意识，为后续的课题研究做好理论铺垫。

2. 调查研究

以问卷调查为主、访谈为辅，定量研究，做出定性分析。收集学生和教师对实践活动融合传统文化的意见与建议，寻找着力点和突破口。本课题的调查主要在课题研究之初，研究中跟踪调查，为研究的顺利进行提供事实依据。

3. 行动研究

对当前语文教学传统文化意识淡薄、学生传统文化素养退化的现状进行反思研究。通过设计开展传统文化综合实践活动，进行观察、反思、改进，最终形成三个系列综合实践活动课程体系。

4. 案例分析

收集课堂教学的典型案例，进行分析、比较、诊断等。在本课题中，案例分析是指对特别难把控的课例进行背景分析，在实践中尝试、对比，最后使之成为特色。

5. 实践反思研究

研究实践中，课题组成员不断探索反思、总结经验。在学校"码行天下"数字赋能之下，建构国学经典诗文吟诵课程体系；开发学科融合的节气主题课程之民俗活动课；设计古典名著阅读综合实践作业案例，反思实施过程及推进做法，撰写总结报告。

七、课题研究的步骤与过程

（一）准备阶段（2021年8月—2021年11月）

（1）成立课题组，确立实验对象。根据教师自愿加入课题组的原则以及课题方向，确定实验对象为全校一至六年级语文"传统文化综合实践活动"课程。

（2）确定课题组成员，明确工作目标和工作任务。召开课题组会议，确定课题组的工作目标，明确课题组的工作任务。

（3）开展调查研究，全员参与，了解情况。根据课题方向编制年级调查问卷，进行师生"优秀传统文化与小学语文综合实践活动融合"存在问题调查、访谈，补充数据，为研究提供重要依据。

（4）研究论证、确定实验方案和实验计划。召开课题会议，对访谈问卷进行反馈，针对存在问题，确定建构研究"传统文化综合实践活动"的课程体系，进行课程的梳理与分工。各年级教师进行课程设计、实施、研讨，召开专家组反馈会议，进行课程设计的调整与再实施，形成完整的设计方案。

（5）进行人员培训。

第一，开展课题自学，课题组成员根据自身对"传统文化综合实践活动"课程的理解及教学中的困惑，进行新课程标准、相关文献资料及专著的学习。学习《义务教育语文课程标准（2011年版）》《义务教育语文课程标准（2022年版）》，在中国知网、《小学语文教师》搜索文献资料，阅读《课程的力量》《温儒敏语文讲习录》《普通话吟诵教程》《整本书阅读之思辨读写》等专著。

第二，"请进来"专业培训，请省教育厅席建中副巡视员、市教育科学研究院贾玲院长、陕师大张文兰教授进校讲座培训指导。

第三，"走出去"听课活动，参加"名师之路""千课万人"等专业听课活动，提升课堂教学水平。

（二）实施阶段（2021年12月—2023年6月）

课题研究方案按学期分三阶段实施，实验教师在实践中不断探索发现、反思总结，交流做法，逐渐形成典型经验。

（1）课题组成员根据课题组提供的试验研究思路，结合学生实际，进行具体试验研究，主要开展以下几方面工作：

一是组织教师相互讨论综合实践课的实施情况及存在的问题。召开课题组会议，梳理部编版教材中传统文化主题综合实践课程，对教师存在的教学困惑进行讨论，各年级确定综合实践课程的教学目标、实施方式、教学时间、作品呈现以及评价方式。

二是进行"主题式"培训、听课、讲座。通过学校的"请进来"与"走出去"的活动，参加相关培训活动，邀请陕师大张文兰教授团队，进行课题相关培训，进行语文项目式学习指导；课题组成员外出培训与线上培训共计13次，形式有线上有线下，内容涉及STEAM教育、"名师之路"主题培训活动、"丝路之秋"主题培训活动、"千课万人"、中国创新教育年会、《义务教育语文课程标准（2022年版）》解读网络培训、"2022年暑期教师研修"整合思维设计跨学科课程、陕西省第二届中小学课堂教学创新大赛总结展示会线上观摩学习、"名师之路"语文教师专业成长项目之拓展型任务群教学研讨会暨"整本书阅读"科研实践成果展示活动课堂教学与名师成长研修班暨"六大学习任务群"课堂教学研讨会等各级各类培训活动。培训涉及面广、参训人员广、通过派出学习与校内复训的方式，将学习所得应用到课题研究中，使得课题研究在理论上以及实践中得到提升。

三是组织教师听优秀教师示范课，每人执教授课。准备阶段以节气文化和传统节日为主，进行传统文化综合实践活动的初步尝试，同时进行各年级古诗教学研讨活动。先后由高华老师执教三年级语文上册《望天门山》、于洁副校长和孙甜甜、高华老师执教五年级语文下册《从军行》《清平乐·村居》《枫桥夜泊》，分别邀请咸阳市教研员曹有凡老师和省教研员李琦老师听评课，对古诗主题教学进行指导与评价，提高传统古诗词课堂学习的实效。

四是开展听评课研讨活动。课题组成员参加优秀教学设计、教学论文评选活动，探索诗词讲解课教法。有层次地诵读诗文中渗透的吟诵规则、感受格律诗音韵、意境之美，帮助入境，形成教学范式。

①渐进六读式：读准字音、读出节奏、读出韵律、读出画面、读出情感、读出意境。

②诵读三形式：韵尾长读体会情绪、应和对读感受对仗、欣赏书画吟诵。

③课堂三结构：一抓音韵、共情绪、想画面；二链背景、补留白、悟诗情；三联组诗、叙情志、明诗心。

④解读诗六法：字源析意、手势再现、诗文配画、背景故事、组诗入境、想象补白。

学生在诵读中感受诗歌韵律之美、意境之美，关联组诗和背景故事，培育家国情怀和人文精神，达成传承优秀传统文化的目标。

古诗词主题教学研讨课

序号	册数	执教者	教学内容	课例级别
1	一年级上	××	《静夜思》	组内推优课
2	二年级上	××	《夜宿山寺》	校级青年教师汇报课
3	三年级上	高华	《望天门山》	西咸新区古诗观摩课
4	三年级上	××	《饮湖上初晴后雨》	组内推优课
5	四年级上	××	《题西林壁》	校级青年教师汇报课
6	四年级上	××	《出塞》	组内推优课
7	四年级上	××	《暮江吟》	组内推优课
8	四年级下	××	《墨梅》	校级青年教师汇报课
9	四年级下	××	《四时田园杂兴》	组内推优课
10	五年级上	××	《示儿》	沣西新城赛教课
11	五年级上	××	《枫桥夜泊》	组内推优课

续上表

序号	册数	执教者	教学内容	课例级别
12	五年级上	高华	《枫桥夜泊》	"诗教中国"参赛课
13	五年级上	××	《乞巧》	组内推优课
14	五年级下	××	《从军行》	西咸新区观摩课
15	五年级下	××	《清平乐·村居》	西咸新区能手赛教课
16	五年级下	××	《长相思》	组内推优课
17	六年级上	高华	《闻官军收河南河北》	组内推优课
18	六年级下	××	《迢迢牵牛星》	组内推优课
19	六年级下	××	《十五夜望月》	组内推优课

（2）通过学生反馈，召开研讨会修改完善试验方案，调整实验研究计划，个人完成阶段计划、总结，课题组形成阶段总结报告。

根据课程实施情况，在课程实施基础上加入二十四节气项目式学习。各年级根据教材整合单元，有计划地组织学生开展语文学科活动，形成传统文化主题综合性学习活动方案。国家课程基础上形成 5 份优秀案例《"字"从遇见你——汉字综合性学习活动案例》《"不一样的清明"项目式学习活动案例》《"走进四大名著"大单元综合性学习活动案例》《"走进京剧品味国粹"项目式学习特色作业设计》《"忙趁东风放纸鸢"学科融合综合活动案例》。

（3）验证试验成果的应用价值。

第一，形成综合实践活动的实施方案。该方案包括综合实践活动与学习主题探究活动：综合实践活动由启动＋实施＋展示构成；学习主题探究活动内容为一节传统文化专题探究课，主要提升学生的语文核心素养，了解优秀传统文化的源远流长和丰富多彩，感受其文化内涵。

第二，固定时间进行综合性活动。假期自学，课外探索，班级准备，年级比赛，校级展示活动，大大提升学生学习与探索热情。

第三，初步形成项目式学习方案，进行大单元整合设计，节约课时，提升学生传统文化素养，加强核心素养的培养与深化。

（三）总结阶段（2023 年 6 月—2023 年 8 月）

（1）整理、分析研究结果。

（2）提交结题报告。

（3）成果提交鉴定。

八、课题研究结果

（一）课题研究

《义务教育语文课程标准（2022年版）》指出，关注身边的中华优秀传统文化，参与相关文化活动，体验、感知、传承中华优秀传统文，运用多种形式分享自己的经验与感受。综合实践活动，联结课堂内外、学校内外，培养学生综合运用多学科知识思考问题、解决问题的过程中，提高语言文字运用能力，获得多样文化体验。

根据不同学段学生特点，以跨学科主题学习为主，适当采用主题式学习和项目式学习的方式，设计情境真实、较为复杂的问题，引导学生综合运用语文学科和跨学科知识方法体验探究传统文化。

新认识：

（1）以部编版教材为基点，挖掘传统文化元素，进行基于国家课程的项目式学习、主题式学科融合活动设计实施，成果分享以物化展、展演形式推评优秀作品，促进对优秀传统文化的体认传承。

（2）借助二维码技术平台，丰富传统文化实践活动数字资源。探索运用数字化资源，提高传统文化体认的新模式。

（3）借助教育共同体联盟协作，推广应用课题成果。

依据课标要求及课题组成员在实施过程对"综合实践"活动实施过程进行调查与实践，设计多样的综合性实践活动，每学期进行优秀传统文化主题活动的展示。

形成"传统文化综合实践"活动的实施流程。

（1）启动课：提出需探究的任务，分解任务，形成小组合作的计划与分工。启动课可以几分钟完成，与探究活动结合在一起。

（2）实施过程：以小组为单位进行任务探究。可在课内也可在课外，可1课时或多课时完成。

（3）展示总结：小组探究成果进行物化展、多元评价、总结反思，并利用网络平台进行优秀作品展播。

形成"优秀传统文化主题综合性学习"课程的基本框架。

（1）学科实践活动。每个假期教师发布主题任务，假期学生通过学校"码行天下"平台发布的小视频自学，开学后校内集中学习，班级准备、年级比赛后进行校级展示交流。活动内容为：

一年级"'字'从遇见你　有趣的汉字"语文综合性学习；

一至六年级"粽香迎端午　汉服聚童彩"语文综合性学习；

三、五年级"姓名中的文化密码"语文综合性学习；

四年级"忙趁东风放纸鸢"项目式学习活动；

五年级"走进四大名著"综合性学习活动；

六年级"走进京剧　品味国粹"项目式学习活动。

（2）主题大单元综合活动。年级团队进行教材大单元综合活动的设计，4~5节课完成主题课的授课。主题课为教材中"传统文化"元素内容，也可由教材中拓展延伸问题构成，经过加工变为课程。例如，《"走进四大名著"综合性学习活动》《"忙趁东风放纸鸢"项目式学科融合学习活动》等。

（3）二十四节气项目式学习。由年级团队设计的节气文化主题全学科融合项目式学习，每学期至少开展一次。例如，《"春色从此分，春意就此浓——二十四节气课程之春分"项目式学习活动》等。

丰富"综合实践"活动的实施经验。首先，教学前清晰目标，指导学生梳理学习流程，明白活动如何开展，需要什么准备，形成什么学习成果；其次，活动条件充足，师生准备充分，向家长告知学习准备，为活动顺利开展奠定基础；最后，评价主体和方式多元，做好全过程检测，包括组内活动及最终效果，来自教师、学生、家长等多方面的评价，也应用多种方式的评价，如码资源的丰富，学生在活动中应用、获得自信。

（二）课题成果

主持人高华老师应邀到新疆参加"国培计划"2020年中小学教师培训班和"中西部项目新教师入职培训班"，进行古诗现场展示课、古诗教学专题微讲座《古诗教学策略》及《传统文化回归背景下的综合性学习活动》专题讲座3场。天水师范学院2022年"国培计划"教师培训研修项目承担观摩课和古诗教学研讨活动。应邀到淳化城关小学送教进行古诗交流研讨。在2023年"沣西一小名校+"教育共同体、教育教学创新年会上作为主讲人分享《行走于"码行天下"》《"紧箍咒"悦读分享会+码上吟诵》。

获全国奖教学微课3例；陕西省扶智教育平台展示课3例；西安中小学特色课堂精品课1例；市区"古诗教学研讨"现场观摩课4例；教学设计4篇，2项国家级奖，1项得市级奖，1项区级奖。

教学论文获奖10篇，国家级1篇，省级7篇，市级2篇。

教学论文5篇登载省级核心教育期刊。其中刊载《新教育·综合》2021年第1146-1069/G4的教学论文《传统文化背景下语文综合实践活动探索研究》　下载量：127，被引：1。

教学反思随笔类8篇，国家级1篇，省级2篇，市级2篇，教育集团3篇。其中《与〈道德经〉的相遇》登载陕西教育厅主管《教师报》2023年6月7日第四版《悦读》。

开展项目式学习活动6次。现已经固定每学期、每年级开展综合性学习活动1次，学科综合活动1次。

（1）教学课例9例，分获国家、省、市级奖，共享省级和市级教育平台；教学设计3例，其中国家级2例，市级1例，区级1例。

获奖教学实录、微课、教学设计类

序号	姓名	教学课例、教学设计	所获奖项	获奖时间
1	高华	《李白山水诗》微课	教育部组织的全国群文阅读教学大赛优秀奖	2020.12
2	高华	《读懂一颗寂寞坚守的心——古诗教学设计》	名师优课2022年全国教学设计一等奖	2021.6
3	高华	《"走进四大名著"大单元综合作业设计》	西咸新区优秀作业设计案例优秀奖	2022.6
4	高华	《枫桥夜泊》微课	第六届西安市教师微课大赛三等奖	2022.4
5	高华	《望天门山》40分钟现场授课	陕西省扶智教育平台示范课	2022.12
6	高华	《望天门山》11分钟微型课	陕西省扶智教育平台示范课	2022.12
7	高华	西安"精彩一课"《望天门山》15分钟创新课	第二届中小学课堂教学创新大赛一等奖	2023.1
8	×××	《题西林壁》教学设计	全国小学名师优课（教学设计）一等奖	2021.12
9	×××	《二十四节气之大暑》微课	全国小学名师优课（微课）一等奖	2020.5
10	×××	《传统节日之中秋节》微课	全国小学名师优课（微课）一等奖	2020.5
11	高华	《望天门山》创新课大赛实录	西安市第二届中小学课堂教学创新大赛一等奖	2022.11
12	高华	《望天门山》创新课大赛实录	陕西省第二届中小学课堂教学创新大赛优秀奖	2023.3

（2）教学论文获奖10篇，国家级1篇，省级7篇，市级2篇。

教学论文获奖

序号	姓名	教育教学论文	所获奖项	获奖时间
1	高华	《探索"后疫情时代"小学生在线学习的新样态》	2021年陕西省论文三等奖	2021.11

续上表

序号	姓名	教育教学论文	所获奖项	获奖时间
2	高华	《节气文化传承与语文实践活动融合研究》	2022年陕西省论文二等奖	2022.11
3	×××	《浅谈小学低段写字方法》	陕西省第十六届教科研论文一等奖	2022.12
4	×××	《唐诗中的"驴"意象》	西安教科所三等奖	2022.12
5	××	《传统文化实践活动与小学语文教学的融合》	陕西省第十六届教科研论文二等奖	2022.12
6	×××	《牵着学生诗海泛舟》	陕西省第十六届教科研论文一等奖	2022.12
7	×××	《以作业设计助力学生核心素养的成长》	陕西省第十六届教科研论文二等奖	2022.12
8	高华	《建构三维架构，推进古典名著"悦读"策略》	名师优课2022年全国教学论文二等奖	2023.1
9	高华	《审美教育视域下的古诗课堂》	2022年西安市教育教学科研论文一等奖	2023.5
10	××	《浅谈如何培养小学生的课堂兴趣》	2022年西安市教育教学科研论文二等奖	2023.5

（3）教学论文5篇登载省级核心教育期刊。

教学论文发表

序号	成果名称	作者	发表期刊	页码	字数
1	《小学古诗教学难点对策研究》	高华	《中小学教育》2020第33期 CN11-4299/G4	159—160	3548
2	《小学语文线上学习的路径探索》	高华	《中小学教育》2021年第6期 CN11-4299/G4	202	2589
3	《探索"后疫情时代"小学生在线学习的新样态》	高华	《语文课内外》2021年第12期 CN51-1649/G4	387	2636
4	《传统文化回归背景下的古诗教学探索》	高华	《语文课内外》2021年第14期 CN51-1649/G4	337	2587
5	《传统文化背景下语文综合实践活动探索》 下载量：121	高华	《新教育·综合》2021年11期 CN46-1069/G4	58—60	6310

(4) 教学反思随笔类 8 篇，其中国家级 1 篇，省级 2 篇，市级 2 篇，教育集团交流 3 篇。

教学反思随笔获奖

序号	姓名	成果名称	所获奖项
1	高华	《"诗教中国"诗词讲解大赛回观》	"诗教中国"最美诵读微信平台登载
2	高华	《吟诵的魅力》诗词教学分享稿	"沣西一小、沣西三小名校+"海绵讲堂分享
3	高华	《PBL 项目式学习的回顾与思考》	西安市教科所二等奖 "沣西一小、沣西三小名校+"海绵讲堂分享
4	高华	《文以化人正心修身——向〈西游记〉取心理成长经》	陕西省第十六届教育科研论文二等奖
5	高华	《踏着节气的鼓点去耕读》	2022 年西安市劳动教育展示活动教师沙龙分享
6	高华	《行走于"码行天下"》演讲稿	"名校+"教育集团教育教学创新年会交流
7	高华	《与〈道德经〉的相遇》2023 年 6 月 7 日刊	《教师报》读书征文一等奖
8	高华 俞陛云	《诗境浅说》书评	第四届"诗教中国"诗词讲解大赛半决赛书评

(5) 开展节气课程项目式学习 6 次。

序号	年级	项目名称	学习成果
1	一年级	"不一样的清明"PBL 项目式融合课程	节气课程物化展
2	二年级	"春色此分　春意就浓"PBL 项目式融合课程	节气课程物化展
3	三年级	"夏至蝉鸣　蒲扇清风"PBL 项目式融合课程	节气课程物化展
4	四年级	"食在白露　养生有法"PBL 项目式融合课程	节气课程物化展
5	五年级	"忙趁东风放纸鸢"PBL 项目式融合课程	节气课程物化展
6	六年级	"蝉鸣夏忙　风吹麦浪"PBL 项目式融合课程	节气课程物化展

(6) 印制《"传统文化"码书》发放使用。

"传统文化"系列课程码书

序号	课程系列	学生实践活动数字化资源	展示形式
1	国学经典吟诵	《大学》《中庸》《楚辞》《诗经》	吟诵情景剧
2	节气宣讲小课	《二十四节气系列宣讲小视频》	节气宣讲小视频

续上表

序号	课程系列	学生实践活动数字化资源	展示形式
3	诗词鉴赏课程	诗词讲解、吟诵、学生诗词吟诵展演	讲座、讲解、吟诵
4	四大名著阅读	名著悦读活动《草船借箭》《景阳冈》《刘姥姥进大观园》课本剧、"悦读"课	课本剧、"悦读"实践

九、研究反思及今后设想

《中华优秀传统文化与小学语文综合实践活动融合》研究，基本完成研究假设，在研究过程中形成一定的理论成果与实践成果，但研究过程中存在很多不足，由于课题涉及的年级范围广，整体推进比较慢，教师出成果需要一定的时间。课程涉及教材中的课例比较多，自主开发的内容比较少。

本课题依托《义务教育语文课程标准（2022年版）》对传统文化学习和跨学科学习的要求，继续进行与综合性学习课程设计和节气课程PBL项目式学科融合的设计。

通过跨学科探究式综合性学习，扩大教与学的信息量，拓宽学生视野，学生在情境中了解优秀传统文化的源远流长、丰富多彩，提升自身优秀传统文化修养；对优秀传统文化蕴含的中华人文精神和思想智慧，进行体验理解和探究认同，培育家国情怀。

充分利用二维码平台和多种媒介发布学习成果，借助信息技术手段分析和诊断综合性学习表现、优化学习过程，不断丰富传统文化数字化资源。

成果汇编（扫码观视频）

国学经典吟诵课程系列码书

《中华传统文化与小学语文综合实践活动融合》开题报告会

《大学》国子监官韵吟诵课（吟诵重难点强调）

《中华传统文化与小学语文综合实践活动融合》课题中期推进会

《楚辞·九章·橘颂》国学经典吟诵课

学生吟诵情景剧展演系列

《大学》情景剧

《楚辞·九章·橘颂》
吟诵情景剧

《水调歌头·明月几时有》
吟诵情景剧

《诗经·小雅·鹿鸣》
吟诵参赛作品

《诗经·秦风·蒹葭》
吟诵展演＋国学小讲堂

《诗经·卫风·木瓜》
吟诵参赛作品

古诗讲解课系列码书

西安国学社唐代诗人讲座之张继
《读懂一颗寂寞坚守的心》高华

市级获奖微课《枫桥夜泊》高华

国家级获奖课堂实录三下
《望天门山》高华

省级创新课获奖课堂实录三下
《望天门山》

国家级群文阅读获奖微课
《李白山水诗中的色彩》高华

国家级微课四上
《题西林壁》高华

信息化教学大赛精品
课《望天门山》

第四辑　传统文化教学融合研究

节气文化小课"阅读四时之美"系列码书

二十四节气之立春　　　　二十四节气之雨水　　　　二十四节气之惊蛰

二十四节气之春分　　　　二十四节气之清明　　　　二十四节气之谷雨

二十四节气之立夏　　　　二十四节气之小满　　　　二十四节气之芒种

二十四节气之夏至　　　　二十四节气之小暑　　　　二十四节气之大暑

"语"我同行
——一线教师传统文化教育探索录

二十四节气之立秋　　　　二十四节气之处暑　　　　二十四节气之白露

二十四节气之秋分　　　　二十四节气之寒露　　　　二十四节气之霜降

二十四节气之立冬　　　　二十四节气之小雪　　　　二十四节气之大雪

二十四节气之冬至　　　　二十四节气之小寒　　　　二十四节气之大寒

"走进四大名著"实践活动课程码书

四大名著课本剧系列
《草船借箭》

四大名著课本剧系列
《刘姥姥进大观园》

四大名著课本剧系列
《景阳冈》创意版

"走进四大名著"之
我眼中的名著人物(一)

"走进四大名著"之
古典名著知识小讲堂

"走进四大名著"之
我眼中的名著人物(三)

"走进四大名著"之
我眼中的名著人物配音模仿秀

"走进四大名著"悦读分享课程码书

《西游记》悦读直播课(上)　　《西游记》悦读直播课(下)

紧箍咒解读(一)　　紧箍咒解读(二)　　紧箍咒解读(三)
心猿归正　　　　　三打白骨精　　　　　乌鸡国救主

紧箍咒解读(四)　　紧箍咒解读(五)　　《西游记》
诛草寇放心猿　　　真假孙悟空　　　　悦读笔记集萃

后记

致敬生命　致敬课堂

"我用尽了全力，过着平凡的一生。"和大多数人一样，我认为毛姆的这句话，是对我生命最好的注解。

人和人没有不同，也确有不同。

面对人生课题，我埋头苦干，我努力追寻世界的真相和内心的平和。

生命在探索中彷徨，在彷徨中突破，又在突破中沉淀，在沉淀中精进。

为捡起撒落人间的珍宝，我扬帆到灵魂的深处，直下生命的扬州。作为一名语文教师，践行让我更接近自己的初心。确实，当你三十年专注打一口井，你发现自己的故事也很精彩。

精彩，离不开生命中相遇的人。正如，泰戈尔在《流萤集》中衷心感谢生命中的贵客，说：

我最后的敬礼，

献给那些知道我不完美，

却依然爱我的人。

我也要感谢生命中的每一次相遇，感谢生命中的每一位贵客。

感谢全国"百优名师"、陕西省首批学科带头人龚健辉校长，五年来的专业引领，支持帮助我在传统文化课题研究、古诗文吟诵的实践探索中，一路顺利走来，丰盈生命体验，愉悦精神世界。感谢各位同人工作中的合作和鼓励。感谢和雅班家长的支持配合和亲爱的学生的积极参与。

感谢海南省小学语文特级教师、儋州市教科院许慧教研员，课题选题中给予我细致指导，鼓励我出书。感谢海南省苏学研究会副会长、儋州市作协主席、儋州市苏东坡研究院李盛华老师，新鲜投递《东坡讲堂》更新集，分享原创诗词。

很幸运，有这样优秀的人引领、帮助。生而为人，为教师，我很满足。人生一世，善待岁月。为了生命的好景致，为了人生的好时节，我一直在课堂努力耕耘。

这是我对生命，对课堂最好的致敬。

感谢各位读者，敬请批评指正。

高 华
2023 年 7 月 27 日